# Smart City Innovations
# 智慧城市的创新

## 发生在英国的故事

The Story Unfolding in the United Kingdom

尹婧文　著

中央编译出版社
Central Compilation & Translation Press

图书在版编目（CIP）数据

智慧城市的创新：发生在英国的故事／尹婧文著. —北京：中央编译出版社，2024.4（2025.4 重印）
ISBN 978-7-5117-4604-7

Ⅰ. ①智… Ⅱ. ①尹… Ⅲ. ①智慧城市-研究
Ⅳ. ①F291

中国国家版本馆 CIP 数据核字（2024）第 043232 号

## 智慧城市的创新：发生在英国的故事

| | |
|---|---|
| 责任编辑 | 周雪凝 |
| 责任印制 | 李　颖 |
| 出版发行 | 中央编译出版社 |
| 网　　址 | www.cctpcm.com |
| 地　　址 | 北京市海淀区北四环西路 69 号（100080） |
| 电　　话 | （010）55627391（总编室）　　（010）55627311（编辑室） |
| | （010）55627320（发行部）　　（010）55627377（新技术部） |
| 经　　销 | 全国新华书店 |
| 印　　刷 | 廊坊昌能印刷有限公司 |
| 开　　本 | 710 毫米×1000 毫米　1/16 |
| 字　　数 | 284 千字 |
| 印　　张 | 18 |
| 版　　次 | 2024 年 4 月第 1 版 |
| 印　　次 | 2025 年 4 月第 2 次印刷 |
| 定　　价 | 88.00 元 |

新浪微博：@中央编译出版社　　　微　信：中央编译出版社（ID: cctphome）
淘宝店铺：中央编译出版社直销店（http://shop108367160.taobao.com）　（010）55627331

本社常年法律顾问：北京市吴栾赵阎律师事务所律师　闫军　梁勤
凡有印装质量问题，本社负责调换。电话：（010）55627320

# 自 序

智慧城市（smart cities）已经在全球风靡了十余年，而我也从事智慧城市研究超过十年。然而，尽管经过了这么多年的发展，智慧城市仍然是一个"空泛的能指"。本书的故事发生在 2014 至 2018 年之间的英国海港城。自 2008 年 IBM 提出"更智慧的星球"计划以来，智慧城市概念在全球流行，也在英国社会引起了广泛的讨论。英国本地政府纷纷做出积极响应，而海港城就是其中的典型代表。作为伦敦之外最重要的科技集群之一，海港城拥有大量的中小企业、科创人员，以及积极投身未来城市建设的当地政府和创新网络。当时，学界对智慧城市自上而下的建设方式持有大量批判的声音，呼吁更多自下而上的建设方式。海港城的智慧城市项目就是在这种自上而下与自下而上、全球化扩散与本地实践之间尖锐对立的背景下展开的，提出走一条不同的智慧城市道路，建设开放可编程海港城（open programmable harbour city，简称"OPHC"）。我很幸运地处在正确的时间和地点，见证了这场与众不同的智慧城市创新之旅。当时的学界经历了智慧城市批判浪潮后，开始呼吁探索"真实存在的智慧城市"。因此，这份研究着重关注了微观层面上一个本地智慧城市项目的创新过程，以及探索其中市民参与的可能性。除此之外，在研究的过程中，我发现智慧城市从提出到现在一直处于一种想象和愿景的状态，因此，这份研究还独树一帜地探究了智慧城市的期望（expectation）在创新中的作用。

放到今天来看，尽管本书讲述的是一个发生在过去时空的异国智慧城市创

# 智慧城市的创新
## 发生在英国的故事

新故事，但却具有现实意义。我国目前有大量智慧城市在建项目，是当之无愧的智慧城市建设大国。本书所述故事有助于我们更好地了解智慧城市概念在英国文化中的理解与实践，包括当时人们如何思考智慧城市、如何围绕期望结盟并获得支持、如何实践这些期望，以及如何应对失败。本研究关注智慧城市的创新过程、市民参与以及期望的作用等议题，在国内智慧城市研究中这种切入点并不常见。OPHC 项目中的创新想象力、可编程测试平台、市民参与方式以及各种技术应用的想法，都能为我们的智慧城市建设者和创新者提供有益参考。此外，OPHC 项目在创新过程中所面对的各种问题，也能为我们当前智慧城市建设带来许多有益启示。

2023 年的春天和夏天，我先后进行了两轮翻译，将这份研究由英文翻译成中文。那么为什么要等待这么久才将其出版呢？这一方面考虑到了研究伦理的因素。这份研究所关注的智慧城市项目是一个在全球智慧城市领域屡屡获奖、充满着想象力和替代性未来（alternative future）想法的智慧城市项目。这项研究对该项目进行了长期而细微的观察，对于作为研究者的我来说，这无疑是一笔宝贵的财富，而对于被研究项目及相关人员来说，则是将大量不为人知的"幕后故事"公之于众。尽管在研究撰写过程中，我对项目名、城市名、机构和个人都采取了匿名保护措施，但为了减少研究对一个实时进行的项目以及参与项目的行动者所可能造成的潜在影响，我决定等一切尘埃落定后，也就是说，当文中所提及的创新者离开了项目，OPHC 以一种新的形式存续时，我才会公开讲述 OPHC 的智慧城市创新故事。

另一方面，距离的必要性也是考虑因素之一。与所有田野工作者一样，我不仅将一份通过博士答辩的研究报告装入行李箱，还带着长时间田野工作所积攒的各种情绪回到了故乡。这些情绪的负面部分主要源自两方面。首先是不确定性带来的压力。智慧城市现象作为一个新事物涉及到定义的模糊性、理论的不确定性、层出不穷的新技术，以及研究实时创新所不得不面对的随时变化的现场，这些常常让我感到像踩在棉花上行走一般。其次，长期的田野工作使我不自觉地将田野中行动者的希望和恐惧融为己有，同时承受着作为"边缘土

# 自 序

著"的身份所带来的身心压力。然而,情绪的积极部分则来自于田野工作中所建立的深厚友谊,以及许多人无私的帮助。因此,只有拉开距离、恢复平静后,站在更加坚实的土地上,方能更好地理解那些过去因身处其中、靠的过近而无法看清的事物。正如费尔南·布罗代尔(Fernand Braudel)在《论历史》中强调,身处异地感和拉开距离是通向知识的大路。

在翻译过程中,我力求保持原貌,特别是在方法论的章节(第三章),我保留了大量研究过程中的草图、笔记以及理论构建的迭代和归纳过程,还有伦理决策的考量。这样做的目的是清晰地展现非线性的研究过程以及做出重要研究决策的理由,这种呈现对于希望在海外从事民族志研究的读者来说是有益的参考。为了保持清晰度,确保读者能够更好地理解,原本用英文制作的章图和笔记经过翻译后被重新绘制。部分原始的笔记和草图请参见附录9。而第二章的文献部分则基于我多年来在大学讲授智慧城市以及编写教材《理解智慧城市》的经验进行了丰富补充。

完成这项研究离不开许多人的帮助。我要感谢布里斯托大学提供的博士奖学金,以及我父母给予我无条件的支持。我要感谢我的博士导师凯丽·费舍教授将我引入这个研究领域;感谢我的博士导师托马斯·奥斯本教授鼓励我对理论框架进行创新性的构建。我要感谢海港城的智慧城市创新者们,他们以开放的态度欢迎我的研究,容忍我长时间的观察,与我坦诚且具有批判性地讨论OPHC项目,并为我提供超出研究者通常能期待获得的支持。比如,在我晚上收集数据晚归时送我回家,邀请我喝茶和共进晚餐等。正是因为他们,漫长的数据收集过程变成了愉快的过程。我还要感谢我的技术指导,来自海港城大学高性能网络实验室的葛朗台博士,她耐心地向我解释了OPHC项目涉及的各种技术细节,甚至鼓励我出版本书。此外,我还要感谢在海港城给予我研究中无限情感支持的朋友们,包括已故的泰莎·摩根奶奶、詹妮弗·尼格尔、斯蒂文·希尔顿及夫人、欧燕妮、吉娜·比格斯、彭尼·艾文斯以及其他在研究期间每天给我带来快乐的人。

最后,我要感谢海港城,这座承载了我几乎整个20多岁时光的城市。深

# 智慧城市的创新
## 发生在英国的故事

入的田野调查有时会改变一个人的一生,而这份研究则无疑深刻地改变了我的人生轨迹。我希望阅读这本书,也能为您提供关于智慧城市创新、市民参与、期望在创新中的作用、从事海外民族志研究的经验、城市未来,以及技术发展与社会之间的关系等多方面的启示。

尹婧文

2023 年 9 月于成都

# 缩写和首字母缩写

ANT：Actor-Network Theory（行动者网络理论）

DC：Digital Challenge（数字挑战）

DCMS：Department of Culture, Media, and Sports〔（英国）文化、媒体和体育部〕

FCO：Foreign and Commonwealth Office（英国外交和联邦事务部）

HLA：High-Level Architecture（高层架构）

IoT：Internet of Things（物联网）

MLP：Multi-Level Perspective（多层远景）

NFV：Network Function Virtualisation（网络功能虚拟化）

NV：Network Virtualisation（网络虚拟化）

OPHC：Open Programmable Harbour City（开放可编程海港城）

SCC：Super Connected Cities（超级连接城市）

SDN：Software Defined Network（软件定义网络）

SOE：Sociology of Expectations（期望社会学）

SNM：Strategic Niche Management（战略生态位管理）

STS：Science and Technology Studies（科学与技术研究）

# 主要成员

## 行动者

**克里斯（Chris）**

2014 年 7 月至 2016 年 6 月担任 OPHC 项目总经理。

**鲁比（Ruby）**

海港城政府的一名高级公务员。

**苏珊（Susan）**

OPHC 项目的首席技术设计官、海港城大学光网络教授、NEXT 实验室主任。

## 创新团队

**OPHC 工程团队**

负责可编程测试平台开发，团队成员包括大卫在内共 5 名。

**OPHC 商业团队**

负责推广 OPHC 项目和吸纳企业用户，团队成员包括克里斯、鲁弗斯。

# 智慧城市的创新
## 发生在英国的故事

**数据球幕团队**
负责数据球幕创新工作，团队成员包括佩吉、吉姆和亨利等。

**市民感知团队**
负责市民感知的创新团队，成员包括卡米拉、施泰因、朱迪、露西和玛丽亚等。

**垂直扩散团队**
负责向全球智慧城市生态位扩散OPHC项目的团队，成员包括克里斯、鲁比、佩吉、大卫、苏珊等人。

**水平扩散团队**
负责向三角洲城推广OPHC项目的团队，成员包括克里斯、格林、鲁比等人。

## 机构和组织

**BOX**
一个位于海港城的商业中心，OPHC项目的本地合作伙伴之一。

**DOCK**
一个位于海港城的创意科技研究和发展空间，OPHC项目本地合作伙伴之一。

**海港城大学**
一所位于海港城的著名大学，是OPHC合营企业的合伙人之一，也是OPHC项目的本地合作伙伴之一。

## 主要成员

### 海港城政府
海港城地方当局，OPHC 合营企业合伙人之一。

### 海港城科学馆
位于海港城的科学教育中心，OPHC 项目本地合作伙伴之一。

### 稻草屋
位于海港城南部社区的艺术中心兼慈善机构，OPHC 项目本地合作伙伴之一。

## 物

### 可编程测试平台
OPHC 项目的重要组成部分，一个城市规模的可编程基础设施。

### 数据球幕
OPHC 项目的第一个应用，一个城市数据可视化设备、城市数据展示和互动空间。

### 蟾蜍外形的传感装置
由稻草屋和当地社区居民共同创造的用于应对室内潮湿问题的市民感知应用。

## 城市

### 海港城
一座位于英国英格兰的中等规模城市。

# 智慧城市的创新
发生在英国的故事

**三角洲城**

一座位于中国南方的城市，同时也是海港城的姐妹城市。鉴于研究的公开性，本书对该城市进行了匿名化处理，称其为"三角洲城"。

**高原城**

一座位于英国英格兰中部的城市，是三角洲城的姐妹城市。

**说明**：上述仅列出了 OPHC 研究中的关键行动者。每一篇经验研究章节的开篇处都有与该章节相关的主要成员名单。

# 术 语 表

**活动节点（Active Node）**:"节点"是一个通信网络领域的术语,用于描述网络流量连接的物理点。"活动"表示"可编程"。在这项研究中,"活动节点"指的是可以编程的网络节点。

**城市操作系统（City OS）**:由赛尔达公司设计的一款软件,是 OPHC 项目可编程基础设施的一部分,旨在协调城市中异质的网络和资源。

**网络仿真器（Network Emulator）**:一种测试真实应用程序在虚拟网络上性能的技术。它可以增加网络的实验和扩展能力。

**射频网状网络（RF Mesh Network）**:一种射频网状网络。一种由无线电节点组成的通信网络,这些节点可以组织成网状拓扑结构。

**软件定义网络（SDN）**:一个通信网的术语。对于每个网络组件,它将硬件与其自身的控制平面解耦,并使用集中式控制平面管理网络中组件的行为,可以更有效且更容易地实现网络的可编程性。它还解决了由于不同基础设施提供商提供不同标准的组件所造成的管理方面的挑战。

**说明**:以上只列出了本研究的关键技术术语。更多的技术术语将在文中相应位置以注脚的形式说明。

# 目 录

**第一章 引 言** ··································································· 1
  一、开场白 ····································································· 1
  二、研究意义 ·································································· 3
  三、内容导航 ·································································· 5

**第二章 绘制智慧城市现象和研究的地景图** ····················· 7
  一、未来城市和智慧城市 ··················································· 7
  二、智慧城市理念的产生、扩散和定义 ································ 9
    （一）智慧城市理念的产生 ············································ 9
    （二）智慧城市理念的扩散 ··········································· 11
    （三）智慧城市的定义 ·················································· 14
  三、智慧城市的研究 ························································ 16
    （一）智慧城市的概念性批判研究 ································· 16
    （二）智慧城市研究向经验研究转向 ····························· 19
  四、智慧城市研究的空白与预示性研究问题 ······················· 21
    （一）智慧城市研究的空白 ·········································· 21
    （二）预示性问题 ························································ 22
  五、本章小结 ································································· 23

## 第三章　对 OPHC 项目进行民族志研究 ························· 24
### 一、哲学假设和研究策略的选择 ····························· 24
（一）研究的哲学假设 ································· 24
（二）选择民族志作为研究策略 ························· 25
### 二、抽样 ············································· 27
（一）选择一个合适的智慧城市项目 ····················· 28
（二）田野点和访谈对象的抽样 ························· 30
### 三、数据收集和管理 ··································· 36
（一）参与（式）观察法 ······························· 36
（二）访谈法 ········································· 38
（三）照片、文档和物质环境/人工制品 ·················· 42
（四）数据管理 ······································· 44
### 四、数据分析 ········································· 45
（一）理论化与数据分析 ······························· 46
（二）数据分析的过程 ································· 53
### 五、研究伦理 ········································· 60
（一）知情同意 ······································· 61
（二）研究中的剥削、过度融洽和退场问题 ··············· 62
（三）研究中的保密和匿名问题 ························· 64
### 六、反身性 ··········································· 66
### 七、本章小结 ········································· 68

## 第四章　社会—技术视角的转型研究和期望社会学 ··············· 69
### 一、社会—技术视角的转型研究 ························· 69
（一）多层远景 ······································· 71
（二）战略生态位管理 ································· 77
### 二、期望社会学 ······································· 84
（一）期望的表演性 ··································· 85
（二）炒作和失望循环 ································· 90

（三）期望的层次 …………………………………………… 92
　三、本章小结 ………………………………………………………… 93

第五章　OPHC项目的产生过程 …………………………………… 94
　一、OPHC项目产生的故事 ………………………………………… 97
　　　（一）数字挑战 …………………………………………………… 97
　　　（二）创立和修改配置以应对国家数字基础设施竞赛 ………… 98
　　　（三）将基础设施的创新转变为城市创新 ……………………… 102
　　　（四）通过结盟丰富配置 ………………………………………… 106
　　　（五）为OPHC项目创建一个期望声明 ………………………… 111
　二、理解OPHC项目的产生 ………………………………………… 116
　　　（一）本地的创新者网络以及逐步演变的聚合 ………………… 117
　　　（二）结构限制创新的同时也为创新提供机会 ………………… 118
　　　（三）为OPHC项目结盟和创建期望 …………………………… 119
　三、本章小结 ………………………………………………………… 121

第六章　OPHC项目的实施过程 …………………………………… 122
　一、建设开放的可编程测试平台 …………………………………… 127
　　　（一）建设可编程测试平台 ……………………………………… 127
　　　（二）可编程测试平台的实际使用者 …………………………… 131
　　　（三）学习、压力和创新结果 …………………………………… 135
　二、建设第一个应用——数据球幕 ………………………………… 137
　　　（一）OPHC项目的期望中有关数据球幕的内容 ……………… 137
　　　（二）数据球幕的建设过程 ……………………………………… 139
　　　（三）创新机制和结果 …………………………………………… 152
　三、共创市民感知应用 ……………………………………………… 154
　　　（一）稻草屋接受OPHC项目的期望并创建一个指导期望 …… 154
　　　（二）创造市民感知应用 ………………………………………… 156
　　　（三）创新结果和缺乏协调的问题 ……………………………… 165

四、讨论 ································································· 168
  （一）三个平行的子生态位实验 ································· 168
  （二）期望协调创新的悖论 ········································ 169
  （三）市民参与所面临的挑战 ····································· 172
  （四）一个并非失败的失败 ········································ 173

五、本章小结 ···························································· 175

## 第七章 OPHC 项目的扩散过程 ································· 177

一、纵向扩散 ···························································· 181
  （一）将 OPHC 项目的经验聚合至全球智慧城市生态位 ··· 181
  （二）夸大 OPHC 项目的期望以吸引关注 ···················· 183
  （三）日趋高涨的国际名声与激增的本地失望情绪 ·········· 186

二、水平扩散 ···························································· 189
  （一）将 OPHC 项目扩散到另一个本地生态位 ·············· 189
  （二）水平扩散的背景信息 ········································ 190
  （三）将 OPHC 项目扩散到三角洲城的智慧城市生态位 ··· 193

三、讨论 ································································· 203
  （一）扩散的特征 ···················································· 203
  （二）炒作在不同层次上的不同速度 ···························· 205
  （三）不同邻近性对水平扩散的影响 ···························· 207

四、本章小结 ···························································· 210

## 第八章 结论 ························································ 212

一、介绍 ································································· 212

二、对预示性研究问题的回应 ······································ 214
  （一）问题 1：OPHC 项目的创新过程是什么？ ············ 214
  （二）问题 2：一个智慧城市项目的期望在创新过程中发挥着
       什么样的作用？ ············································ 216

# 目 录

  （三） 问题3：市民在OPHC项目的创新过程中是如何被想象
    和实践的？ ………………………………………………… 219
三、未来的研究方向 …………………………………………………… 220
  （一） 未来的理论研究 ………………………………………… 221
  （二） 未来的经验研究 ………………………………………… 224
四、结束语 ……………………………………………………………… 226

**附　录** ……………………………………………………………………… 228
  附录1　田野工作清单 …………………………………………… 228
  附录2　颜色编码系统 …………………………………………… 234
  附录3　田野笔记里的场景图 …………………………………… 235
  附录4　访谈提纲 ………………………………………………… 236
  附录5　研究日记的示例 ………………………………………… 237
  附录6　用绘图辅助分析的示例 ………………………………… 240
  附录7　研究信息表和同意书 …………………………………… 241
  附录8　其他经验性数据节选 …………………………………… 243
  附录9　部分原始笔记和草图 …………………………………… 246

**参考文献** ………………………………………………………………… 247

# 图表目录

图 1  选择民族志田野点的过程 …………………………………… 32
图 2  数据球幕的场景图 …………………………………………… 38
图 3  工程师手绘图帮助笔者理解射频网状网络和 5G 技术 …… 41
图 4  研究者与 OPHC 工程团队成员在访谈中共同绘制的工程团队
      工作量图 ……………………………………………………… 41
图 5  稻草屋在数据球幕中举办活动所使用到的气球 …………… 44
图 6  在理论笔记本中尝试构建初始理论框架 …………………… 49
图 7  本研究的初始理论框架 ……………………………………… 50
图 8  使用绘图理解数据球幕的创新过程 ………………………… 55
图 9  分析笔记 ……………………………………………………… 56
图 10 改装后的叠叠木分析工具 …………………………………… 57
图 11 将改装后的叠叠木分析工具用于分析 ……………………… 58
图 12 对数据和概念工具的使用进行详细检查 …………………… 59
图 13 嵌套层次结构 ………………………………………………… 73
图 14 多层远景的转型模式 ………………………………………… 75
图 15 全球生态位和本地生态位 …………………………………… 80
图 16 由本地项目承载的逐渐形成的新兴技术轨迹 ……………… 80
图 17 承诺和要求循环 ……………………………………………… 88
图 18 盖特技术成熟曲线图 ………………………………………… 91
图 19 位于 NEXT 实验室中的活动节点及其技术组件 …………… 107

## 图表目录

| | | |
|---|---|---|
| 图 20 | OPHC 项目的期望的内容 | 113 |
| 图 21 | 可编程测试平台的布局图 | 114 |
| 图 22 | NEXT 实验室中关于可编程测试平台的设备 | 122 |
| 图 23 | 数据球幕发布会的现场 | 123 |
| 图 24 | 市民感知项目产生的蟾蜍外形的传感装置 | 123 |
| 图 25 | 大卫于 2016 年 9 月制作的高级体系结构 | 129 |
| 图 26 | 2015 年 8 月至 2016 年 9 月 OPHC 工程团队的工作量 | 137 |
| 图 27 | 数据球幕的场景 | 138 |
| 图 28 | 人们在球幕内观看数据可视化的短片 | 140 |
| 图 29 | 数据球幕的物理布局 | 142 |
| 图 30 | 来自 DOCK 的开发人员制作的球幕内容 | 146 |
| 图 31 | 发布会上观看现场视频的观众 | 147 |
| 图 32 | 观众在数据球幕内试玩"喷溅海港城"的游戏 | 150 |
| 图 33 | 人们在数据球幕内玩气球 | 152 |
| 图 34 | 数据球幕的创新成果 | 154 |
| 图 35 | 使用大型墙图来确定当地社区内可用的资源 | 158 |
| 图 36 | 工作坊参与者讨论室内潮湿问题 | 160 |
| 图 37 | 工作坊里的问题讨论清单 | 161 |
| 图 38 | 工作坊中展示的传感器盒子 | 162 |
| 图 39 | 约翰的传感器盒和树莓派、蟾蜍外形的传感装置 | 163 |
| 图 40 | 市民感知创新和 OPHC 可编程测试平台创新之间缺乏协调 | 167 |
| 图 41 | 研究中使用的观察笔记本、研究日记本、反思日记本和理论笔记本等 | 177 |
| 图 42 | 三角洲城和海港城智慧城市会议的现场 | 178 |
| 图 43 | OPHC 项目垂直扩散的示意图 | 183 |
| 图 44 | OPHC 项目水平扩散的示意图 | 189 |
| 图 45 | （中国—欧盟）海港城与三角洲城智慧城市项目及与本研究有关的事件 | 193 |
| 图 46 | OPHC 项目两个扩散方向的示意图 | 204 |

表 1　围绕 OPHC 项目形成的主要结盟 …………………………………… 110
表 2　OPHC 项目最初的商业模式 ……………………………………… 116
表 3　OPHC 项目的研究用途列表 ……………………………………… 132
表 4　与 OPHC 合作的大型企业列表 …………………………………… 133

# 第一章
# 引 言

## 一、开场白

克里斯（Chris）自信满满地站在三角洲城（中国的某城市）举办的智慧城市论坛上。今天，他将做一场有关开放可编程海港城（open programmable harbour city，简称"OPHC"）的演讲。OPHC 是英国海港城新推出的智慧城市项目。自从克里斯担任该项目的总经理以来，他已经忘记了自己到底多少次被派遣到海外做有关 OPHC 的演讲。中国对于克里斯来说并不是一个陌生的国家。就在半年前，他刚访问了中国西北部某个热衷于建设智慧城市的城市。一谈及中国这个在全球智慧城市文献中常常被提到的国家，克里斯立马联想到这个国家惊人的城市化速度以及蕴藏着的巨大智慧城市商机。在时差尚未适应时，克里斯便已经站在会场讲台的正中央，开始了他的演讲。他的声音平静且有说服力，他的样子像极了一位怀揣愿景的传教士，或者是乘坐时光机从未来穿越回来的预言家。克里斯告诉在场的听众，OPHC 是海港城大学和海港城政府合营的一个智慧城市项目。该项目的期望①（expectation）是建立世界上第

---

① 期望（expectation）和愿景（vision）是两个容易产生混淆的概念。期望社会学对期望（expectation）最常用的定义是，"关于未来技术的状况和能力的实时表示"（Borup et al.，2006）。而愿景（vision）指的是关于设想的未来状态和发展的一致集合。愿景相较于期望来说更具规范意义。当愿景被赋予了特定的可能性时，这种愿景可以被视作一种特定的期望。在本书中，笔者采用期望这个概念来表示一个智慧城市项目对未来的想象。OPHC 项目的期望，指的是 OPHC 这个智慧城市项目设想的可编程测试平台的能力，以及围绕着该平台的用户生态系统和商业模式。

## 智慧城市的创新

### 发生在英国的故事

一个城市范围内的可编程测试平台,该测试平台欢迎来自全球的人来实验他们的智慧城市解决方案。在当前的智慧城市运动里,OPHC 项目的期望显得十分与众不同。因为,它并非像 IBM 或思科(Cisco)这样的跨国科技企业为城市设计了一揽子智慧城市解决方案,而是提供了一个用于测试智慧城市解决方案的平台。克里斯接着介绍用于支持该期望的颇具前景的软件定义网络(software defined network)技术,该技术被世界认为能给当前的通信网络行业带来变革。除了介绍 OPHC 项目技术层面的期望以外,克里斯还特别强调了 OPHC 项目社会层面的期望,即将市民放置在项目的核心位置。OPHC 项目为市民设置了多种角色,比如,承诺将测试平台开放给海港城里每个想测试智慧城市解决方案的人,还将海港城科技馆内观看天文星象秀的球幕影院升级成数据球幕(data dome)供当地市民观看城市实时数据,并与这些数据互动。除此之外,OPHC 项目还与海港城当地的一个艺术中心兼慈善机构稻草屋(straw house)合作,计划在该机构协助下与当地社区居民共同创造一个能使用 OPHC 基础设施的市民感知应用。

克里斯远赴重洋到中国的三角洲城来做这场演讲的目的是什么?什么是 OPHC 项目?该项目是如何产生的?谁主导着该项目?OPHC 究竟是一个已实现的智慧城市项目,还是一个美好的期望?什么是可编程测试平台?什么是软件定义网络?谁在真正使用可编程测试平台?什么是数据球幕?什么是市民感知应用?谁是稻草屋?市民在何种程度上参与了 OPHC 项目的创新过程?三角洲城的听众会接受克里斯贩卖的智慧城市期望吗?在读者的心里或许已经产生了诸多类似的疑问。

本书是一份关于 OPHC 智慧城市项目的民族志研究,将为读者呈现 OPHC 项目的产生、实施和扩散的全过程。随着项目的推进,读者不仅能找到上述问题的答案,还将对如何建立一座智慧城市形成更加深刻的认识。通过阅读本书,读者除了了解该智慧城市项目建设过程中的特征、机制和挑战以外,还能用一种崭新的视角看待期望这种人类的未来意识是如何影响创新进程的,以及市民在一个宣称以市民为核心的智慧城市项目中所扮演的真正角色。在阅读的过程中,读者将深切感受到这群在英伦小岛海港城里的创新者对于建设智慧城市的激情、希望与野心。同时,读者也将了解这些创新者的梦想在现实中受到的挑战,美好的期望如何变成炒作(hype)。通过阅读,读者将更好地理解为

# 第一章
## 引言

什么说 OPHC 项目是一场失败,却又不是一场失败。

## 二、研究意义

面对当前全球范围内如火如荼进行的智慧城市运动,这份原创性的研究显得及时又具有重要意义。如果读者希望在本书中找到那些学术文献中常见的智慧城市论调,恐怕会感到失望。这些论调包括智慧城市是由大型跨国企业以自上而下的方式强行推销给城市的,其特征是缺乏市民的声音(Townsend,2013:115-141)。这些智慧城市的建设模式引发了学界的深刻担忧,比如,"市民"一词在这些智慧城市项目的宣传材料中频繁出现,仅仅被当作是市场营销的工具;智慧城市创新背后潜藏着城市企业主义(entrepreneurial urbanism)的逻辑(Holland,2014);智慧城市是新自由主义城市乌托邦意识形态的新形式(Kitchin,2015);智慧城市可能会带来监控、控制和隐私等一系列问题(Vanolo,2014),等等。目前的智慧城市研究还未深入探讨智慧城市项目在实践中的具体创新过程以及市民在该创新过程中的角色。本研究通过对一个正在建设的智慧城市项目进行民族志研究,详细探讨了该项目的创新过程以及市民在项目中的参与情况,以填补当前研究的空白。此外,本研究还特别关注期望(expectation)在创新过程中的作用,这是当前许多智慧城市文献所忽视的方面。目前大多数智慧城市研究在谈及不同智慧城市的期望时,将期望视为批判的对象,这样的态度让人们忽视了期望在创新过程中的作用。基于此,本研究原创性地追踪并分析了期望在一个真实智慧城市创新过程中扮演的角色,向读者展示了一个重要观点:在创新过程中,期望并非外部无关的因素,而是创新过程中的行动者之一。

本研究旨在为当前智慧城市文献提供经验和理论两方面的贡献,在经验方面,本书用民族志的研究策略,从微观的角度详细地呈现一个本地智慧城市项目的创新全过程,以及期望和市民在该创新过程中所发挥的作用;在理论方面,本研究创造性地整合了社会—技术视角的转型研究(social-technical perspective of transition studies)和期望社会学(sociology of expectations)两种理论中的概念工具,这些概念工具在帮助理解 OPHC 项目混乱的产生过程、多样性

# 智慧城市的创新
## 发生在英国的故事

的实施和扩散过程,以及期望在创新过程中的作用时凸显了优越性。

本研究在经验和理论方面的贡献可能会引起智慧城市研究者的兴趣,他们会因阅读本研究一手的、详细的、经验性的数据而获益,研究使用的理论框架无疑也颇具启发性。从事社会—技术视角的转型研究和期望社会学的学者也可能对本研究产生兴趣,这两个理论框架都是基于对历史上创新案例的分析而构建起来的,并且常常被用于对已完成的历史创新案例的分析,而我们将这两个理论框架应用于分析当下正在发生的、实时的、多元文化背景下的智慧城市创新,本研究所提供的不一样的理论应用背景有利于进一步发展这两个理论框架。例如,我们认为期望是创新过程中的一个行动者,炒作(hype)的速度在不同的层次上是不同的,期望邻近性(proximity of expectation)这种新的邻近性种类影响着创新从一个生态位(niche)扩散到另一个生态位。

本书不仅是为了学术型的读者而写,还希望吸引非学术型读者的兴趣,如智慧城市的创新者、普通民众和学生。首先,本书对 OPHC 项目和其他智慧城市项目的创新者具有实用价值。对于 OPHC 项目的创新者而言,他们中的许多人在 OPHC 项目的不同阶段加入,因分工不同,他们可能只专注于参与项目的局部创新,存在只见树木不见森林的情况,换言之,他们中的一些人对 OPHC 项目的发展历史和整体的创新过程知之甚少。通过这份研究成果,这些创新者可以更好地了解并反思自己的创新活动。对于海港城以外的智慧城市创新者来说,他们能从 OPHC 项目的案例中获得启示,从中吸取经验教训。例如,创新者应关注智慧城市创新过程中不同创新团队和子生态位之间的协调(coordination)问题;应认识到需要在智慧城市创新中更有意识地对市民进行配置(configuration);应探索更具现实意义的开放式创新(open innovation)模型;应认识到期望在创新过程中发挥的复杂且矛盾的作用,OPHC 项目的期望既可以为项目吸引关注,又会损害项目的声誉。其次,本书可能会引起普通民众的阅读兴趣。普通民众往往对自己所在城市的智慧城市创新毫不知情,也不熟悉智慧城市这一专业术语。根据 2020 年里程碑系统(milestone system)公司的一项调查表明,约有一半以上的英国人从未听说过智慧城市(Smart Cities World,2021)。本研究所采用的民族志研究策略在写作风格上具有很强的故事性,使普通民众阅读本书相较于阅读其他学术读物来说要容易得多。本书希望

# 第一章
## 引言

为民众打开智慧城市的黑匣子，让民众可以更好地了解智慧城市的含义，对当前流行的智能技术和智慧城市的相关讨论建立起一种基本认识。此外，本研究鼓励民众反思其所在城市的智慧城市计划可能赋予他们的角色，反思这些角色是他们真正希望扮演的角色吗？如果这些角色不是他们所希望的，如何更好地协商他们想要扮演的角色，并切实地参与到智慧城市的创新过程中来？如何主张自身的权利，并按照自己的意愿设计未来城市？最后，本书对于致力于采用民族志研究策略的学生来说是有益的参考手册。本书在方法论的章节，尽可能详尽地向读者展示研究中的抽样、数据收集与分析、理论与数据分析的关系等内容，如何做出研究中重要的伦理决定和处理反身性问题，对研究过程微观和详细的呈现对于希望采用民族志研究策略进行研究的学生来说具有很好的参考价值。

## 三、内容导航

本书从内容上来讲可以分为两部分。第一部分包括三个章节，分别是第二章、第三章和第四章，介绍了研究的背景、方法和理论框架。第二部分包括三个经验研究章节（第五章、第六章和第七章）和一个结论章节（第八章），三个经验研究章节包含了从田野中提炼出的故事与运用概念框架对经验数据的分析，内容涉及OPHC项目创新过程中的不同阶段、面向和规模，详细阐述了OPHC项目的产生、实施和扩散过程。最后一个结论章节是对整个研究的总结。每个章节的内容概述如下：

### 第一部分

第二章回顾了智慧城市研究的相关文献。本章内容包括智慧城市现象的产生以及当前的智慧城市研究。学术研究的回顾有两个目的：一是为读者呈现有关智慧城市的背景知识。二是梳理当前智慧城市研究中存在的三个知识空白，即缺乏对智慧城市的创新过程、期望在智慧城市创新过程中的作用以及市民在智慧城市创新过程中的想象和实践方面的研究，并针对三个知识空白，指出本研究的三个预示性问题（foreshadowed problem）。

第三章是方法论章节。本章详细阐述了研究的实施过程，例如，抽样过程、数据收集过程、理论框架建构过程以及数据分析过程。此外，本章还涉及研究人员在研究中做出的重要决定，包括哲学假设、民族志的研究策略、研究伦理等方面的内容。最后，本章还反思了研究者与研究过程的关系。

第四章是理论框架章节。本研究的理论框架由两部分组成：社会—技术视角的转型研究和期望社会学，在第三章介绍了如何选择这两个理论框架过程的基础上，对这两个理论框架中和本研究有关的关键概念工具做进一步的阐述。这种阐述的目的是将与本研究有关的关键概念工具放到理论的原始背景下，为读者提供一个较为全面的认识。

## 第二部分

第五章向读者展示了 OPHC 项目在海港城的产生过程。OPHC 项目产生的故事按时间顺序被分为五个小节，使用配置（configuration）、多层远景（multilevel perspective）和前瞻性结构（prospective structure）等概念工具解释 OPHC 项目的产生过程。OPHC 项目的诞生并不是在真空中发生的，它实际上是一个在生态位层面的选择环境中生存下来的有关人、物和期望的配置，这个配置被创新者重新标记为智慧城市创新。

第六章对 OPHC 项目实施过程中的三个田野点，即可编程测试平台、数据球幕和市民感知，进行深入的田野调查。在探究过程中使用战略生态位管理（strategic niche management）和期望社会学中的概念工具，理解 OPHC 实施过程中的具体内容与挑战。

第七章研究 OPHC 项目在海港城之外的扩散过程。这种扩散呈现两种方向：一是将 OPHC 项目的期望扩散到全球智慧城市生态位的垂直扩散；二是将 OPHC 项目的期望扩散到另一个本地智慧城市生态位的水平扩散。本章应用战略生态位管理和期望社会学中的概念工具，理解两个方向的扩散过程，并揭示扩散过程中的机制、挑战与悖论。

第八章首先对整个 OPHC 项目的智慧城市创新过程进行反思。其次，对三个经验研究章节进行总结，并回答本研究的三个预示性问题。复次，反思研究的局限性并为未来的经验研究和理论研究指明方向。最后，以研究者对技术创新的一些思考作为本书的结尾。

# 第二章
# 绘制智慧城市现象和研究的地景图

本章旨在将研究放置在更广阔的智慧城市现象和研究背景下，为读者呈现一幅丰富的智慧城市地景图。本章首先介绍智慧城市现象，包括智慧城市概念的产生、智慧城市概念在全世界范围内的扩散以及智慧城市定义的演变与模糊性。其次，本章系统回顾了智慧城市的学术研究，早期的智慧城市研究关注对智慧城市进行概念性的批判研究，而近期的智慧城市研究呈现一种向经验研究转向的趋势。在此基础上，本章指出当前智慧城市学术文献中存在的三个空白，第一个空白是需要对一个本地的、在建的智慧城市项目的创新过程进行深入的经验研究；第二个空白是对期望在智慧城市创新过程中发挥的作用理解不足；第三个空白是缺乏在项目层面上对市民的想象和实践进行深入的理解。根据这三个研究空白，我们将提出三个预示性问题（foreshadowed problem）（Malinowski, 1922）用于指导研究。

## 一、未来城市和智慧城市

自古以来，人们不断地思考、规划和建造他们的未来城市（Fainstein, 2014; Moir et al., 2014）。城市通常都具有未来主义色彩，有关城市的话语通常也涉及有关未来的话语。在英文文献中，过去一百年中至少可以辨识出四波未来城市的话语浪潮（Moir et al., 2014），第一波浪潮出现在两次世界大战期间，现代主义规划师和建筑师针对工业化带来的副作用提出了更绿色的城市理念。最具代表性的例子是勒·柯布西耶（Le Corbusier）的《明日之城市》

# 智慧城市的创新

## 发生在英国的故事

(*The City of Tomorrow*)(1929)。第二波浪潮兴起于第二次世界大战之后,当时的未来城市话语聚焦在如何修复被战争摧毁的城市。第三波浪潮发生在20世纪80年代,这一时期受经济全球化的影响,未来城市话语关注城市如何成为支持新一轮全球贸易的场所这一议题上。从1990年起,信息与通信技术(ICT)的崛起为人们思考和想象城市未来带来了新的方向。如今,随着城市化进程的加快,世界正处于新一波的未来城市运动中。根据联合国的预测,到2050年,世界上将会有68%的人生活在城市里(Ritchie and Roser, 2018)。在当前这场未来城市运动中,城市被描述为面临着迫切的经济、环境和社会问题,需要用未来为导向的解决方案来应对(Gabrys, 2014)。

在当前的公共话语和学术文献中存在着许多关于如何构建未来城市的想法。对未来城市术语的研究为我们提供了一幅未来城市地景图的概貌。德容等(de Jong et al., 2015)对未来城市政策话语的研究发现,自1996年以来,学术文献中最常出现的未来城市概念是可持续城市(sustainable city)。"数字城市"(digital city)一词在21世纪初开始流行,但是这个概念在2009年被飞速崛起的"智慧城市"(smart city)概念所取代。近年来,"智慧城市"这个概念获得了持续的关注,2012年以后智慧城市在学术文献中的使用频率超过了可持续城市。2009年,韧性城市(resilient city)、低碳城市(low carbon city)这两个术语伴随全球气候变迁的讨论而出现,但都未能成为广泛使用的未来城市类别。莫尔等的研究揭示了十分类似的未来城市术语使用模式(Moir et al., 2014),他们的研究指出,未来城市(future cities)和城市的未来(future of cities)是继可持续城市和智慧城市之后最常用的两个术语。从2009年开始,"未来城市"这一术语的使用量逐渐超过了"城市的未来"的使用量,但未来城市的关注点较为狭窄,主要聚焦于未来城市的技术维度(Ibid: 15)。因此,我们可以得出结论,智慧城市或技术为中心的未来城市术语在当今的政策文献和研究文献中占据了主导地位。

通过技术推动城市转型的想法并不新鲜,这一想法的具体内涵随着时间的推移不断变化。例如,在20世纪60年代,信息技术和控制论的思想开始影响人们对未来城市的思考和想象(Crompton, 2012; Forrester, 1969)。当时,来自东西方的先锋派建筑师梦想并实践着技术增强未来城市的理念。西方的先锋派体

# 第二章
## 绘制智慧城市现象和研究的地景图

现在英国的建筑电讯（archigram）运动中（Crompton，2012），该运动将高科技创新和流行文化整合到一起，设计出了想象中的明日之城。东方的先锋派则可以在日本的新陈代谢（metabolism）运动中找到踪迹，该运动将传统的日本建筑理念融入现代主义的语境中。从20世纪80年代开始，网络城市和可计算城市理念开始在城市发展计划中频繁出现（Castells，1989；Mitchell，1996；Batty，1997；Graham and Marvin，2001）。这一时期也涌现出许多与技术有关的城市概念，例如，有线城市（wired city）（Dutton，1987），信息城市（information city）（Castells，1996），赛博城市（cyber city）（Graham，Marvin，1999），数字城市（Ishida and Isbister，2000），无处不在的城市（ubiquitous city）（Weiser，1996；Anthopoulos and Fitsilis，2010）和智能城市（intelligent city）（Komninos，2013）。从这些例子中我们可以看出，每个术语都以不同的方式概念化了信息与通信技术（ICT）和城市之间的关系。而不同时期特定技术的突破，如远程通讯、万维网、宽带和Web 2.0等，则启发了这些不同的与技术有关的城市概念（Carvalho，2014）。最近的智慧城市术语则是用新技术转变城市这一思想的再创造。"智慧城市"这一术语受到近年来信息技术发展的影响，例如，无线网络、增强型宽带连接、云计算、智能设备、实时数据和物联网（internet of things，简称"IoT"）[①] 等（Saunders and Baeck，2015；Carvalho，2014）。

## 二、智慧城市理念的产生、扩散和定义

### （一）智慧城市理念的产生

智慧城市这一概念最初起源自哪里？霍兰德（Holland，2008）和瓦诺洛（Vanolo，2014a）认为，智慧城市概念的形成主要与两种学术文献有关。一种是始于20世纪80年代初的美国新城市主义（new urbanism）运动。该运动对

---

[①] 物联网是通过各种感知设备、传感器网、互联网、M2M网络，按照约定协议，把物品与物品连接起来，以实现全自动、智能化识别、定位、传输、处理信息和管理的一种新型网络。

# 智慧城市的创新

## 发生在英国的故事

基于汽车使用和城市扩张的城市发展模式提出了批评,提出通过减少过度建设和用地消耗来改善生活质量的建议。我们现在所提到的许多智慧城市指标,如宜居性、可步行性和可持续性,都可以追溯到这一运动(Konomi and Roussos, 2017)。另外一种是有关智能城市的辩论,这是一场因世界各地许多城市都增加在 ICT 基础设施、创新和电子政务方面的预算而引发的辩论(Crivello, 2014:912)。

上述两种学术文献或许对智慧城市概念的早期形成有所贡献,但是,当前的智慧城市话语主要是由 IBM、思科(Cisco)和西门子(Siemens)等跨国科技企业在学术圈之外推动起来的。这些跨国科技企业是智慧城市的早期倡导者,他们的论点基于这样一种假设,即新兴的技术解决方案(如物联网、云计算)可能为城市带来更美好的未来。作为私人企业,他们认为自己有能力让人们尝试新的生活、工作和移动方式(Crivello, 2014)。在这些科技企业的智慧城市倡导者中,IBM 是最早的智慧城市推动者。2008 年 11 月 6 日,时任 IBM 的 CEO 萨米尔·J. 帕米沙诺(Samuel J. Palmisano)在纽约的外交关系协会上提出"更智慧的星球"(smarter planet)理念。随后,帕米沙诺做了一场名为"一个更智慧的星球:下一代领导人议程"(*A Smarter Planet: the Next Leadership Agenda*)的演讲。在演讲中,帕米沙诺列举当前城市系统中存在的能源浪费、城市污染、缺乏效率的供应链、食物浪费、落后的医疗体系等问题,并提出新技术可以帮助提升现有城市系统的方方面面。自此之后,IBM 投入大量的广告用于宣传智慧城市理念。2009 年 9 月 25 日,IBM 还将"智慧城市"注册成为商标(Mark 79077782);同年,IBM 发布了一份名为《一个更智慧城市的愿景》(*A Vision of Smarter Cities*)的报告。尽管该报告中使用"更智慧"(smarter)一词的频率高于"智慧"(smart),但许多人仍将智慧城市的起始点归结于该报告(尹婧文,2023:19)。Vanolo(2014b)将 IBM 在 2008 年宣布其智慧城市计划与同年的次贷危机联系起来,认为 2008 年智慧城市话语的兴起似乎与当时的经济危机息息相关,两者同时出现在 2008 年并非巧合,因为经济危机之后,城市面临严重的财政紧缩,而智慧技术被视为解决城市危机的良好方案(Vanolo, 2014b)。

# 第二章
绘制智慧城市现象和研究的地景图

## （二）智慧城市理念的扩散

近年来，智慧城市概念在欧洲变得流行起来，被许多欧洲国家和城市采用，究其原因是大型研究基金在背后发挥的推动作用所致（Vanolo，2014a）。欧盟的地平线 2020（Horizon 2020）计划就是一个很好的例子，该计划支持了许多与智慧城市有关的工程类研究主题。例如，其中有一个研究主题名为"未来互联网和智慧城市"（future internet and smart city），该研究将未来互联网研究与智慧城市的概念联系起来，认为智慧城市的发展可以作为未来互联网研究的催化剂，因为智慧城市的建设必须依赖良好的互联网基础设施，从未来互联网研究中产生的先进应用，可造福于欧洲公民（Paskaleva，2011）。2014年，欧洲议会对人口在 10 万以上的 468 个城市的一项调查表明，有 240 个城市存在与智慧城市相关的建设活动，其中，英国、西班牙和意大利等国拥有数量最多的智慧城市项目（Bennett et al.，2017）。然而，不同国家和地区由于政治、经济和文化的不同，它们理解和选择建设智慧城市的原因也各有不同。例如，英国政府认为英国在全球智慧城市运动中具有巨大的潜力，并能在其中取得领先地位。推动智慧城市发展对于英国来说是有益的，对于英国国内而言，大力发展智慧技术将给英国民众带来更好的城市服务；对于英国的海外市场而言，英国具有提供智慧城市产品和服务的竞争优势，这种竞争优势会给英国带来更多的出口机会。据估算，全球智慧城市解决方案的市场在 2020 年达到约 4000 亿美元，英国政府鼓励国内公共和私营部门合作，争取获得其中 10%的价值（Saint，2014）。为了支持智慧城市发展，英国政府为国内智慧城市投资提供了财政支持，例如，英国研究委员会（research council UK）为智慧城市研究提供了 9500 万英镑的支持；英国政府的国家机构技术战略委员会（Technology Strategy Board，简称"TSB"）在 5 年内投入 5000 万英镑建立了未来城市弹射（future city catapult）中心（Bennett et al.，2017）；2012 年，TSB 还推出了未来城市示范竞赛（future cities demonstration competition，简称"FCDC"）以释放英国在智慧城市建设方面的潜力（Buck and While，2017）。为了响应英国国家政府的号召，许多英国地方政府提出了自己的智慧城市计

# 智慧城市的创新
## 发生在英国的故事

划。根据卡普罗蒂等（Caprotti et al.，2016）的研究调查显示，英国人口超过10万的地方政府中有1/3明确提出了智慧城市计划（Cowley et al.，2018）。其中，伦敦、米尔顿凯恩斯、曼彻斯特、格拉斯哥、布里斯托和彼得伯勒等地方政府在智慧城市建设方面做出了较为积极的承诺（Cowley et al.，2018）。

在亚洲，中国、日本、韩国、新加坡和印度等国家也相继推出了智慧城市计划。其中，中国和印度拥有亚洲数量最多的智慧城市项目。2014年，纳伦德拉·莫迪（Narendra Modi）参加印度总理竞选时将智慧城市写进了他的竞选宣言。当选后的第二年6月，莫迪启动了智慧城市使命（smart cities mission，简称"SCM"）项目，计划投入250亿美元，用5年时间建设100座智慧城市（Ahmed and Ali，2021）。在中国，根据2020年国家发展和改革委员会的统计，所有副省级以上城市、89%的地级以上城市（241个城市）和47%的县级以上城市（51个城市）都提出建设智慧城市（唐斯斯等，2020）。新加坡和韩国都是智慧城市的先行者，两个国家长期致力于将最新的技术引入城市发展。新加坡的智慧化之旅始于20世纪80年代，受东南亚制造业兴起的影响，新加坡政府开始推崇知识经济和信息社会等概念。20世纪80年代早期新加坡政府推行的IT项目把重点放在实现政府部门的电脑化、提高公共服务和训练IT产业劳动力，为此新加坡政府还专门成立了国家计算机署（national computer board，简称"NCB"）。20世纪80年代后期新加坡政府将新技术发展重心转向私领域，目标是发展以出口为导向的IT产业。1992年，NCB发布了一份名为《智能岛愿景：IT 2000总体规划》（*Intelligent Island：IT 2000 Masterplan*）的重要文件，明确表明了将新加坡转变为"智能岛"的蓝图，以及将科技视为增强国家竞争力和市民生活的手段（Mahizhnan，1999；Hollands，2008）。该报告提出建立居家、学校、工作场所的泛在网络、提高网速，以及在公共服务中更多地使用IT（Choo，1997），描绘了我们今天已习以为常的智能生活，如高清屏幕、语音控制和数字加密技术等在城市生活中的广泛运用。值得一提的是，新加坡颇具代表性的电子道路收费系统（electronic road pricing system，简称"ERP"）就是这一时期的产物。1997—1998年，亚洲金融危机让新加坡意识到现有发展模式的脆弱性，于是新加坡政府在2000年和2003年相继推出了大力发展IT经济的"Infocom 21"计划和"连接新加坡"（connected singapore）

# 第二章
绘制智慧城市现象和研究的地景图

计划。2006年6月，新加坡启动了为期10年的"智能国2015"（intelligent nation 2015，简称"iN2015"）计划。该计划旨在让新加坡成为世界上第一个通过信息产业为其经济和社会增添价值的国家（Hoe，2016）。iN2015为新加坡今天的智慧城市打下了基础，建立起了诸如大数据分析、物联网和其他许多骨干基础设施。2014年，新加坡又启动了"智慧国家"（smart nation）计划，旨在使用数字技术和数据，以多方主体合作来解决战略性的问题，提升新加坡国民的生活质量，使企业能从数字经济中获利（尹婧文，2023：87）。从新加坡使用ICT（information and communication technology）的历程中可以看出，作为一个资源匮乏、随时需要保持竞争力的城市国家，新加坡较早地意识到技术和创新对于新加坡未来发展的重要性，其ICT在城市发展中的使用在国际上一直处于领先地位。由于新加坡长期以来致力于将技术融入城市发展，因此，当智慧城市理念在全球流行起来时，新加坡自然而然地成为该领域的先驱。韩国的智慧城市之旅始于1997年的亚洲金融危机。这场金融危机促使韩国政府将其经济模式从制造业向服务业升级（Shwayri，2013）。韩国政府将城市发展视为吸引外国投资和专业人才的途径，在这一理念的指导下，韩国是最早提出和采用"无处不在的城市"（ubiquitous city，简称"u-city"）概念的国家。所谓的u-city指的是将普适计算①和其他相关科技、网络、设备嵌入城市的物理环境中，使市民和城市管理者能随时随地获取信息（Schumann and Stock，2015）。韩国选择首尔、釜山、仁川等城市作为u-city的示范区。2006年，韩国大力打造松岛（Songdo），希望将其变成世界上第一个u-city，松岛是一个从零开始建设的城市，短短几年间大量建筑在松岛填海而来的陆地上拔地而起。2009年，思科以4700万美元的投资加入松岛项目，并承诺将松岛从上到下用信息化武装起来。思科想象的松岛未来城市是一个完全能被感知的城市环境，人的行为、反应、眼睛和肢体语言都能被记录和回应，以提高顾客满意度和效率。思科的加入使得松岛从u-city变成今天人们耳熟能详的松岛智慧城市项目（Strickland，2011）。韩国对智慧城市概念的快速接受与该国经济模式升级的需求有

---

① 普适计算（ubiquitous computing）一词来源于马克·维瑟（Mark Weiser）于1991年在《科学美国人》上发表的一篇文章。该文章认为计算机在未来将不局限于电脑，而是隐藏和嵌入在日常生活的肌理中。

关，u-city 概念最初被用于实践这种意图，而今天智慧城市代替了 u-city 延续着这种意图。

非洲和拉丁美洲也有许多智慧城市项目，在智慧城市文献中最常提及的是巴西里约热内卢的智慧城市项目。巴西里约热内卢智慧城市项目建设的契机是2010 年 4 月在里约热内卢爆发的一场洪水，这场洪水导致里约热内卢上百人丧生。面对这样一场悲剧事件和两场即将到来的世界级体育盛事（2014 年的世界杯和 2016 年的夏季奥运会），急于改变城市现状的时任市长爱德华多·派斯（Eduardo Paes）邀请 IBM 工程师团队为里约热内卢设计了一套灾害管理系统（Townsend，2013）。后来，IBM 的工程师团队对该项目进行重新构思，认为该套系统不仅可以应对洪水之类的灾害，还可以管理城市的其他方面，IBM 建议建立一个系统，使城市的气象、地质和民防机构能够协同工作（Lindsay，2010）。之后，IBM 和甲骨文公司（Oracle）开发了著名的智能运营中心（intelligent operation centre），该智能运营中心成为里约热内卢智慧城市项目的核心。里约热内卢智能运营中心是世界上第一个将危机管理解决方案和多个政府行政管理机构整合到一起的运营中心（Durani，2017）。该运营中心能容纳包括交通、公共事业、应急管理、气象等 30 多个城市部门的工作人员进行协同办公，这样的协同办公既能及时应对紧急情况，又能监测城市交通、垃圾回收和水电等运行情况。除此之外，从里约热内卢市内各城市系统中获取的实时数据被汇聚到智能运营中心用于数据分析处理、监控和可视化，这些实时数据连同历史数据一起被数据分析师用于掌握城市某方面在某一时间阶段内的运行情况，分析人员还能用这些数据进行建模，对城市某方面的未来发展趋势进行预测。

### （三）智慧城市的定义

技术元素在早期的智慧城市定义中占了很大比重，而给出这些定义的主要是科技企业。例如 IBM 给出的智慧城市定义是："最优地使用当今所有相互关联的信息，以便更好地理解和控制其运作，并优化有限资源的使用"（Kehoe et al.，2011）。思科给出的智慧城市定义是："采用可拓展性的解决方案，它

# 第二章
## 绘制智慧城市现象和研究的地景图

利用信息与通信技术（ICT）来提高效率，减少成本和提高生活质量。那些采取这样路径的城市就是智慧城市"（Falconer and Mitchell，2012：2）。这两个由科技企业给出的智慧城市定义都具有浓厚的技术原教旨主义（techno-fundamentalist）色彩。批评者认为这种智慧城市定义过度重视技术的作用以及工具理性，忽视了在城市里生活的居民、社区、本地组织等在城市发展中起到的作用。除了技术特征以外，还有一些智慧城市定义强调竞争和创造性（Kourtit and Nijkamp，2012）、创意经济（Thite，2011）和城市营销（Harrison and Donnelly，2011）等方面内容。这类智慧城市定义反映了西方城市治理模式从管理福祉主义（managerial welfare）向城市企业主义（entrepreneurial urbanism）模式转变的趋势，建设智慧城市被当作一种城市宣传和城市形象塑造，用以增强城市的竞争力和吸引商业、创意阶层的手段。但是，这些智慧城市定义的不足之处是缺乏对人、本地社区和机构的关注。

近年来，智慧城市的定义逐渐朝着以人为中心和多样化的趋势发展。例如，英国标准学会（british standers institution，简称"BSI"）认为智慧城市是"在建筑环境中有效整合物理、数字和人类系统，为市民提供一个可持续、繁荣和包容的未来"（Clennell，2018）。该定义认为智慧城市不仅包括物理和数字的系统，还应包括人的系统。南和帕尔多（Nam and Pardo，2011）试图扩展智慧城市的定义，他们认为智慧城市的概念内涵应由三个维度构成，除了技术维度以外，还应该包括人和制度的维度。莫尔等（Moir，2014：12）试图从狭义和广义两个方面定义智慧城市，狭义的智慧城市指的是利用正确的硬件、软件和技术平台来解决城市所面临的挑战，广义的智慧城市则包括良好的城市治理、智慧市民以及对智慧技术的正确投资。维也纳、卢布尔雅那和代尔夫特的一组研究人员尝试用其他方法来定义智慧城市，他们对欧洲70个中型城市的智慧城市进行测评，通过文献阅读和一系列圆桌会议商讨之后，提炼出智慧城市的六个维度，即智慧环境、智慧生活、智慧经济、智慧移动、智慧治理和智慧公民（Giffinger，2007）。卡拉吉乌等用类似的方法从众多智慧城市项目中总结出共同点，并对智慧城市给出了一个更加融合的定义，即"一个城市能被定义为智慧城市是当它对人力和社会资本及传统（交通）和现代（信息与通信技术）传播基础设施进行了投资，以促进可持续的经济发展和高质量的生活,并通过参与式治理对自然资源进行更明智的管理"(Caragliu et al., 2011：70)。目前,这一智慧城市定义被广泛接受,也是智慧城市研究文献中使用较多的定义。一些城市以该定义为基础制定它们的智慧城市发展战略,比如,荷兰阿姆斯特丹的智慧城市就采用这个定义。

智慧城市是一个仍然在不断发展的概念,从上述智慧城市定义的讨论中,我们可以总结出两点：一是智慧城市定义内涵的发展趋势。智慧城市的定义从早期以技术和商业为中心的定义,逐渐发展为包括创造力、人力资本、教育和学习、社会包容和治理、可持续发展等更加丰富内涵的定义。二是智慧城市定义的模糊性。虽然智慧城市在全球范围内被讨论和实践了十余年,但是智慧城市的定义至今依然模糊不清。学者在谈及智慧城市定义时常用含混不清(ambiguous)、不清楚的(nebulous)、混乱的(chaotic)和空泛的能指(empty signifer)等词来形容这种缺乏明确定义的状态。国际上未能形成公认的智慧城市定义的主要原因是不同的人和地区在使用智慧城市这个术语时带有不同的目的和优先考虑的内容。针对智慧城市定义的模糊性,学者给出了不同的意见。克拉克(Clark,2020)从安·马库森(Ann Markusen)的模糊不清的概念(fuzzy concept)中得到启示,她认为智慧城市概念的模糊性让我们无法确定应在何处进行政策干预才能对智慧城市项目产生效果。哈利古亚(Halegoua,2020)则认为智慧城市概念的模糊性本身有一定的益处,这种模糊性可以使对城市问题感兴趣的各类组织根据自身利益借用智慧城市概念进行创新活动。

# 三、智慧城市的研究

## (一)智慧城市的概念性批判研究

未来城市从来都不缺乏批评,学者、思想家和作家总是明确或隐含地对他们所处时代的未来城市建设提出质疑。我们可以找到一些著名的例子,例如,美国城市学家简·雅各布斯(Jane Jacobs)在1961年提出,现代城市规划原则常常因服务于规划者的乌托邦想象,而忽略了城市的实际运作,在她的巨著

# 第二章

绘制智慧城市现象和研究的地景图

《美国大城市的死与生》(*The Death and Life of Great American Cities*)中,雅各布斯尖锐地批评了现代的正统城市规划和重建原则。20世纪90年代,社会学家萨斯基娅·萨森(Saskia Sassen)分析了全球城市现象,并指出经济全球化加剧全球城市之间和城市内部的不平等。2003年,弗雷德里克·詹明信(Frederic Jameson)(2003)批评了当代未来城市建设中的消费主义倾向,他认为,现代城市的发展缺乏想象力,因为它们继续创造雷姆·库哈斯(Rem Koolhass)所称的垃圾空间(Junk Space)。2012年,大卫·哈维(David Harvey)在亨利·列斐伏尔(Henri Lefebvre)于1991年提出的理论基础上,指出城市发展的本质是资本积累的过程。作为这种资本积累过程的回应,他提出了城市权利(right to city)的概念,认为这种权利是一种集体权利,这种集体权利的行使将城市从资本积累的场所转变为公众就权力行使进行辩论的场所。

智慧城市运动仍处于起步阶段。我们可以在媒体报道中阅读和听到许多智慧城市计划,然而,其中大多数智慧城市计划仅仅表达了一种期望和愿景,抑或是只停留在实验阶段。尽管如此,学者们对这些期望、愿景和实验进行了诸多概念性的批判,罗伯特·霍兰德(Robert Holland)是早期智慧城市批评者的代表之一,IBM于2008年推出"更智慧的星球"的愿景之后,霍兰德便仔细地研究了IBM和许多自诩为智慧城市项目的愿景。他发现这些智慧城市项目的愿景大多由大型跨国科技企业制定的。霍兰德以大卫·哈维(1989)的企业型城市(entrepreneurial city)与佩克和蒂克尔(Peck and Tickell,2002)的新自由主义空间(neo-liberalizing space)的概念为基础,认为许多智慧城市期望和愿景是自我定义的以塑造城市品牌为目的的市场工具和城市企业主义(entrepreneurial urbanism)的借口(Holland,2015)。罗布·基钦(Rob Kitchin)是另一位具有代表性的智慧城市批评者,他将当前的智慧城市与近年来出现的其他未来城市概念进行比较,如竞争城市、创意城市、可持续城市、绿色城市和韧性城市。对比后,他指出智慧城市是这些未来城市愿景的技术版本,智慧城市潜在的问题和这些历史上未来城市概念曾引发的问题类似,如城市士绅化、加剧社会不平等和社会极化等,并警告我们,新自由主义城市乌托邦的意识形态正在兴起,这些智慧城市的乌托邦愿景缺乏对民主决策、市民参与和未来城市的替代性思维等方面的关注(Kitchin,2015:133)。越来越多的

# 智慧城市的创新
## 发生在英国的故事

批评者（Vanolo，2014a；Townsend，2013；Greenfield，2013）遵循霍兰德和基钦的基本论点，指出当前的智慧城市概念正在变成科技巨头的私托邦（privatopia）（Vanolo，2014a），科技巨头的智慧城市愿景更加关心如何销售智慧城市技术，而非关注"人"（Greenfield，2013；Townsend，2013：118）。

在批判由科技公司主导的自上而下的智慧城市建设模式的同时，西方兴起了一些关注基层市民采取自下而上的模式进行智慧城市建设的话语。自下而上的智慧城市建设更加考虑市民在智慧城市中的贡献，探索不同的草根方式运用技术解决城市问题（Hemment and Townsend，2013；Townsend，2013）。在自下而上的智慧城市模式的引导下，近年来出现了许多市民推动智慧城市建设的理念，例如，智慧市民（smart citizen）（Hill，2020）、公民黑客（civic hacking）（Townsend，2013：115-141）和市民感知（citizen sensing）（Saunders and Baeck，2015）。然而，学者对这些由市民驱动的智慧城市建设模式也提出了质疑。例如，瓦诺洛（Vanolo，2014a）根据奥斯本和罗斯（Osborne and Rose，1999）的观点，将智慧市民的想法视为一种远程治理（government at a distance）的工具，认为"智慧"（smartness）的理念正在成为一种社会控制的新领域。加布里斯（Gabrys，2014）与瓦诺洛持有非常类似的观点，但她的批判超越了社会控制，她认为城市中的计算物质化有助于在城市空间和城市建设过程中分配权力。为了更好地了解市民在智慧城市中扮演的角色以及"人"在智慧城市中的意义，考利（Cowley）、乔思（Joss）和戴约特（Dayot）比较了六个英国的智慧城市，并提出了四种模态的公共性，即服务用户（service-user）、创业型（entrepreneurial）、政治型（political）和公民型（civic）（Cowley et al.，2018）。

除了对自上而下和自下而上的智慧城市建设模式提出批评以外，一些研究者专注于探讨将某些技术嵌入城市肌理所带来的影响。例如，基钦探讨了实时数据与城市之间的关系，指出实时数据可能给城市发展带来的三个潜在的问题。首先是技术官僚治理。技术官僚倾向于用一种简化主义和实用主义的方式看待城市，试图通过技术手段来简化和理顺城市日常生活中的凌乱性、动态性和不确定性。这种方式或许能更有效地应对当前的一些城市问题，但是城市中有大量元素是数据无法捕捉的，不深入分析文化、政策、治理、资本等因素是

# 第二章
## 绘制智慧城市现象和研究的地景图

无法找出和解决城市所面临问题背后更深层次的结构性问题的。其次，科技企业给出的智慧城市解决方案常常是普世的、现成的（off the shelf）、模板化的和一刀切的（one size fits all），像开箱即用产品一般的盒中之城（smart city in box）解决方案，这些解决方案无法有效应地回应地方的独特性。最后，大数据和数据中心的结合可能会将许多独景窥视（oligopticon systems）系统集中到一个单一的全景视角点上。人们没有理由不担心大数据可能会加深对社会的监控程度（Kitchin，2014）。除此之外，米希尔·德·朗格（Michiel de Lange）和马汀·德·瓦尔（Martijn de Waal）指出，基于位置的服务和客户忠诚度卡会将城市区域转变为产生和实践社会分类（social sorting）的空间（Lange and Waal，2017；Crang and Graham，2007）。维斯特加德等认为，当前的智慧城市基础设施的愿景将人类降格为可以被测量的对象和输入设备，这将削弱人们的权利而非对人们赋权，他们以智能路灯为例来支持这一观点。他们认为，人们通常会根据视觉信息来决定是否要在晚上冒险在黑暗中行走，在智能路灯照明的条件下，这样的人类决策变得不再需要，因为从远处看，一条街道可能看起来很暗，但当人们接近时，灯光会自动打开。可见，智能路灯可能是夜间节能的有效解决方案，但它会干扰人类的决策过程（Vestergaard et al.，2016）。

### （二）智慧城市研究向经验研究转向

对智慧城市进行概念性的批判研究依然继续着，然而，这些批判也受到诟病，因为它们通常将智慧城市视作普遍的、理性的、去政治化的、朝着追求利润最大化以及符合跨国科技企业利益的方向运作（Shelton et al.，2015）。这种"一刀切"的智慧城市叙事方式占据了当前智慧城市研究的主导，然而，智慧城市概念在一个实际的本地环境中的运作是多样的和混乱的。面对这种不足，智慧城市的研究进入了一个新阶段（Cowley et al.，2018）。正如基钦所建议的那样，智慧城市的研究需要对一个具体的智慧城市项目进行更加深入的经验研究（Kitchin，2015）。例如，一个地方是如何采用智慧城市这一概念的？该地的智慧城市项目是如何构想的，以及它是如何受其他地方智慧城市论点的影响的？一个智慧城市项目在现实中是如何实施的，以及现实又是如何回应它的？

# 智慧城市的创新
## 发生在英国的故事

多大程度上来说一个智慧城市项目在城市中造成了不平等。谢尔顿等（Shelton et al., 2015）与基钦持有相似的态度，他们指出，智慧城市理想化的愿景正主导着社会对于未来城市的想象，他们同时敦促学者们不要仅仅去批评这些不切实际的智慧城市愿景，而是去研究"真实存在的智慧城市"（actually existing smart city），即了解一个智慧城市范式是如何在特定地点落地实践的真实过程。

过去几年，学者也对智慧城市进行了一些经验研究。例如，达塔（Datta, 2015）分析了印度多莱拉（Dholera）智慧城市建设中的企业城市化（entrepreneurial urbanisation）现象，并指出多莱拉的智慧城市项目优先将城市化看作是一个商业模式而非社会正义模式。哈尔班等研究了韩国松岛智慧城市项目，并指出试验台城市主义（test-bed urbanism）是一种只促进特定认知方式的认识论，数字化作为媒介的城市生活将影响人们对城市真实的体验，在松岛未来城市的愿景中，未来是过去的镜像，因为它依赖过去的数据来预测未来（Halpern et al., 2013）。加夫尼和罗伯逊（Gaffney and Robertson, 2018）对里约热内卢的智慧城市项目进行了案例研究，发现里约热内卢的智慧化中缺乏市民参与及市民在决策中的输入，因此，里约热内卢的智慧城市项目仅关注了狭隘的经济和政治利益。

这些智慧城市的经验性案例研究似乎得出了与前文中提及的批判性研究类似的结果。然而，大多数经验研究的案例要么选自于全球南方，要么就是从零开始建造的智慧城市这一类型①。因此，我们还需要了解智慧城市这一概念在更成熟的城市和全球北方是如何被接受和发展的（Shelton et al., 2015）。沿着这条研究思路，关于欧洲智慧城市项目的经验研究在过去几年内得以蓬勃发展（March and Ribera-Fumaz, 2016）。例如，克里韦洛（Crivello, 2014）研究了智慧城市理念在意大利都灵的传播与实践，他着重研究了参与接受和实施都灵智慧城市项目的行动者、过程和网络。研究发现，都灵的智慧城市理念其实来自欧盟，其智慧城市项目实际上是当地创新者用智慧城市概念对该市中已有项

---

① 从零开始建设的智慧城市指的是那些在城市未开发区建设并且在规划的过程中就融合了数字基础设施和数据分析相关内容的智慧城市。这里的"从零"是从英文的"from scratch"翻译而来，也就是规划领域常称的"城市未开发区"（greenfield）。

# 第二章
绘制智慧城市现象和研究的地景图

目的一次重新命名。马奇和里贝拉-福马斯的研究关注智慧城市理念在巴塞罗那的实践,他们的研究发现巴塞罗那在实践智慧城市理念过程中的矛盾之处,并呼吁学者对其进行更加详细的研究,以了解城市如何成为资本实验室(laboratory for capital),以及这样做是否对市民具有包容性(March and Ribera-Fumaz,2016)。托马斯等采取了一种独特的视角,他们并没有研究一个智慧城市愿景在当地环境中是如何受到挑战的,而是探索英国三个城市(伦敦、曼彻斯特和格拉斯哥)的居民对未来城市的愿景,展示了关于当地居民对未来城市愿景的一些有价值的见解,这是当前许多智慧城市研究常常忽略的方面(Thomas et al.,2016)。

## 四、智慧城市研究的空白与预示性研究问题

### (一)智慧城市研究的空白

在对当前智慧城市学术文献梳理和理解的基础之上,本研究意识到当前智慧城市研究和实践所面临的众多批评。遵循着智慧城市研究的经验转向,本书希望在这一方向做出贡献。本研究旨在填补当前智慧城市文献中缺乏深入经验研究的空白,正如在上文中所谈到的,当前大多数智慧城市的经验研究在很大程度上依赖于文档和访谈数据。这导致当前的智慧城市研究对于一个智慧城市项目产生和实施过程中所涉及的技术、社会和政治过程缺乏实际的、可操作性的见解。本研究对一个在建的智慧城市项目进行深入的经验研究,研究数据不仅有文档和访谈的数据,还包括研究者亲身参与到该智慧城市项目中所收集到的第一手观察数据。

除了研究一个在建的智慧城市的创新过程以外,这项研究还着力于解决当前智慧城市文献中的另外两个问题,其中一个问题是当前的智慧城市研究忽视了期望在创新过程中发挥的作用。当前的智慧城市项目普遍处于期望阶段,而智慧城市文献中研究期望的方法有两种:一种是把智慧城市项目的期望视为静态对象进行研究,例如,一些研究者分析指出支撑智慧城市期望和愿景背后的

# 智慧城市的创新
发生在英国的故事

新自由主义逻辑（Hollands，2008）或乌托邦传统（Söderström et al.，2014）；一些学者采取批判角度分析期望和愿景的内容（Hollands，2008；Townsend，2013）；一些研究力图寻找替代性的智慧城市期望和愿景（Daffara 2011）。另外一些研究是把智慧城市项目的期望与实际的建设情况进行对比，这类研究回应了研究"真实存在的智慧城市"的强烈呼声（Shelton et al.，2015）。究其根本，上述两种方法对期望和现实都持有一种二元的态度，这种态度来自一种假设，即智慧城市项目的期望是一个静态的、外部的，且独立于创新过程的因素。基于这种对期望的假设，研究人员通常会提出的问题是：谁产生了这些期望？这些期望本可以有所不同吗？这些期望本身存在什么问题？带着这些研究问题，研究人员通常会检视期望的内容或者将期望与实际创新结果进行对比。带着这种假设研究智慧城市项目的期望常常忽视了期望在智慧城市创新过程中所发挥的实际作用。本研究致力于解决这一问题，它将从另外一个假设开始，即期望并不是静态的，也不是与社会技术创新过程无关的外部因素。相反，期望是一个流动的因素，嵌入创新过程中，并与其他愿景或期望共存。因此，与其批评智慧城市项目期望的内容，或者仅仅观察具象化的期望在现实中的作用，本研究试图探索期望在一个智慧城市创新过程中所发挥的作用。

此外，本研究着力解决的另一个问题，是市民在一个具体智慧城市项目中是如何被想象与实践的。从对智慧城市进行概念性的批判研究中，我们知道自下而上的智慧城市建设模式被提出用于纠正早期智慧城市建设自上而下模式的缺陷。一些智慧城市的经验研究也表明，在当前的智慧城市建设中缺乏市民参与。然而，我们还需要更深入地了解在一个具体的智慧城市项目中，市民参与的实际情况。例如，一个智慧城市项目给市民参与的机会在哪里？市民在该智慧城市项目中的实际参与情况如何？该智慧城市项目中市民参与所面临的挑战是什么？通过深入追踪一个智慧城市的创新过程，我们将详细探讨智慧城市建设实践中的市民参与问题。

## （二）预示性问题

为了回应当前智慧城市文献中的三个研究空白，本研究形成了以下三个预

## 第二章
绘制智慧城市现象和研究的地景图

示性问题用以指导这项研究的探索：

（1）一个智慧城市项目的创新过程是什么？

（2）一个智慧城市项目的期望在创新过程中发挥着什么样的作用？

（3）市民在一个智慧城市项目的创新过程中是如何被想象和实践的？

第一个预示性问题旨在指导探索一个智慧城市项目的创新过程，例如，一个智慧城市项目在当地环境中是如何产生并适应当地的具体情况的？该智慧城市项目的主要行动者是谁？该智慧城市项目在当地是如何实施的？该智慧城市项目是如何扩散的？第二个预示性问题旨在指导探索期望在智慧城市创新过程中的作用。本研究中的期望主要指所研究的智慧城市项目的期望，同时，我们也会关注在该智慧城市创新过程中遇到的其他集体期望和个体期望。第三个预示性问题旨在指导探索市民在一个智慧城市项目中参与的可能性。

## 五、本章小结

本章将这项研究放置于智慧城市现象的大背景下，通过回顾智慧城市研究的学术文献指出当前智慧城市研究中存在的三个研究空白，即对创新过程、期望的作用以及市民参与缺乏深入探讨。回应这三个研究空白，下文我们将进一步讨论为了解决三个问题，研究将如何展开，并简要介绍如何选择和搭建相应的理论框架。对于具体的理论框架的介绍，将在第四章当中予以详细介绍。

# 第三章
# 对 OPHC 项目进行民族志研究

本章主要介绍本研究的研究设计和方法。首先，陈述选择民族志研究策略来探索一个正在建设的智慧城市的理由；其次，介绍选择智慧城市项目 OPHC 作为案例的原由，以及在 OPHC 案例中对田野点、访谈对象进行抽样的过程；再次，介绍研究数据收集、管理和分析的过程，以及如何通过迭代—归纳（iterative-inductive）方法构建理论框架的过程；最后，讨论研究涉及的研究伦理问题和应对方法，并反思研究者自身对研究的影响。

## 一、哲学假设和研究策略的选择

### （一）研究的哲学假设

研究人员对哲学假设的选择会影响其收集数据以回答研究问题的方式（Creswell，2013）。哲学假设涉及研究人员所采取的立场，涉及本体论（ontology）、认识论（epistemology）、方法论（methodology）和价值论（axiological）的问题。克雷斯韦尔（Creswell，2017）把这一系列指导研究人员的信仰称之为世界观（worldview），而梅滕斯（Mertens）则称之为范式（paradigm）。有许多不同的世界观或范式，例如，实证主义（positivism）、后实证主义（postpositivism）、社会建构主义（social-constructivism）、批判探究（critical inquiry）、女性主义（feminism）和后现代主义（postmodernism）（Crotty，1998：6）。

# 第三章
## 对 OPHC 项目进行民族志研究

在众多的哲学假设中,我们选择了社会建构主义的世界观作为本研究的哲学假设。社会建构主义认为,"个体寻求对其生活和工作的世界的理解。个体对其经验发展出主观意义——这些意义指向特定的对象或事物"(Creswell,2017:8)。社会建构主义的本体论认为,真实是通过生活经验和与他人的互动,社会性地构建起来的(Mertens,2015)。因此,采取社会建构主义哲学立场的人认为真实不只有一个,存在着多种真实,如同一现象对不同的人可能具有不同的意义,而人们各自建构起来的真实可能是相互冲突的。此外,在研究过程中,研究人员对真实的看法可能随着研究的深入而发生变化。基于多种真实的认知,社会建构主义的认识论要求研究人员采用更加互动的方式收集数据,在此过程中研究人员和参与者相互影响。社会建构主义者认为意义并不专属于某个个体,而是通过互动形成的,是社会和历史协商的结果(Creswell,2017:8)。因此,研究人员必须承认他们自己也是互动中的一部分,并意识到他们的背景也会影响他们对数据的解释方式。

社会建构主义是最适合本研究的哲学假设,因为本研究旨在详细探索一个本地智慧城市的创新过程。智慧城市是一种全球性的新兴现象,不同的人对智慧城市有着不同的理解,因此存在着有关智慧城市的多种真实。此外,人们通过彼此的互动建构起了智慧城市的内涵。这意味着,为了探究一个本地环境中的智慧城市现象及其创新过程,需要研究者关注人们对智慧城市的意义建构活动,包括观察个体之间的互动过程、个体的表达,以及作为研究者如何通过与这些个体的互动来理解他们的意义建构。值得注意的是,本研究的第三个预示性问题——市民在一个智慧城市项目的创新过程中是如何被想象和实践的?对于这个问题的研究结果可能揭示了谁参与了该智慧城市的创新过程,谁没能参与,从而可能表明需要进行某种改变。从这方面看来,研究可能采用了批判性或变革性的世界观,然而,笔者认为这是研究的副产品,而非主要意图。

## (二) 选择民族志作为研究策略

在社会建构主义的哲学假设下,我们知道真实可以通过研究人员和参与者之间的互动而获得。在社会建构主义的范式中,质性研究的数据收集方法常常

# 智慧城市的创新
发生在英国的故事

被用到，如观察法、访谈法、收集人工制品和文档（Mertens，2015）。质性研究有几种研究策略，如叙事研究、现象学研究、扎根理论、民族志和个案研究（Creswell，2017）。不同的研究策略有不同的方法论和研究设计来指导研究人员选择具体的研究方法（Crotty，1998）。

本研究旨在理解一个真实智慧城市项目的创新过程，这涉及理解一群人，即该智慧城市项目的创新者，关于智慧城市的集体意义建构过程。因此，这项研究并不像叙事研究那样关注研究特定个体，也不像现象学研究那样关心个体经验中的智慧城市。这项研究也并不旨在为智慧城市建立一套理论，因此纯粹扎根理论的研究策略也不适用于本研究。民族志和个案研究都是这项研究使用到的研究策略，民族志关注文化、社会群体或系统的解释，通常关注人们在日常环境中的互动，例如，人们的所作所为（行为）、人们的所说（语言）、人们所做与所说之间的张力以及人们制造和使用的物品（人工制品）。采取民族志的研究策略需要研究人员从场景中提炼出生命周期、事件和文化主题等的模式。在研究过程中，民族志研究需要研究人员深入并沉浸在被研究对象的日常生活中，使用参与（式）观察法、访谈法、收集人工制品和文档等方法来收集数据。个案研究的研究策略通常被用于对一个有限的系统或个案（或多个个案）进行深入探究，通常通过收集多种资料，如访谈资料、观察资料、视觉资料和文档等，以阐明特定案例。

民族志研究策略和个案研究策略之间存在一些重叠，例如，这两种研究策略都专注于探索过程和细节，并且都应用了类似的数据收集方法（Creswell，1994）。民族志研究最终也会形成一个案例，当然，研究人员一直试图区分民族志研究和个案研究。帕克-詹金斯（Parker-Jenkins，2016）认为，民族志研究和个案研究之间的关键区别在于"沉浸"程度。民族志研究者通常会沉浸在研究环境中，并生成大量的数据。传统上，民族志研究者倾向于花费大量时间在田野里与人建立信任关系，有些时候，这个过程可能持续数年。受到现代技术以及特定项目聘用研究人员合同期缩短的影响，现代的民族志研究更倾向于持续数月而非数年（Hammersley，2006）。尽管如此，民族志研究仍然涉及相当长的接触时间。相比民族志研究来说，个案研究不一定需要研究人员在田野里持续地沉浸，有时研究可能只需要持续几个小时、几天或者几周。汉默斯

# 第三章
## 对 OPHC 项目进行民族志研究

利（Hammersley，2006）还指出了民族志研究和个案研究之间的另一个区别：尽管这两种研究策略共享类似的数据收集方法，个案研究仅靠访谈法就能实现研究目的，而民族志研究并不仅仅依赖于访谈法，通常还涉及使用参与（式）观察法来收集数据。

克雷斯维尔建议研究人员在选择研究策略之前问自己几个问题。例如，在该领域中通常使用哪种研究策略？研究人员受过怎样的学术训练？当前该学术领域中最需要的是什么？研究人员更喜欢哪种策略？倾向于更结构化的方法还是更倾向于叙事性的方法（Creswell，1994）。针对这些问题做出思考后，笔者认为本研究采用民族志研究策略最为合适。原因有两个：其一，智慧城市创新与技术创新密切相关，民族志研究策略非常适用于研究微观层面的科学与技术创新（Barry，2001；Latour and Woolgar，1986；Hess，2001；Rabinow，1996）。据赫斯的观察，在跨学科领域的科学与技术研究（Science and Technology Studies，简称"STS"）中，至少有两代研究人员使用过民族志研究策略（Hess，2001）。因此，使用民族志研究策略来研究技术创新过程算是一种传统。其二，当前的智慧城市研究需要更详细和深入的研究来理解智慧城市的创新过程。如在第二章中所指出的那样，当前的许多智慧城市文献主要依靠访谈资料和文档来理解智慧城市现象。为了获得更丰富的智慧城市建设过程的数据，本研究采用民族志研究策略，因为民族志研究策略不仅依赖于常规数据收集方法（如访谈法和收集文档），还需要研究人员沉浸在智慧城市建造的过程中进行参与（式）观察，以获得从访谈资料和文档中无法获得的微观的、丰富的一手数据。像所有研究策略一样，民族志研究策略也有优缺点，也面临着许多挑战，例如表征的危机和民族志与理论之间的关系等，我们将在下文进行探讨。

## 二、抽样

为了达成研究目标，首要的任务是选择一座正在进行智慧城市项目建设的城市。在选择民族志研究的场景/案例时并没有一个特定的标准，然而，有几个因素往往会影响选择的过程。首先，研究人员阅读的理论或文献通常能成为他们选择民族志研究场景/案例的起点。尽管研究人员可能没有预先的假设需

# 智慧城市的创新
### 发生在英国的故事

要验证,但仍然无法逃脱他们所阅读的理论和文献的影响。正如奥莱利所指出的那样,在开始进行民族志工作时是不可能没有预设概念的(O'Reilly,2005)。其次,研究人员可以根据明确定义的研究问题或马林诺夫斯基(Malinowski)所说的预示性问题(Hammersley and Atkinson, 2007: 21)选择一个场景。尽管研究人员通常发现他们的预示性问题在所选择的场景/案例中不容易找到答案,但这些初始问题仍然能在研究初期对研究人员选择民族志研究场景/案例产生影响。第三,场景/案例的选择可能是基于一个突然出现的、看似值得调查的机会。例如,研究人员可能遇到一个正在发生的历史性事件,这个事件引起了研究人员的注意,让他/她无论如何都无法忽视。此外,现实的因素,诸如易于访问、旅行成本和地理位置等也是选择民族志研究场景/案例时所不能忽略的因素。事实上,现实因素通常是研究人员的主要考虑因素,也是研究人员经常将选择范围缩小到离他们所在地点比较近的地方的原因。正如汉默斯利和阿特金森(Hammersley and Atkinson, 2007: 31)指出的那样:"通常民族志学者只研究一个或少数几个场景,有时这些场景就位于他们所在地的附近。这通常是由于考虑到使用更遥远的场所的成本以及有限的资源而所做出的不得已的选择"。本研究在选择研究对象时无疑受到上述所谈到的诸多因素的影响,这些因素以不同的程度和顺序塑造了笔者的抽样决策。

## (一) 选择一个合适的智慧城市项目

1. 探索在海港城进行研究的可能性

笔者需要确定一个适合进行这项民族志研究的城市,考虑到三个预示性问题和实际因素(如研究时间和旅行经费),决定探索笔者所在的布里斯托市(Bristol),这个英国西南部中等规模的城市。选择布里斯托市不仅处于方便的考察,笔者注意到该市近年来在探索未来城市方面投入了巨大的热情,因此,布里斯托市无疑是一个十分有趣的案例。在这份研究中,笔者为布里斯托市起了一个化名,即海港城(harbour city),之所以这样做,是因为这项研究旨在在一个真实的城市环境中研究智慧城市的创新过程,而非研究布里斯托这座城市本身。因此,使用一个化名可以帮助我们与这座城市本身保持一定的距离,

# 第三章
## 对 OPHC 项目进行民族志研究

并专注于剖析智慧城市的创新过程。下文将进一步阐述这样做的伦理考虑。

为了探索在海港城进行这项研究的可能性，笔者于 2015 年 2 月在海港城进行了几次非正式访谈和实地考察。访谈对象的选择基于一个标准，即受访者是海港城未来城市建设的"内部人士"。在笔者博士导师的邮件引荐下，笔者联系上了海港城中的五个人，他们分别来自海港城的不同机构，包括一所当地的大学、一个社会企业组织和一个艺术中心兼慈善机构。这些人的知识范围涉及数字技术、市民参与、老龄化和健康、环境和绿色技术、土木工程和当地的少数群体等领域。笔者对他们进行了非正式访谈，并去他们所在的机构了解正在进行的与未来城市有关的活动。这次初步的调研使笔者意识到两件事情，首先，海港城有许多共存的未来城市愿景，如绿色城市、智慧城市、韧性城市、幸福城市、可玩性城市、全龄友好城市、未来交通项目和远程医疗计划等。其次，在这些未来城市愿景中，有一个名为开放可编程海港城（open programmable harbour city，简称"OPHC"）①的智慧城市项目引起了笔者的注意。在访谈中，五位受访者中的三位提到了这个海港城新推出的智慧城市项目。笔者认为 OPHC 项目可能是符合笔者研究目的的案例。

## 2. 选择 OPHC 项目作为民族志案例

为了加深对 OPHC 项目的理解，笔者一方面开始大量地阅读网上有关 OPHC 项目的信息，另一方面，还采用了滚雪球法（snowball method）找到更多了解 OPHC 项目的海港城居民，包括当地的公务员、海港城大学的工程师以及一些当地的商人。笔者与他们交谈并将所收集到的有关 OPHC 项目的信息逐步拼凑起来，结果显示 OPHC 项目是一个符合这项研究目的的案例，其中一个原因是 OPHC 项目为笔者提供了回答三个预示性问题的良好机会。此外，OPHC 项目在笔者将研究重点缩小至海港城之前的两个月正式启动（2015 年 3 月），笔者很幸运地身处在正确的时间和地点。这个切入时间点使笔者有机会能够跟随和见证一个实时的智慧城市项目的创新过程，同时可以观察到期望在创新过程中的作用，以及市民在创新过程中的实践。

---

① 开放可编程海港城（open programmable harbour city）是研究者给该智慧城市项目取的化名，相关伦理考虑请参见本章的伦理小节。

选择 OPHC 项目作为民族志案例的另一个原因是这个项目的期望与众不同，非常值得关注。OPHC 项目是海港城市政府和海港城大学的合营项目，从技术层面上讲，该项目不仅涉及一些常规的智慧城市技术，例如物联网和智能应用等，还采用了最先进的网络技术——软件定义网络（SDN），这种技术配置（configuration）声称为现有网络体系和城市网络运行方式带来了变革。从社会的层面上讲，OPHC 项目意识到了当前自上而下的智慧城市建设模式存在的问题，以及智慧城市建设中缺乏市民参与的问题。OPHC 项目提出建设一个为不同人都分配了角色的智慧城市项目，特别是市民，在 OPHC 项目的期望中被置于核心的位置。例如，OPHC 项目承诺向任何人想测试他们智慧城市应用的人开放其可编程测试平台；OPHC 项目期望中提出多个市民参与的设想。由此可见，OPHC 项目的技术构想和对市民参与的考量都表明它是一个有趣的且值得探索的案例，对该案例进行深入的研究有助于丰富我们对智慧城市现象的理解。

## （二）田野点和访谈对象的抽样

选择一个适合的智慧城市项目并非本研究涉及的唯一抽样，研究人员不可能无时无刻地处于田野中的各个地方。研究人员需要不断决定在何时何地进行观察，与谁进行交谈等（Hennink et al., 2011; Hammersley and Atkinson, 2007）。因此，在选定 OPHC 项目作为本研究的案例之后，还需要继续进行抽样，抽样的内容主要涉及两个方面：在何时何地进行观察以及与谁交谈。下面，笔者将向读者呈现这两个抽样的过程。值得注意的是，真实的抽样过程并不像本书呈现的那样整洁，笔者参与的事件（event）和交谈的人数远比下面描述的多。附录 1 列出了本研究的主要访谈对象和观察事件名称。

### 1. 田野点的抽样

找到适合的田野点并非一件容易的事。在田野工作的早期，研究人员通常对田野的情况知之甚少，因此，研究人员需要在田野里投入大量时间和精力去摸清楚情况（O'Reilly, 2005: 38）。汤普森（Thompson, 1988）将这个探索过程视为普遍搜集阶段（general gathering stage）。奥莱利对这个阶段进行了生动

## 第三章
### 对 OPHC 项目进行民族志研究

的描述，她认为这个阶段就像"在跳入水中之前用脚尖测试一下水温"（O'Reilly，2005：38）。同样，费特曼在民族志研究的早期阶段谈到了一个大撒网（big-net）的方式（Fetterman，1998：32）。在民族志研究的早期阶段，民族志研究人员倾向于与田野里所有可能的人交往，并尽可能多地参与到各种各样的事件中去，这个过程有助于民族志研究人员在进行微观研究之前对整个研究对象形成一个广角度的视野，并在此基础上提炼研究焦点，将研究范围逐渐地缩小到具体的地点和人群上。为了找到适合本研究的田野点，笔者在 2015 年 5 月至 7 月期间经历了一个普遍搜集阶段。在这个阶段里，笔者查阅了与 OPHC 项目有关的大量网络新闻、文档和报告。这个网络文献的收集和梳理过程让笔者对 OPHC 项目有了更好的了解，也明确了 OPHC 项目的未来发展计划。与此同时，笔者还对 OPHC 项目的首席技术设计官苏珊（Susan）和 NEXT 实验室中的几名工程师进行了访谈，这些访谈帮助笔者建立了关于 OPHC 项目技术层面的基本理解。除此之外，在这个阶段里，笔者还积极参与了与 OPHC 项目有关的一系列事件，包括 OPHC 项目的第一个应用数据球幕的工作坊、海港城社会学家有关 OPHC 项目的聚会以及海港城与三角洲城智慧城市项目的第一次网络研讨会等。参与这一系列事件奠定了田野工作的基础。经过为期三个月的探索，笔者发现很难在海港城内找到一个单一的调查点对 OPHC 项目进行观察，因为 OPHC 项目的创新活动发生在多个点位，包括与 OPHC 相关的项目、会议、工作坊和庆祝活动等。这项民族志研究的特性与当代一些民族志田野点的情况十分类似，如多点民族志（multi-sited ethnography）（Marcus，1986；Hannerz，2003）和组织民族志中的场域配置事件（field-configuring events）（Delgado and Cruz，2014：44；Sim，2017：26）。针对本研究民族志田野的流动性、复合性和分散性的特点，笔者将与 OPHC 项目相关的事件划分为 A、B、C、D 四类事件。A 类事件是与 OPHC 项目无关的事件；B 类事件也是与 OPHC 项目无关的事件，但这类事件可以加深笔者对 OPHC 项目的整体理解；C 类事件是与 OPHC 项目有关的事件，这类事件有事先计划好并公开发布的议程；D 类事件是与 OPHC 项目特定主题有关的独立事件（参见图 1）。

# 智慧城市的创新
## 发生在英国的故事

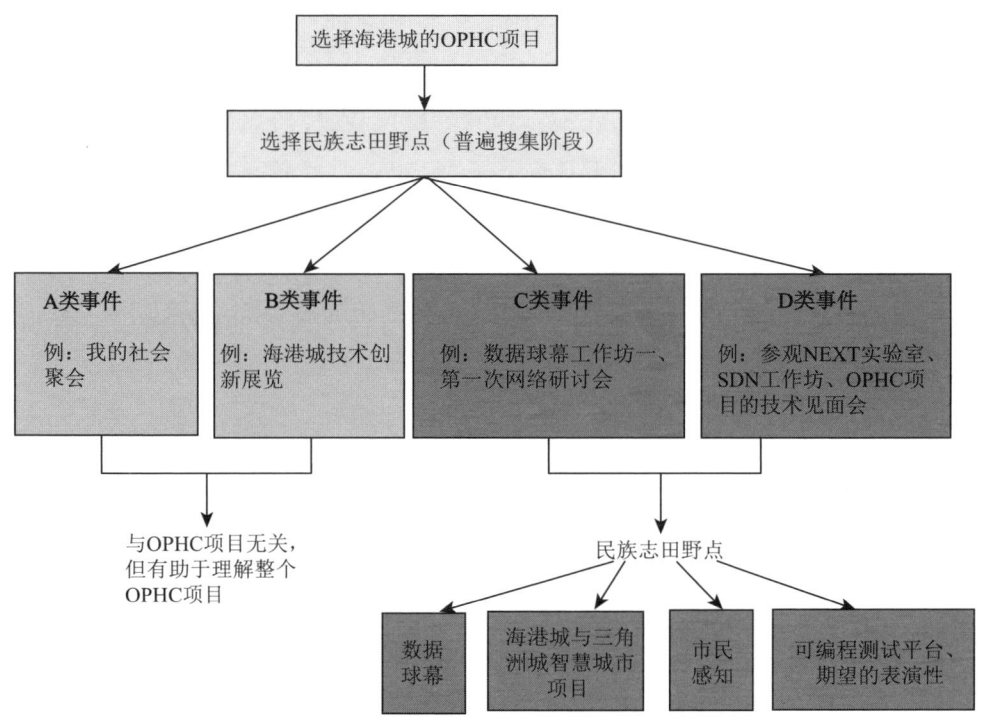

**图1　选择民族志田野点的过程**

　　A 类事件与 OPHC 项目无关。该类型事件的典型例子是"我的社会聚会"（my society meet up）。根据"我的社会聚会"活动邀请主页的描述，OPHC 项目的总经理克里斯和首席技术设计官苏珊将参加该聚会并发言。但是实际上，他们并没有出现在活动现场，在该事件中笔者观察到的内容与 OPHC 项目毫不相关。B 类事件也与 OPHC 项目无关，但是该类型事件加深了笔者对 OPHC 项目的整体理解。

　　C 类事件和 D 类事件被视为本研究的主要田野点。C 类事件与 OPHC 项目的创新直接相关，并由一系列事先计划好的相关事件组成。在普遍搜集阶段，笔者确定了两个 C 类事件的田野点，一个是关于 OPHC 项目的第一个应用，数据球幕①的一系列实验和工作坊。C 类事件使笔者能够近距离观察 OPHC 项目

---

① 数据球幕（data dome）是 OPHC 项目的第一个应用，旨在成为一种城市数据可视化设备，城市数据展示和互动空间。有关数据球幕的更多信息参见第六章。

· 32 ·

# 第三章
## 对 OPHC 项目进行民族志研究

在海港城的实施过程。另一个 C 类事件是海港城与三角洲城智慧城市项目①。该项目中有一系列连续的事件供笔者跟踪和观察 OPHC 项目在创新过程中的扩散现象,即智慧城市创新从一个城市扩散到另一个城市的有趣现象。D 类事件稍有不同,这类型的事件相互之间是独立的,但每个事件又与 OPHC 项目的某个主题相关。例如,SDN 研讨会和 OPHC 项目的技术见面会等事件都与"可编程测试平台"这个主题相关。虽然这些事件彼此之间并无关联,但它们共同揭示了"可编程测试平台"的创新过程。

普遍搜集阶段之后,笔者对田野点更加的明确了,并密切关注着围绕数据球幕和海港城与三角洲城智慧城市项目的相关事件。随着研究的深入,另一个 C 类事件出现了,一个由 OPHC 项目的本地合作伙伴稻草屋领导的市民感知项目（citizen sensing）②。市民感知项目与 OPHC 项目有关,因为市民感知项目的目的是与当地居民一起共创一个 OPHC 的应用,市民感知项目是 OPHC 项目以市民为中心的典型代表,因此,笔者决定将市民感知项目纳入田野点。除此之外,笔者继续参加了一些 D 类事件,在这个过程中涌现出与 OPHC 项目有关的新主题,即期望的表演性。最终,本研究的田野点包括四个部分：（1）与数据球幕相关的事件；（2）与海港城与三角洲城智慧城市项目相关的事件；（3）与市民感知项目相关的事件；（4）与可编程测试平台和期望的表演性主题相关的事件。

值得一提的是,虽然 C 类和 D 类事件组成了本研究的主要田野点,但是 A 类和 B 类事件对研究也颇有益处。例如,这两类事件深化了笔者对 OPHC 项目技术组成部分的理解,并便于更好地了解海港城。除此之外,笔者还在这两类事件中遇到一些重要的行动者,例如,在一场有关数据和医疗保健的事件中,笔者原本打算寻找与 OPHC 项目有关的远程医疗应用的信息,尽管最后发现无法在该事件中找到需要的信息,但是在过程中遇到了约翰（John）。约翰后来成为帮助稻草屋开发市民感知应用的关键行动者,正是在这个事件中遇到了约

---

① 海港城与三角洲城智慧城市项目是一个海港城与三角洲城之间的智慧城市交流项目。OPHC 寻求通过该项目将 OPHC 项目的期望扩散到三角洲城,有关扩散过程的更多信息参见第七章。
② 市民感知项目旨在与海港城本地社区居民共同开发一款既能连接 OPHC 测试平台,又能解决本地居民实际问题的应用。有关市民感知项目的更多信息参见第六章。

翰，使笔者更容易在后来的市民感知活动中邀请他接受访谈。

在选择田野点时，笔者逐渐筛选出的田野点涵盖了 OPHC 项目的许多方面，但必须承认这仍不是对 OPHC 项目的完整描绘。对于像 OPHC 这样的大型项目，一个研究人员不可能完全跟踪整个项目的方方面面。正如，汉默斯利和阿特金森（Hammersley and Atkinson, 2007）提醒我们的那样，在选择民族志研究地点时，研究人员必须始终在广度和深度之间做出权衡，因为研究地点越多，给予每个地点的时间就越少。在选择适当的田野点时，固然还有其他潜在的田野点，但是本研究无法将它们都包括在内。例如，海港城大学的一位工程系教授计划利用 OPHC 项目的可编程测试平台做一些开发，但笔者是在数据收集的最后阶段才得知此事，所以决定不将其纳入本研究的田野点。

在选择田野点时，伦理问题也是需要考虑的。这项研究跟踪了一个实时的、在建的智慧城市项目的创新过程，笔者与项目众多关键行动者达成了研究的伦理共识，并征得了他们的同意。OPHC 项目的关键行动者十分欢迎笔者观察整个创新过程，他们甚至主动邀请笔者参与一些事件。但是，笔者选择不观察某些事件，并刻意与之保持适当的距离，避免作为观察者身份的出现对创新过程产生影响，或者给在场的创新者带来潜在的压力。这是基于伦理考虑与获取足够数据的需要之间取得某种平衡所做出的决定。当然，笔者的知识和文化背景也影响着田野点的选择。OPHC 项目与海外许多城市保持着互动，包括中国的三角洲城和美国的风谷城。有众多的原因让笔者选择观察 OPHC 项目与三角洲城的互动，而非 OPHC 项目与风谷城的互动，原因包括，笔者较早地听说并关注了 OPHC 项目与三角洲城的互动；海港城与三角洲城有一系列事先计划好的事件可供持续观察，等等。除了这些原因以外，笔者曾在三角洲城附近生活过，对三角洲城的文化和产业有一定的了解，这个独特的个人背景让笔者更有信心理解海港城与三角洲城之间的智慧城市交流。

2. 访谈对象的抽样

除了选择去哪里进行田野调查以外，还要选择进行正式访谈和非正式访谈的对象。

在选择正式访谈的合适人选时，我们通常采用非随机抽样。这包括理论抽

# 第三章
## 对 OPHC 项目进行民族志研究

样、判断抽样（研究人员根据自己的知识和研究问题选择合适的人），以及滚雪球抽样（通过一个知情人找到另一个知情人）（Brewer，2005：79）。本研究混合使用了以上三种抽样策略来选择访谈对象。例如，数据球幕发布会之后，需要了解内部人士对发布会的想法，基于对数据球幕主要行动者的社会网络的了解，笔者认为数据球幕团队中的亨利（Henry）是一个合适的访谈对象于是，笔者联系了亨利，并对他进行了访谈。这是使用判断抽样来选择访谈对象的例子。有时，本研究也采用滚雪球抽样策略选择受访者。例如，为了解OPHC 项目产生过程，笔者访谈了海港城政府的关键人物鲁比（Ruby）。他参与了 OPHC 项目的早期筹备，并且在该项目当前的发展中也扮演着非常重要的角色。通过对鲁比的访谈，笔者进一步了解到海港城大学的计算机科学家文森特（Vincent）以及 DOCK 的首席执行官布莱恩（Brian）都在 OPHC 项目的诞生过程中发挥了重要作用。随后，在鲁比的引荐下，笔者对两人分别进行了访谈。值得注意的是，使用滚雪球法寻找受访者存在一个缺点，那就是如果太多的受访者来自同一群人，那么收到的数据可能会产生误导，使得研究结果有所偏颇（Hammersley and Atkinson，2007：104）。针对这个缺点，研究人员应该在选择访谈对象时保持一种灵活性。因此，在寻找了解 OPHC 项目产生历史的人员时，除了通过鲁比等人推荐以外，笔者还根据自己的知识和其他知情人士的推荐找到了其他访谈对象。

在选取非正式访谈对象时，笔者的抽样方式有判断抽样和纯粹的好运两种在大多数情况下，笔者根据自己的判断选择在田野里进行交谈的对象。例如，基于这种直觉，笔者访谈了数据球幕田野点里的游戏开发者、海港城与三角洲城智慧城市项目中的中方参与者、市民感知团队的成员和海港城当地的社会活动家等人。有时候，幸运这个因素也会在选择受访者的过程中也占有一席之地。在田野工作中，笔者多次幸运地在正确的时间和地点遇见正确的人。例如，一天清晨笔者在 DOCK 的咖啡厅采访了克里斯，在访谈的过程中，注意到四叶软件公司的工程总监艾玛（Emma）也在该咖啡厅，她正在参与数据球幕的应用开发。于是，在访谈完克里斯之后，笔者立马上前去和艾玛打招呼，并询问她有关数据球幕开发工作的进展。艾玛正带领着一组六名工程师为数据球幕研发一款手势控制应用，根据我们之前的互动，她知道笔者正在研究数据球幕。艾玛征得团队成员的同意后，招募了团队里的三名工程师，让笔者对他们进行了现场访谈。访谈前笔者再一次征得三名工程师的口头同意，并承诺在他们的产品正式发布前不书写和传播有关产品设计的内容。

## 三、数据收集和管理

本研究倾向于使用多种方法收集数据，包括参与（式）观察法、访谈法、摄影、收集人工制品和文档（Brewer，2000：11）。平克（Pink，2009）认为，选择数据的收集方法应考虑两个因素：一是选择的数据收集方法应服务于研究问题；二是选择的数据收集方法应是最能帮助研究人员探索问题的方法。综合这两个因素，本研究使用了参与（式）观察法、访谈法，并收集视觉资料、人工制品和文档。下面，将分别介绍笔者是如何使用每种方法收集和记录数据的，并简要介绍组织和管理数据的情况。

### （一）参与（式）观察法

#### 1. 用参与（式）观察法收集数据

参与（式）观察法是民族志研究中一种重要的数据收集方法（Campbell，2014：58）。用参与（式）观察法收集数据通常需要研究人员从人们自身的角度和生活经验的背景中去理解他们生活的各个方面（O'Reilly，2005）。通过参与（式）观察法收集到的数据提供了一种特定的、基于现场的知识，这些知识是仅通过浅尝辄止的问卷调查无法实现的（Campbell，2014）。参与（式）观察法是本研究重要的数据收集方法，通过此方法，研究人员收集到人们建造智慧城市过程中所说话语、所做行为，以及人们在创新过程中的互动等方面的数据。民族志研究人员在田野中可以扮演多种不同的参与（式）观察角色。戈德（Gold，1958）将参与（式）观察根据参与程度和观察者的角色分为四种：完全参与者（complete participant）、作为观察者的参与者（participant-as-observer）、作为参与者的观察者（observer-as-participant）和完全观察者（complete observer）。完全参与者指的是研究人员对事件完全参与，且研究人员的真实身

## 第三章
### 对 OPHC 项目进行民族志研究

份不为其他成员所知。作为观察者的参与者指的是研究人员参与到事件当中，且研究人员的研究身份被其他成员所知。作为参与者的观察者指的是研究人员的真实身份被人所知，但是研究人员在田野里的参与程度有限，研究人员的研究身份置于优先地位，有一种边缘会员的感觉。完全观察者指研究人员不与其他成员互动，且隐藏真实身份进行隐蔽地观察。

在研究过程中，笔者扮演了不同的参与角色。田野里的大部分时间，笔者扮演了作为观察者的参与者和作为参与者的观察者的角色。例如，在海港城代表团访问三角洲城的过程里，笔者作为海港城代表团的翻译和鲁比的助理被允许跟随和观察整个访问过程。访问前，所有的海港城代表团成员都签署了研究知情同意书，所以他们知道笔者真实的研究者身份。因此，在这个田野点里，笔者扮演着作为观察者的参与者角色。而在一些仅需较少互动的活动中，笔者采取了作为参与者的观察者角色。例如，在一场 OPHC 的技术讲座中，讲座的组织方和大部分工程师知道笔者的研究人员身份，在讲座中，笔者仅仅是倾听活动中的发言，观察观众的反应，并未参与任何讨论。有些时候，笔者又扮演着完全参与者的角色，如在数据球幕的发布会中，笔者隐藏了研究身份，像一个普通海港城市民一样坐在球幕里观看展示内容，聆听克里斯的演讲。

### 2. 观察数据的记录

田野笔记是记录从参与（式）观察中所获得数据的重要方式。研究人员通常有自己的记录观察笔记的方式，笔者在普遍收集阶段便制定了一套自己的颜色编码系统（参见附录2）。克朗和库克（Crang and Cook，2007）认为观察笔记应包括六个层次的描述，包括位置、空间、与他人的互动、"我"的参与、对研究过程的反思以及自我反思。笔者的观察笔记包含了前四个层次的内容，研究过程的反思和自我反思这两部分的内容则在研究日记及反思日记中分别进行记录。在记录事件时，笔者通常从描述事件发生的地点开始，然后在笔记本上勾勒出事件发生的场景（参见图2）（更多场景图示例请参见附录3），记笔记时，需要时常在写什么和不写什么之间做出取舍。奥莱利（O'Reilly，2005：99）和爱默生等（Emerson, et al., 1995）认为观察笔记不可避免地对事件进行了简化，并且具有高度选择性。正如上文所谈到的，民族志工作总是在广度和细节之间进行权衡（Hammersley and Atkinson, 2007）。虽然笔者对自己在田野里应该关注和记录什么有一些初步的想法，如需要关注人们的对话和互动，而非他们的肢体语言等。但是，在田野工作的早期阶段，笔者仍然倾向于记录任何可以记录到的内容。随着研究的深入，逐渐形成了更加清晰的研究焦点，观察笔记的内容也变得越来越有针对性。

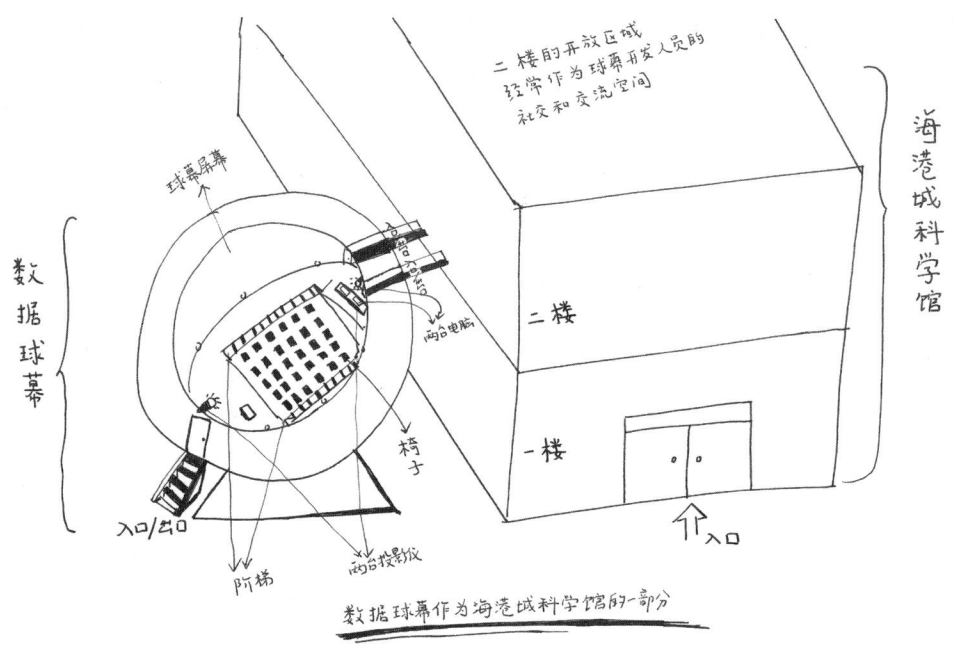

**图2　数据球幕的场景图**

## （二）访谈法

### 1. 用访谈法收集数据

访谈法是研究中另一种使用较为广泛的数据收集方法。克朗和库克（Crang and Cook, 2007）认为，我们不应将访谈法视为一种单独的方法，因为所有社会研究都涉及从对话中学习。在民族志研究中，民族志研究人员不可避免地在田野里进行正式和非正式的交流。作为一种数据收集方法，研究人员使用访谈法能够获得受访者的主观观点或内部视角。庞奇将访谈法定义为"一种获取人们感知、意义、对情景的定义，以及人们如何建构真实的非常

# 第三章
## 对 OPHC 项目进行民族志研究

好的方法"（Punch，2009：144）。在民族志研究中使用访谈法有利于将研究人员置于他所看和所感之外更大的背景中（Davies，2008：40）。

与参与（式）观察法一样，访谈法也有多种形式。根据访谈的情景可以将访谈分为正式访谈和非正式访谈。非正式访谈类似于随意的对话，是田野工作中最常见的访谈形式，学者使用这种访谈形式来了解田野里人们的想法，非正式访谈对于建立和维护良好的田野关系十分有用。正式访谈通常是指研究者与被研究者在约定的时间和地点就具体问题进行交谈。正式访谈通常在研究的中后期用于收集关于特定问题的数据。根据访谈的问题设计还可以将访谈分为结构式访谈、半结构式访谈和无结构式访谈。在实际使用中，不同的访谈形式会有交叉和重叠。除此之外，弗特曼（Fetterman）在谈及民族志访谈法时还介绍了一种回忆式访谈，这是一种学者用来"重构过去，要求被访者回忆个人历史信息"的访谈形式（Fetterman，1998：40）。回忆式访谈诸如人们的自传描述，这类访谈往往非常个人化，不能完全代表整个群体。尽管如此，回忆式访谈也很有价值，有助于捕捉到人们对过去的感知。这为研究人员提供了一个窗口，用于了解人们的文化和个人背景如何塑造他们对过去的看法（Fetterman，1998：51）。研究人员将不同的个人描述编织在一起，可以描绘出特定社会群体的肌理，并形成对研究目标整合性的理解。

每种访谈形式在获取信息方面都有其作用（Fetterman，1998）。本研究在不同的田野点，根据研究目的混合使用了非正式访谈、正式访谈和回忆式访谈。其中，正式访谈和回忆式访谈常常有访谈提纲作为引导和提示的半结构化访谈。例如，为了解 OPHC 项目的可编程测试平台建设情况，笔者对 OPHC 项目的首席技术设计官苏珊和 NEXT 实验室的几名工程师进行了正式访谈，还对赛尔达公司的一名员工和几名 NEXT 实验室的工程师进行了非正式访谈。本研究主要的正式访谈和非正式访谈的详细信息都整理在附录 1 中。总体而言，在进行参与（式）观察时，笔者常常会自然而然地对田野里的人进行非正式访谈，而正式访谈通常安排在参与（式）观察之后。这种安排有一定的优势，在正式访谈之前进行观察和非正式访谈使研究人员能够在正式访谈中提出更好的问题，受访者也更愿意给出更深入的回答。在访谈时间方面，笔者通常请求受访者给予一个小时的访谈时间，但是实际的访谈时间往往超过一小时。研究中，笔者进行的最长的一次访谈持续了近三个小时。

2. 访谈数据的记录

非正式访谈和正式访谈记录数据的方式不一样。非正式访谈通常会与参与（式）观察同时进行，有时甚至会在田野里偶然出现，例如，有些非正式访谈可能是在与受访者在街上或咖啡馆聊天的过程中发生。对于从这种非正式访谈中获取的数据，笔者通常依靠大脑的短期记忆或者在一张纸上速记下短语和关键词来记录数据。为了保留从非正式访谈中获得的较完整的信息，笔者会在访谈后避免吸收新的信息，趁着记忆清晰时立即寻找一个地方将记忆中的访谈内容记录下来。如果在访谈后很幸运地再次遇到受访者，笔者通常会就记录的非正式访谈内容向对方进行再一次的核对，以确认笔者的理解是否正确。

正式访谈的数据收集需要更多的程序和准备工作。本研究的正式访谈通常采用半结构式访谈的形式，一方面，事先准备了特定的问题要问受访者，另一方面，半结构式访谈允许笔者对访谈中出现的新事物保持一种开放的态度。在访谈的准备阶段，笔者通常会列出了一个访谈问题清单（参见附录 4 访谈提纲）。有时，还会准备一些有助于受访者回忆的历史文档，如千兆海港城（gigabit harbour city）的标书。研究过程中笔者使用了一款名为印象笔记（evernote）的移动应用程序对正式访谈的内容进行录音。有关访谈录音的伦理问题，将在研究伦理的小节中讨论。笔者把访谈获得的音频数据存储在应用程序提供的云端服务中，而非存储在智能手机的内存里。事实证明，这个决定非常的明智，因为在研究过程中，笔者两次不小心将手机掉到水里，由于水损手机无法开机，但数据安全地保存在云端，可下载到新购买的设备上。除了用录音记录访谈数据以外，访谈过程中，笔者同时在笔记本上记录下受访者说的关键词。有时还为受访者准备了纸和笔，方便他们在准备的纸上绘图，这些手绘图有助于我理解 OPHC 项目的技术要素和其他复杂的事务。下面提供了两个受访者手绘图的实例，图 3 是工程师在受访时画的一幅图，他用这张图来为笔者解释射频网状网络（RF Mesh network）和 5G 技术的概念；图 4 是笔者与 OPHC 工程团队成员在访谈中共同绘制的一张以时间为轴线的工程团队工作量图，该图用于帮助笔者更好地理解可编程测试平台的工程过程以及 OPHC 工程团队的工作量。

# 第三章
## 对 OPHC 项目进行民族志研究

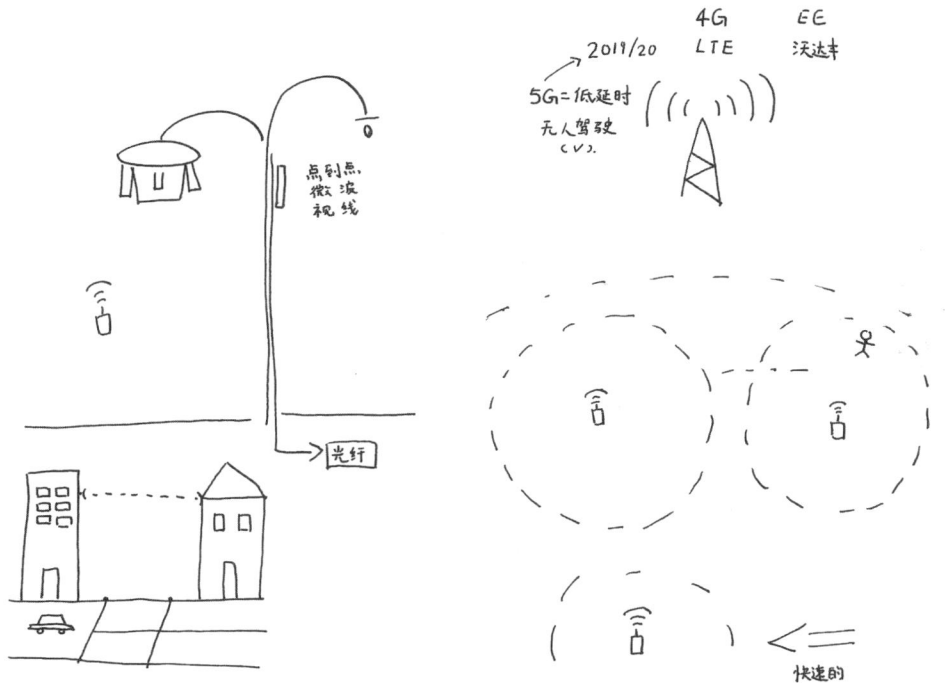

**图 3** 工程师手绘图帮助笔者理解射频网状网络和 5G 技术

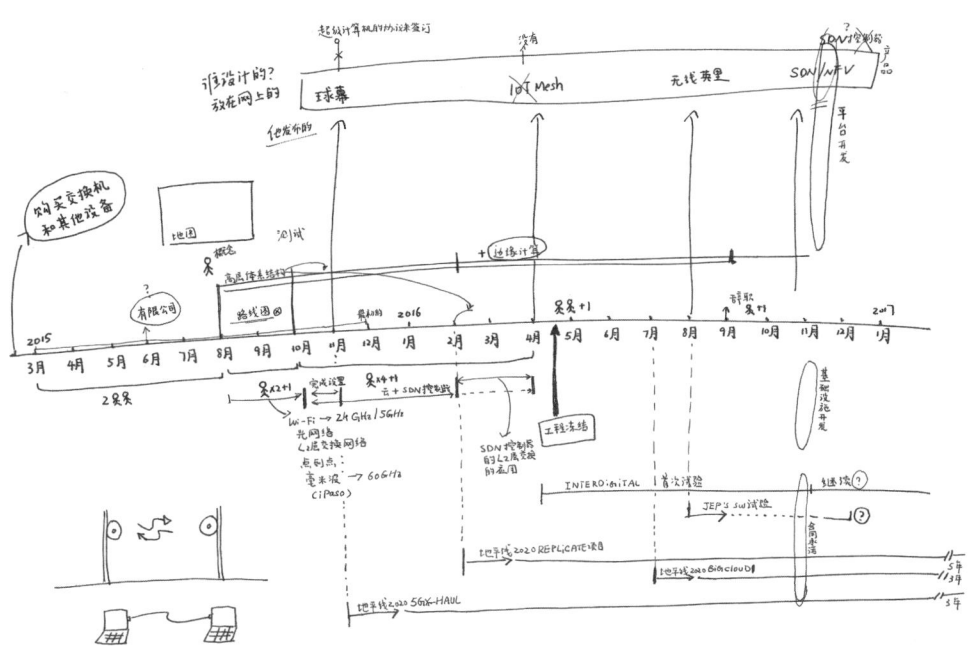

**图 4** 研究者与 OPHC 工程团队成员在访谈中共同绘制的工程团队工作量图

## (三) 照片、文档和物质环境/人工制品

除了通过参与（式）观察法和访谈法收集数据以外，学者往往容易忽视其他类型的数据，例如照片、文档和物质环境/人工制品（Campbell，2014）。本研究的经验数据也包括这三种容易被忽视的类型的数据，接下来，简单介绍这些类型数据的收集方式以及它们在本研究中的作用。

1. 照片

照片在研究中一直扮演着重要的角色（O'Reilly，2005）。在民族志学科发展的早期，人们对使用照片持有一种实证主义的态度，照片通常被用作证据来证明研究者在场或事件已经发生。照片的使用被认为是让论证更加的有利（O'Reilly，2005）。除了作为证据的功能以外，照片可以用来展示用文字难以生动描述的人物、地点和物件。此外，照片还可以作为一种描述的艺术形式。照片为工作增添的审美价值应被民族志学者所接受（Crang and Cook，2007）。值得注意的是，照片呈现的是经过媒介加工的真实，在拍摄照片时拍摄者会优先选择某些场景。照片并不意图展示真相，只是展示了部分真相。

在田野工作中，笔者使用智能手机拍摄照片，这些照片在研究中发挥了多种作用。首先，照片是记录田野笔记的一种方式。例如，在一些田野工作中，有些演示幻灯片上的文字很难用笔的方式迅速记录下来。这种情况下，笔者用照片将演示幻灯片拍下来。其次，用照片来捕捉事件、活动和场景。这些照片帮助笔者记录发生了什么，也使用其中的一些照片来支持这份研究中的叙述，读者将在经验研究章节看到其中的一些照片。最后，使用照片记录无法从现场带走的物件和物理环境。如活动节点（active note）（参见图19）和市民感知的应用（参见图36）。

2. 文档

在当代的社会里，大多数民族志研究发生在有文字的社会中。因此，在田野工作中总会有许多文档资料（Campbell，2014）。正如科菲和阿特金森（Coffey and Atkinson，1996）所指出的那样，行政人员、会计师、公务员、各级管理人员以及许多其他专家通常参与制作、使用和流通诸如规则书、时间表

## 第三章
### 对 OPHC 项目进行民族志研究

和备忘录之类的书面文件。如果我们把观察笔记、访谈的转译稿和照片称为一手数据，那么文档可被视为二手数据。在田野工作中，民族志学者可以收集到许多类型的文档资料，这些文档可以是在线上和线下广泛流传并有很多复件的非正式文档，也可以是报告之类的正式出版物。

本研究收集了与 OPHC 项目相关的线上和线下文档。在线上文档方面，笔者收集了从 2014 年 3 月至 2016 年 6 月有关 OPHC 项目的大量英文新闻，将这些新闻打印出来，按时间顺序将其归档在五个大号文件夹中。线下文档主要是在田野工作的过程中收集的。例如，在可编程测试平台的田野点里收集到的宣传册、研讨会的信息单和演示幻灯片等文档。最终，收集到的文档包括 OPHC 项目的网络新闻、OPHC 项目的官方公告、演示幻灯片、广告、博客博文、投标文件和会议手册等。这些文档对本研究的贡献有三个方面：首先，文档帮助笔者对 OPHC 项目的行动者网络形成了一个比较全面的了解，这种了解是仅通过参与（式）观察法不容易获得的。其次，文档提供了关于 OPHC 项目即将发生事件的信息。最后，文档记录了笔者无法亲身参加的事件的情况。例如，有四至五位 OPHC 项目的关键行动者经常前往海外宣传 OPHC 项目，笔者无法对他们进行随行观察，有关他们外出宣传的网络新闻和报告便为笔者了解他们在海外的活动提供了一个窗口。

3. 物质环境/人工制品

民族志田野工作中不仅涉及人和文档，还包括许多不同的物（thing）。田野工作的物质环境也塑造着个体的表现和个体之间的互动（Atkinson，2006）。在本研究中，笔者关注了田野工作的物理环境，比如田野点里的场景（参见附录 3）。还关注了田野中的人工制品（artefact），例如，在可编程测试平台的田野点里发现了许多技术组件，如活动节点、光纤和超级计算机（参见附录 5 中的照片）；在数据球幕的田野点里，笔者关注椅子、投影仪和其他人工制品（参见图 2）；在海港城与三角洲城智慧城市项目的田野点里，笔者注意到了数字会议系统在交流中的作用；在市民感知的田野点里，笔者关注了稻草屋与市民共创出的一个蟾蜍外形的传感装置（参见图 36）。在田野工作中，研究人员有时能带走一些人工制品，如图 5 所示的气球。但是，对于物理环境和大部分

## 智慧城市的创新
### 发生在英国的故事

物件来说,研究人员无法将其带走。在这些情况下,笔者便使用摄影和绘画的方式来捕捉物理环境和人工制品(请参见第五章、第六章和附录3中的一些手绘图)。

**图5 稻草屋在数据球幕中举办活动所使用到的气球**

决定停止收集数据通常基于一些标准,影响本研究停止收集数据的主要因素有三个:一是实际因素,即时间和资金。博士研究项目有明确的截止日期,需要为分析、写作和校对预留出足够的时间。因此,笔者不能无限期地收集数据。二是当一个项目完成整个周期时,便可停止收集数据。例如,海港城与三角洲城智慧城市项目和市民感知项目都在田野调查期间内结束,笔者完整地见证了这两个项目的全过程。三是在某些田野点里出现了重复的模式时,便可结束该田野点的数据收集。例如,在数据球幕的田野点里,虽然数据球幕团队反复通过各种途径试图吸引当地游戏开发者为球幕开发展示内容,但是数据球幕团队没有意识到问题的症结所在,相同的结果正在一次又一次地上演。因此,当旧有的模式一再出现时,对该田野点进行继续的观察将无法发现新的模式。

### (四)数据管理

数据管理是民族志研究中的一个重要步骤,因为良好的数据管理可以使民族志的分析和写作变得更加有效（Davies，2008：10）。每次田野调查后，笔者养成了整理数据的习惯，在研究室的电脑里，给每一次田野工作建立了一个单独编号的文件夹，并将一些重要的田野笔记誊写到电脑文档里，例如，OPHC 行动者在田野里的演讲。同时，笔者还坚持写研究日记和田野工作总结（参见附录5）。每次访谈结束后，笔者会立即将访谈的录音进行转录，这不仅能快速将受访者的回答内容整理成文字稿，还能及时记录下访谈过程中的感受和突然涌现的想法。然而，转录是一项十分耗时的工作，如果在访谈后因为各种原因无法在当天及时完成全部内容的转录，笔者会快速记录下一些关键内容，并在第二天重新听录音进行转录。完成转录后，笔者通常会给受访者写感谢邮件。在转录后写这些邮件是非常有用的，事后的邮件交流为笔者提供一个请受访者澄清困惑和提醒他们曾做出承诺为研究提供某些资料的机会。

为每一项田野工作建立一个独立的文件夹的做法非常有用，因为它使我在数据分析阶段能够将相关的田野工作数据迅速地整合到同一田野点或主题下。每个田野工作文件夹里的数据通常包括书面材料（如扫描的笔记）、照片、录音音频、访谈转录稿、研究日记、初步分析笔记和反思日记等。至于从田野里收集到的文档和人工制品，笔者为它们建立了档案并存放在上锁的资料存储柜里。最后，笔者将电脑里的数据和资料储存柜里的数据按时间顺序进行整理，并对所有的数据进行整合和反思。除此之外，笔者还形成了用 Excel 表格整理记录田野工作信息的习惯，表格中包含序列号、时间、协商获得权限的情况、录音、物品信息、访谈和初步分析等类别。这个自制的检索系统可对田野工作有了一个概览，使得后续的数据查询工作变得更加的便捷。

# 四、数据分析

数据分析并不是发生在民族志研究的最后阶段。民族志研究人员不会在田野里盲目地收集数据，然后把所有数据都带回家看看能从中找到什么。实际上，民族志研究人员在研究的过程中就会进行多个层次的数据分析。正如上述的数据建构方式所展现的那样，民族志研究的数据并非未经处理的原始数据。

事实上，在研究设计和数据收集过程中，研究人员就对数据进行过初步分析。例如，在普遍收集阶段，笔者对比分析了在不同事件中收集到的数据，这为下一步应到何处去观察提供了一些思路。在记录观察笔记时，笔者也会将突然从头脑里冒出来的数据分析想法记录下来，并在每次参与（式）观察结束后，在研究日记中写下对观察获得的数据的初步分析。在正式访谈的准备阶段，笔者会在访谈清单中写下选择访谈某人的缘由以及想问他们的问题，这些问题的准备受到前期数据收集和分析的启发。在访谈过程中，笔者会同步记录下任何出现在头脑里的初步数据分析想法。数据分析是一个持续进行的过程，它存在于研究的每个阶段，包括研究设计、数据收集、数据处理（如编码、索引、分类、检索）、理论化和写作（Coffey and Atkinson, 1996）。正如埃兹（Ezzy, 2002）所指出的那样，数据收集、分析和撰写在民族志研究中是密不可分的。奥莱利（O'Reilly, 2005）将这个相互关联的过程称为迭代—归纳（iterative-inductive），指的是研究人员不断往返于研究设计、数据收集和分析之间。研究人员在研究的过程中不断进行数据分析和撰写，这种过程又可能导致他们进行更多的数据收集和撰写。因此，在民族志研究中很难说存在一个单独的数据分析阶段。然而，为了让读者更清晰地了解本研究的数据分析，笔者整理出一些关键的数据分析活动，包括数据的分类、编码、重新编码和写作。但是，在介绍这些数据分析活动之前，有必要讨论数据分析与理论化之间的关系。在方法论章节中讨论理论可能并非一个惯例，然而，理论化的过程是本研究分析阶段的一部分，因此有必要在此加以介绍。

## （一）理论化与数据分析

就理论与民族志研究之间的关系而言，许多民族志研究人员更倾向于归纳法而非演绎法。他们秉持的态度是，研究者应该以开放的心态和尽可能少的先入为主的观念开始一项民族志研究。然而，广泛认可的观点是，在进行民族志研究时，研究人员不可能没有任何先入为主的观念（Berg, 2001; O'Reilly, 2005）。正如埃兹（Ezzy, 2002: 10）指出的那样，"所有的数据都是理论驱动的。关键不是假装它们不是，或者将数据强行套入理论中"。奥

# 第三章
## 对 OPHC 项目进行民族志研究

莱利（O'Reilly，2005）提供了解决这一困境的方法，她建议我们使用迭代—归纳的视角来看待理论与民族志研究之间的关系。迭代—归纳将民族志研究的过程看作是一个持续同步进行的归纳过程，这种视角有助于寻找和构建适合本研究的理论框架。一方面，它让我们接受这样一个事实，即民族志研究或多或少地受到理论的指导。另一方面，它鼓励研究人员接受研究中令人困扰却美妙的时刻，如意外的数据、最初的理论框架被证明是错误的，以及最初的理论框架无法对所观察的现象做出解释。采用迭代—归纳方法的优势在于为民族志研究提供了流动性和灵活的空间，这种视角允许研究者在数据和理论之间多次往返，以找到或构建一个合适的理论框架来解释数据。

为了找到一个合适的理论框架来解释数据，笔者进行了迭代—归纳的过程，并养成了记录理论笔记的习惯。在理论笔记本里，不断地记录对概念工具的思考，记录阅读到的与这些概念相关的内容，并试着将可能的概念工具应用于分析数据。为这项研究找到合适的理论框架和概念工具并不是一件直截了当的事情，因为当笔者沉浸在研究一个不断演变的流动性现象时，很难立即看到全局。为了找到合适的理论框架，笔者经历了一个理论构建、测试和重建的迭代—归纳过程。下文将简要介绍选择理论框架的迭代—归纳过程。

### 1. 最初的理论框架

以 2015 年 3 月至 9 月间收集到的经验数据为基础，笔者尝试从中构建本研究的理论框架。笔者从经验数据中提炼出了关键要素，如异质性行动者（heterogeneous actor）、结盟（alignment）、期望（expectation）以及扩散的企图，考虑到如何解释这些关键要素，构建了一个初步的理论框架。该理论框架有四个理论来源，第一个来源是行动者—网络理论（actor-network theory，简称"ANT"）。最初，笔者认为 ANT 可能是一个合适的选择，因为从经验数据中可以看出 OPHC 项目的创新过程涉及许多人类和非人类的元素，例如人、传感器、球幕、资金和文本等。ANT 理论的相关性体现在它提供了一系列的概念工具，例如异质工程（heterogeneous engineering）、工程师—社会学家（engineer-sociologist）、转译（translation），这些概念工具可以用来分析异质的人类和非人类元素如何结盟以产生效应（effect），换句话说，各种元素如何协同

# 智慧城市的创新

发生在英国的故事

工作以实现 OPHC 的目标。第二个来源是安德鲁·巴里（Andrew Barry）的研究，尤其是他对技术区（technological zone）和技术社会中市民的研究。技术区指的是政府的行为不仅在领土范围内发挥作用，还与为了流通技术设备和实践而形成的技术区有关（Barry，2001：3）。知识产权和标准化（standardisation）被认为是统一和协调技术区的重要因素。而技术社会中的市民的概念则揭示了市民和技术之间的关系。他认为，互动技术通常被视为让市民参与其所称的技术社会的一种方式。互动性意味着身体和客体之间的松动的联系，因为通过互动性，主体不再被规训，而是被允许（Barry，2001：148）。巴里的研究与本研究的相关性体现在两个方面，首先，OPHC 项目在海港城完全实现之前就已经有将项目扩散到其他城市的野心。一个很好的例子是海港城与三角洲城之间持续的智慧城市交流，概念工具技术区似乎有助于解释海港城与三角洲城之间的智慧城市交流。其次，OPHC 项目的宣传话语中极力突出该项目对市民的重视，例如，OPHC 项目表示要建设一个数据球幕为市民展示城市的实时数据并供市民与数据互动，市民和互动技术这些元素与巴里对市民在技术社会中的观察相关联。

第三和第四个来源是期望社会学和未来社会学。选择这两个理论是因为它们有助于探索期望在创新过程中的作用。在整理经验数据的过程中，笔者发现期望在 OPHC 项目的创新过程中普遍存在。然而，ANT 理论对期望这一元素并未进行充分的讨论，为了弥补 ANT 理论的缺陷，笔者首先转向了期望社会学。期望社会学中的一系列概念工具为理解创新过程中期望的作用提供了有益的见解，例如期望的表演性（参见第四章）。然而，期望社会学也面临着来自未来社会学的批评，即期望社会学既没有关注期望的非物质方面，也没有解释期望的不同层次之间是如何相互作用的。虽然未来社会学也没有为这些缺陷提供相应的答案，但它扩宽了我们对期望的思考。因此，笔者决定将未来社会学的洞见纳入最初的理论框架中。图 6 展示了笔者在理论笔记本中如何以草图的形式将四个知识来源整合成一个连贯的理论框架。图 7 是该理论框架更清晰的版本，其中包括每个理论中的相关概念工具。

# 第三章
## 对 OPHC 项目进行民族志研究

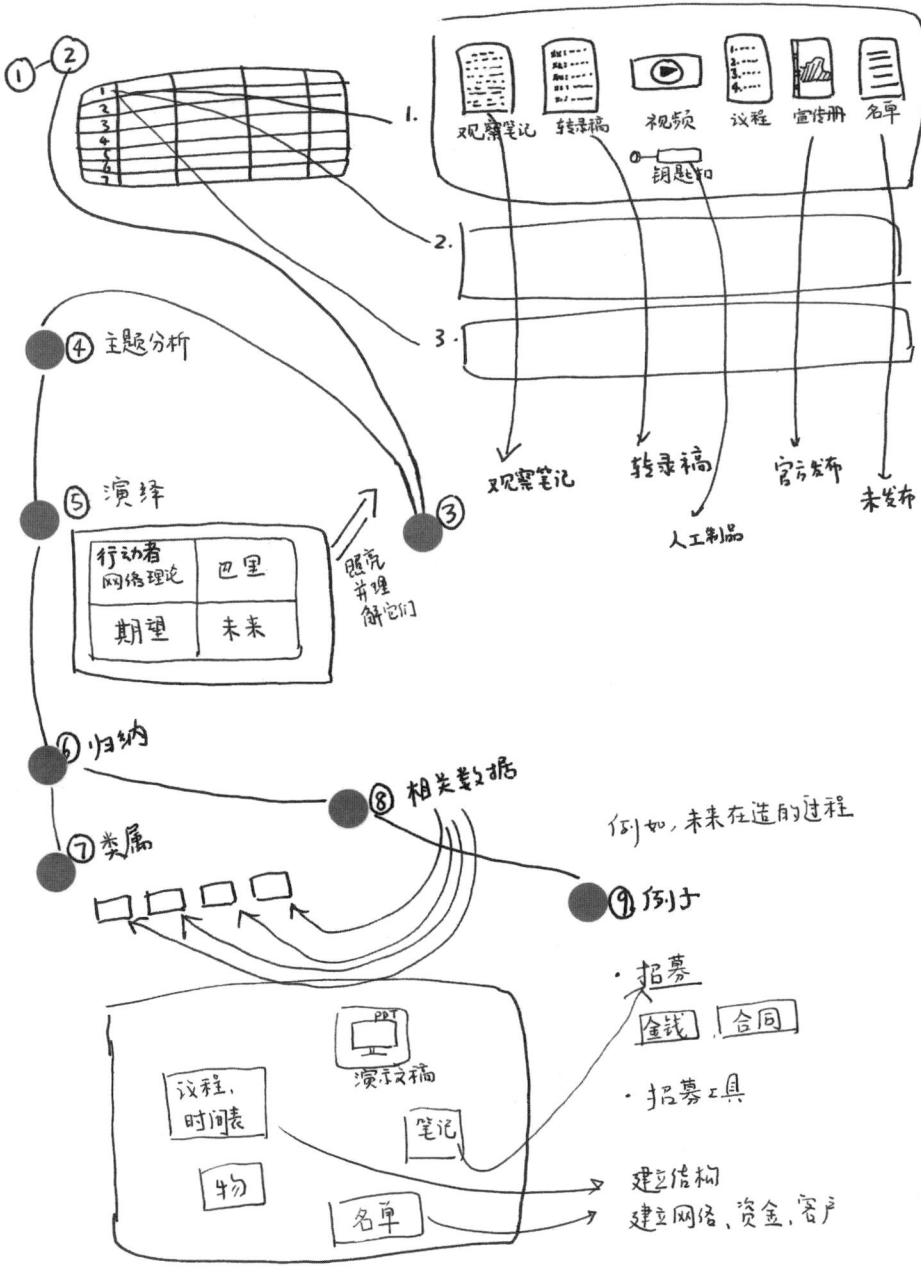

图 6　在理论笔记本中尝试构建初始理论框架

# 智慧城市的创新
发生在英国的故事

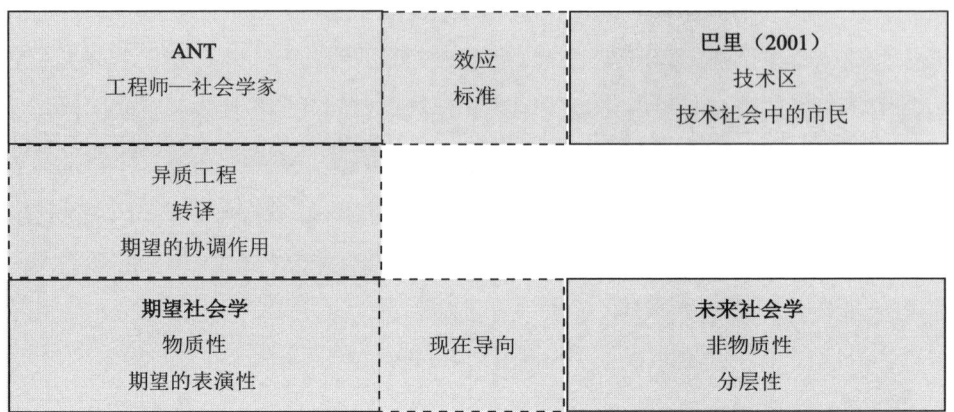

图 7 本研究的初始理论框架

## 2. 对理论框架的反思

随着研究的推进，收集到了越来越多的新数据。新数据的出现促使笔者重新思考最初的理论框架。对于民族志研究者来说，在研究过程中修改理论框架是可以接受的。正如克利福德·格尔茨（Clifford Geertz）所说，理论观念并不是在每项研究中都是完全重新创造的，而是相互借鉴和采用的。民族志研究人员在使用理论的过程中对其进行测试，如果理论是有用的，这些理论将被进一步阐述和使用（Geertz，1973；Hammersley，1992）。

研究经历的两个重要时期促使笔者对初始的理论框架进行重新思考。第一次是在 2016 年 2 月至 4 月间，笔者从数据球幕和海港城与三角洲城市智慧城市项目的田野点收集到大量的数据。使用概念工具技术区和技术社会中的市民来解释这两个田野点收集到的数据的想法受到了挑战。在数据球幕的田野点里，笔者已经持续跟踪和观察了近 9 个月的时间，但数据球幕项目依然处于探索阶段，尚未开发出能支持实时互动的球幕展示内容，海港城的市民也没有在球幕中与数据进行互动。因此，这个场所产生的经验数据与概念工具技术社会中的市民毫无关联。实际上，该场所能够观察到的是开发球幕展示内容的困难以及招募开发人员的漫长过程。为此，笔者需要找到其他的概念工具来解释实际发生的情况。在海港城与三角洲城智慧城市项目的田野点里，笔者观察了整个交流过程并完成了数据收集。最初，笔者希望运用技术区这一概念工具来理

# 第三章
## 对 OPHC 项目进行民族志研究

解 OPHC 项目的扩散过程。于是，笔者特别关注与标准化和知识产权有关的数据，因为这两个因素是形成技术区的关键要素。然而，在该田野点的观察显示标准化和知识产权在 OPHC 项目的扩散过程中表现得并不突出。当然，这并不意味着巴里的理论是错误的，只是 OPHC 这个智慧城市项目的扩散有其独特性，其中一个特点是该智慧城市项目的创新是一个系统性创新，涉及门类众多的新技术。在智慧城市发展的早期阶段这种系统性创新较难形成一个统一标准并获得知识产权保护。另外一个特点是 OPHC 项目要扩散的并非一个技术产品，而是扩散一个期望。针对 OPHC 项目扩散的特点，我们需要寻找新的概念工具。

第二次反思初始理论框架的契机发生在 2016 年 5 月。笔者意识到 ANT 的概念工具不足以解释 OPHC 项目的创新过程，这主要体现在三个方面：首先，通过研究 OPHC 项目产生的历史，发现 OPHC 项目的诞生是一次偶然事件，而非一个经过深思熟虑的战略计划。从 ANT 的角度来看，结盟（alignment）始于问题化（problematisation）（Callon，1986）。然而，OPHC 项目的实际情况并非如此，该项目是一个没有问题化的结盟。其次，OPHC 项目的产生是本地行动者网络和国家行动者网络之间互动的结果。ANT 的本体论并没有强调微观、中观和宏观层面之间的结构性差异。因此，ANT 无法解释在 OPHC 项目产生过程中本地行动者与中观层面行动者（如国家政府、法律和电信公司）的协商过程。最后，发生在数据球幕、海港城与三角洲城智慧城市项目和市民感知田野点里的创新活动需要恰当的概念工具来解释。尽管 ANT 对于解释田野点里的结盟和非结盟现象非常有用，但是上述田野点内的创新活动十分丰富，远远不止于结盟。例如，在数据球幕的创新过程中，ANT 可以解释人和技术行动者如何结盟的过程，但是忽略了在田野里行动者花费大量时间琢磨下一步的行动方案、进行实验、反思他们的行动以及探索新的路径等活动。因此，如果坚持继续使用 ANT 的理论框架，就好比把数据强塞到理论中，这不仅会影响研究的有效性，也不尊重参与 OPHC 项目的行动者。

3. 重塑理论框架

为了找到能够解释经验数据的概念工具，笔者将目光转向了社会—技术视角的转型研究（socio-technical perspective of transition studies）。社会—技术视

# 智慧城市的创新
发生在英国的故事

角的转型研究与 ANT 非常相似,它将社会技术变革视为技术、政策、市场、文化意义等整体配置(configuration)的结果。社会—技术视角转型研究中的概念工具,特别是多层远景理论(multi-level perspective,简称"MLP")和战略生态位管理(strategic niche management,简称"SNM"),对于理解 OPHC 的创新过程十分有用。笔者选择社会—技术视角的转型研究作为本研究的理论框架有四个原因:第一,OPHC 项目具有很强烈的转型抱负,这体现在项目设计和采用的 SDN 技术两个方面。就项目设计而言,OPHC 项目试图创建一个可编程测试平台,供人们测试各种数字技术来解决城市问题,还设想了一个不同于现有城市运作方式的开放式创新系统。就 OPHC 项目采用的 SDN 技术而言,这项技术声称为现有的通信网络行业带来转型的可能性。第二,该理论框架有助于揭示 OPHC 项目所嵌入的结构。MLP 是社会—技术视角的转型研究核心。MLP 认为转型是通过三个分析层次之间的互动产生的,这三个层次包括生态位(niche)、体制(regime)和景观(landscape)。OPHC 项目的产生并非仅仅是在本地层面上的结盟,它是本地层面和中观层面(体制)互动的结果。MLP 有助于清楚地解释 OPHC 项目产生过程中所受到的结构性限制。第三,社会—技术视角转型研究的管理方法战略生态位管理(SNM),提供了一系列概念工具(如生态位的内部过程)来理解田野点里许多 ANT 理论没有关注的创新活动。第四,SNM 对地方生态位(local niche)和全球生态位(global niche)的区分,以及生态位的空间维度都有利于阐明 OPHC 的扩散过程。

就探索期望在创新过程中的作用而言,SNM 强调了期望在促进生态位形成时所起的作用,然而,SNM 仍未能覆盖创新过程中期望所起到的作用的方方面面。因此,期望社会学理论的概念工具在本研究中仍然是有用的,是与 SNM 相辅相成的。社会—技术视角的转型研究和期望社会学在思维传统方面是兼容的,且两者背后有一群高度重合的学术群体。关于未来社会学,尽管它指出了期望社会学理论中的缺点,但是它并没有提供有效的概念工具来解释本研究的经验数据。因此,笔者决定放弃该理论,以使本研究的整个理论框架更加连贯。

最终,本研究的理论框架由两个主要的理论来源组成,即社会—技术视角的转型研究和期望社会学。在这里探讨理论框架构建的过程为的是帮助读者更好地理解本研究理论构建与分析之间的关系。第四章将对这两个理论和其中的

# 第三章
## 对 OPHC 项目进行民族志研究

关键概念工具进行更加深入的探讨。

### (二) 数据分析的过程

#### 1. 数据分类和编码

数据分析的第一步是通过分类和编码过程来整理大量的经验数据。我们可以将数据分类的过程看作是将数据放入不同的箱子或类别的过程。笔者将收集到的数据分为六个类别，即数据球幕、海港城与三角洲城智慧城市项目、市民感知、可编程测试平台、期望的表演性以及 OPHC 项目的历史。这些类别是在数据收集和管理的过程中逐渐形成的。一种数据分类的方式是将与一个田野点相关的事件放在一起，这种分类方式形成的类别有数据球幕、海港城与三角洲城智慧城市项目、市民感知。另一种数据分类的方式是将与一个主题有关的不同事件放在一起，在研究过程中逐渐出现的主题类别包括可编程测试平台、期望的表演性以及 OPHC 项目的历史。

将数据分类完成之后，便开始对数据进行编码。编码过程并不是一次可以完成的，需要对数据不断重新编码和排序。笔者选择使用计算机软件 NVivo 进行初始编码，该软件使得连接不同主题（theme）和管理、修改大量数据变得容易。笔者在 NVivo 中建立了六个文件夹，导入相应的六个类别的数据后开始编码。实际上，真实的数据编码活动在数据的收集阶段就已经展开。如在数据收集过程中，笔者找出了不断演变的主题，与研究的参与者一起测试这些主题，并寻找合适的理论框架解释这些主题。因此，在使用 NVivo 进行正式编码时，已经有了初步的编码想法，使用主题分析（thematic analysis）法对数据进行编码。主题分析有两种类型：归纳主题分析（inductive thematic analysis）和理论主题分析（theoretical thematic analysis）（Braun and Clarke, 2006）。归纳主题分析需要研究人员反复阅读数据，看看能从数据中发现什么。理论主题分析要求研究人员应用理论框架在数据中寻找相应的数据。在编码的过程中，笔者混合使用了归纳主题分析和理论主题分析这两种方法对数据进行编码。例如，一个如何使用归纳主题分析对数据进行编码的例子是在分析期望的表演性这个类别的数据时，通过反复阅读创新者表述 OPHC 项目的期望时的数据。笔者发现几乎在所有的 OPHC 项目的演讲和对外宣传资料中都能找到"第一"这个修饰词。于是，笔者将这些数据都编码为"第一"。此外，本研究还使用理论主题分析来理解创新过程，例如，根据战略生态位管理理论，生态位有三个内部过程，即阐述期望、建立社会网络和学习，这三个内部过程有利于生态位的建立。因此，笔者便从可编程测试平台、数据球幕和市民感知这三个类别的数据中寻找和三个内部过程相关的数据进行编码。

2. 用绘图和物件来辅助分析

通过软件对数据进行分类和编码有助于将大量的数据缩减为可管理的主题。分析是概念工具和数据之间多次互动的结果（Coffey and Atkinson, 1996）。数据分析活动可以发生在任何空间里，不必限制在软件中进行。对于笔者来说，在一张 A3 纸上画图是进行数据分析最便捷的方式，在纸上绘制图表和符号，写下笔记，并用箭头将编码、主题和概念工具之间的关联性表示出来，简单便捷。弗特曼（Fetterman, 1998）认为，视觉表达是民族志研究中有用的分析工具，它有助于将网络和理解结晶化，并开辟新的探索路径。拉图尔详细研究了铭文（inscription）在知识生产中的功能，并总结了在二维纸上工作的几个优点。例如，纸张易于移动，且在移动过程中纸上的内容是不可变的；纸是平坦的，可以随意调整纸上的比例；可以将几个图像叠加在同一张纸上（Latour, 1986: 22）。

在 A3 纸上进行视觉分析对本研究有诸多益处。首先，它是一个非常有用的方式，可清晰地梳理出每个田野点里的创新过程，并将经验性和概念性的主题整合成故事。例如，为了更加清楚地了解数据球幕的创新过程，笔者在一张纸上列出了从编码阶段识别出来的所有主题，这些主题既包括经验性主题又包括概念性主题，并从这些主题中，找出了数据球幕创新的三个关键阶段。然后，笔者在一张纸上绘制了三个矩形框来代表数据球幕的三个关键阶段（参见图 8），在每个框中写下关键的行动者和技术，在框的周围写下关键的归纳主题和理论主题（更多示例参见附录 6）。在纸上将经验和理论主题绘制下来，有利于概览特定田野点内的创新活动。

# 第三章
## 对 OPHC 项目进行民族志研究

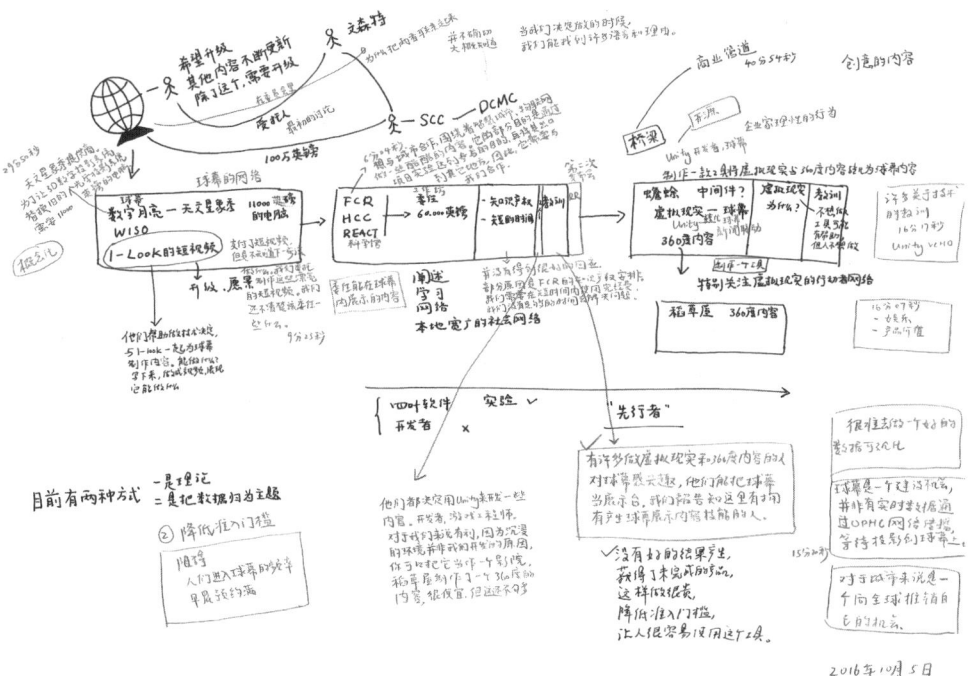

**图 8** 使用绘图理解数据球幕的创新过程

其次，绘图能够简化铭写符号（inscriptions），将数量众多的事件整合到一个空间内，并且将概念工具应用于分析相关数据。这个功能类似于拉普鲁斯（La Perouse）前往太平洋致力于绘制更好的萨哈林岛（Sakhalin，中国传统名称为库页岛）地图，他绘制了他所去过的地方的地图，这些地图共同构成了一个图像，可用于了解库页岛是否是一个岛屿（Latour，1986）。在 OPHC 案例中，OPHC 项目的创新过程发生在多个田野点。笔者在不同的田野点里收集数据，并将每个田野点里获得的关键信息带回来，汇集在一起，以理解 OPHC 项目的创新过程。例如图 9 是其中一份分析笔记，在这个笔记中，收集了来自数据球幕、海港城与三角洲城的智慧城市项目、市民感知这三个田野点里的一些关键主题，这些主题展现了 OPHC 项目在海港城内外的创新过程。在页面左上角的圈里，列出了主要的事件，还记录了用于解释创新过程的概念工具，包括生态位实验（niche experiment）、本地生态位、多层远景以及生态位在空间上

# 智慧城市的创新
## 发生在英国的故事

的发展。纸张提供了一个在单一空间内编织多个故事的空间。

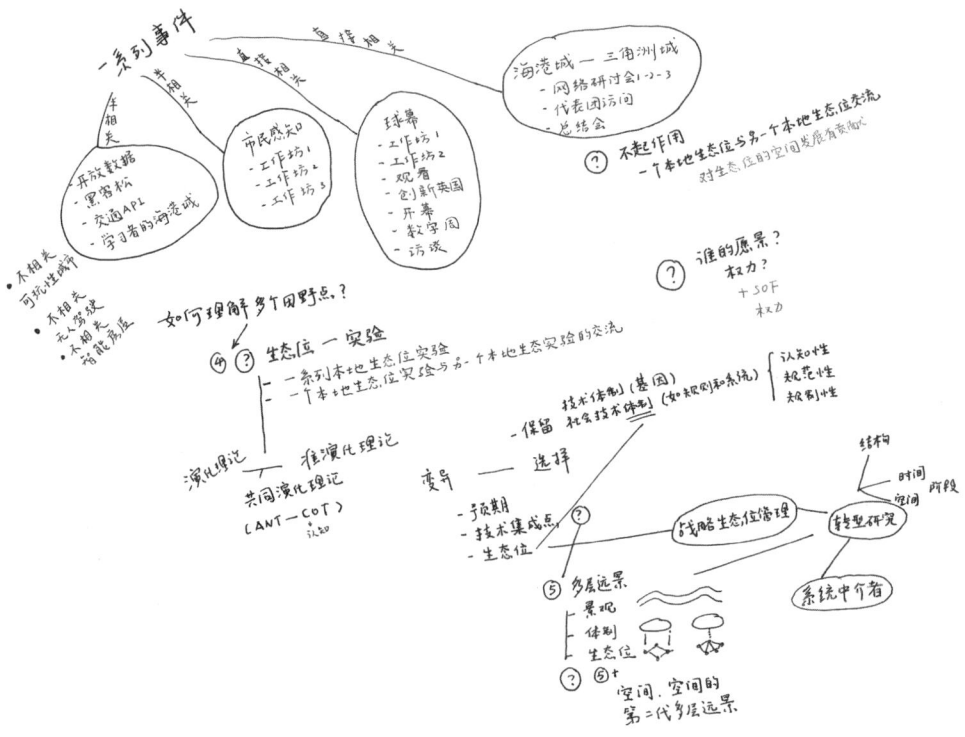

**图9　分析笔记**

然而，为了特定问题，处理来自不同田野点的大量主题时，在二维纸张上的分析展现出了局限性。无论纸张有多大，主题之间的关系很难通过绘图来进行可视化分析。在纸上分析较为复杂的问题时，笔者经常以混乱的箭头、笔记和线条展现，这样的分析带来的更多的是混淆。在纸上写的内容是固定的，不具备在分析时将概念工具、标记和图形快速移动的可供性（affordance）（Gibson, 1979）。为了对数据进行更方便的排列、组合和满足一系列不同的需求的切割，需要一种新的分析辅助工具，这种工具必须是可移动的、可展示的，并能够对编码（主题）进行组合。思维导图软件是满足这种需求的一个选择，但笔者最终采用了一个具有类似思维导图功能的三维实体工具，买了一盒叠叠木（Jenga），并在每个木块上贴上可供书写名称的白色贴纸。这些名称包括OPHC项目创新过程中提炼出的关键行动者的化名、组织名、项目名、技术名和期望的

# 第三章
对 OPHC 项目进行民族志研究

名称。为了方便识别来自不同田野的行动者，笔者又使用彩色贴纸对它们进行区分，如蓝色贴纸代表数据球幕的行动者。图 10 展示了改装后的叠叠木分析工具。

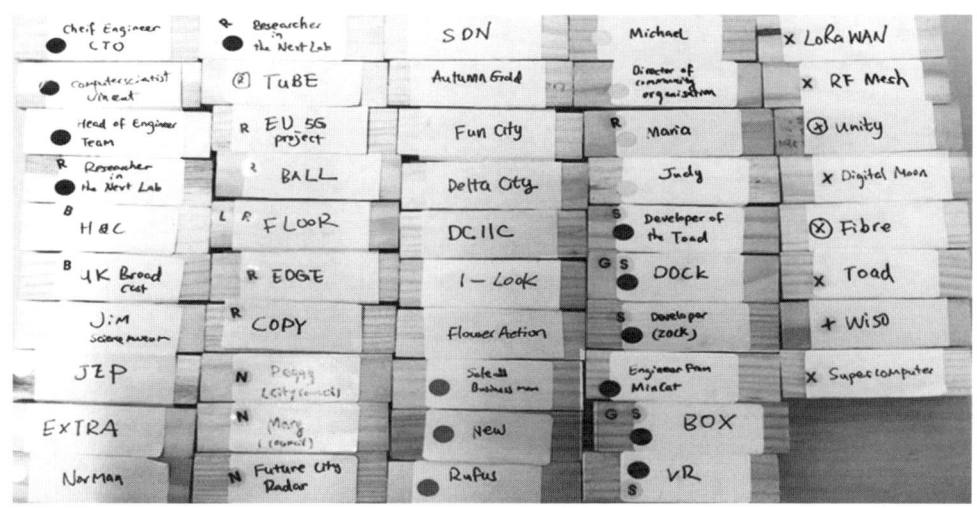

**图 10　改装后的叠叠木分析工具**

在处理跨多个田野点的复杂数据集时，笔者经常会将改装后的叠叠木下放置在一张很大的纸上。纸张的作用是便于在改装后的叠叠木旁边写下注释和概念工具。这种做法可将思考和分析的内容结晶化，并清晰记录之前分析时叠叠木所处的位置，以便在未来继续分析。这类似于所谓的视觉一致性拉图尔（Latour，1986）。这样做便于回忆起未完成的分析并在未来继续分析。图 11 是笔者如何使用叠叠木、纸和注释进行分析的一个例子。在这个分析中，笔者试图了解 OPHC 项目在多个田野点的创新活动在何种程度上实现 OPHC 项目的前瞻性结构（prospective structure）所说的内容？为了回答这个问题，需要查阅数据球幕、海港城与三角洲城智慧城市项目、可编程测试平台、市民感知这四个类别的数据和主题。如图 11 所展示的那样，整个分析占据了六张 A3 纸大小的面积。笔者先在纸上画出了 OPHC 项目的前瞻性结构，然后将来自四个类别中的人类和非人类行动者分别排列在前瞻性结构周围。在每个叠叠木簇周围还写下相关的概念工具。图左下方市民感知旁标注了承诺和要求循环（promise and requirement cycle）的概念工具（第四章有关于这个概念工具的完整解释，第六章有该主题的分析）。在这种特定情况下，如果没有改装后的叠叠木分析工具的帮助，笔者很难将大量的主题可视化并用于回答一个特定问题。

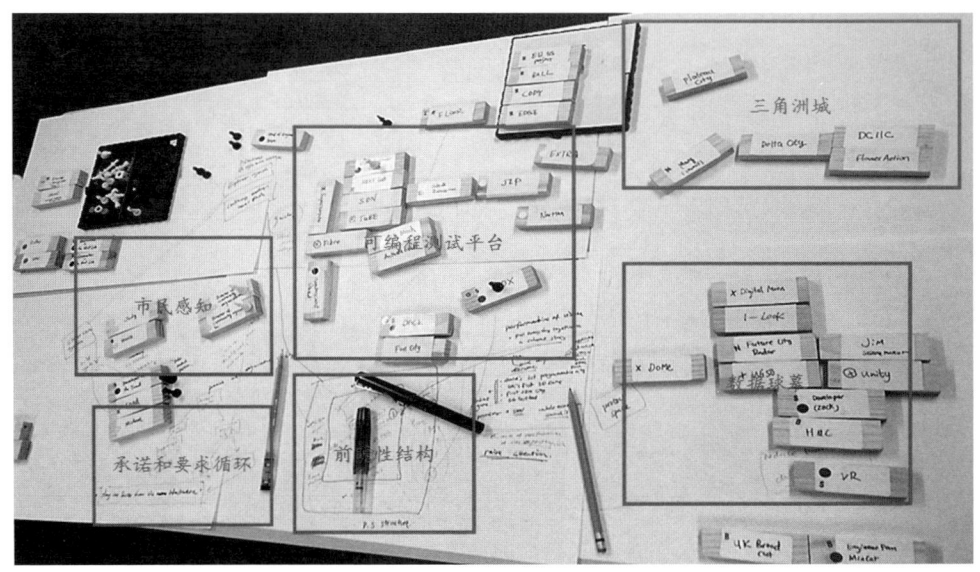

图11　将改装后的叠叠木分析工具用于分析

3. 写作作为一种分析方式

数据分析除了上述谈到的分类、编码、将主题与概念工具进行匹配和回答研究问题以外，写作也是民族志研究数据分析的一个过程。科菲和阿特金森认为写作有助于加深分析的层次。他们说："在写作和呈现的过程中，分析性思想得到了发展和尝试"（Coffey and Atkinson, 1996: 109）。对于本研究来说，这一点尤为明显，在分析的过程中产生了许多编码、主题和概念工具，有时仅在纸上画出联系并不能一眼看出矛盾或逻辑不一致之处。因此，有必要将编码、主题和概念工具编织成文本，以测试概念使用的准确性；检查笔者在何种程度上捕捉到了OPHC的故事；收集到的数据以及使用概念工具对数据的解释是否能回答研究问题；哪些主题对于这项研究来说不相关，但可以在未来的研究中探讨等。写作是达成这些目标的一种方式。

写作作为一种分析方式是一个持续进行的过程。这个过程大致可以分为三个阶段，第一阶段是在数据收集过程中进行写作分析。在数据收集过程中，笔

# 第三章
## 对 OPHC 项目进行民族志研究

者每个月向导师发送月度报告，内容包括在特定时间段内收集到的数据分析。例如，2016 年 4 月提交了对海港城与三角洲城智慧城市项目的观察报告，阐释了修改初始的理论框架的原因，并整理出了将 OPHC 项目的期望传播到三角洲城遇到的几点困难。这个阶段写作的作用是以非常详细的方式处理数据，测试初始的概念工具，并进行一些初始的编码。

第二阶段的写作分析发生在 2016 年 7 月至 11 月期间。笔者撰写了六篇分析报告，涵盖 OPHC 项目的历史、可编程测试平台、数据球幕、市民感知、海港城与三角洲城智慧城市项目、期望的表演性六个方面的内容。在每篇分析报告中，笔者努力将主题和概念工具有机结合在一起。随后便将这些分析报告打印出来，每个部分裁剪下来粘贴在一张八米长的纸上，在每个部分之间，预留出一些空白的空间用于写笔记。同时还在不同颜色的便利贴纸上写下关键论点和概念工具，这些贴纸易于移动（参见图 12）。这种做法非常有用，一方面提供了这项研究的经验数据和概念工具的概览，另一方面便于建立分析单元之间的联系和序列关系，并详细检查概念工具的使用情况。

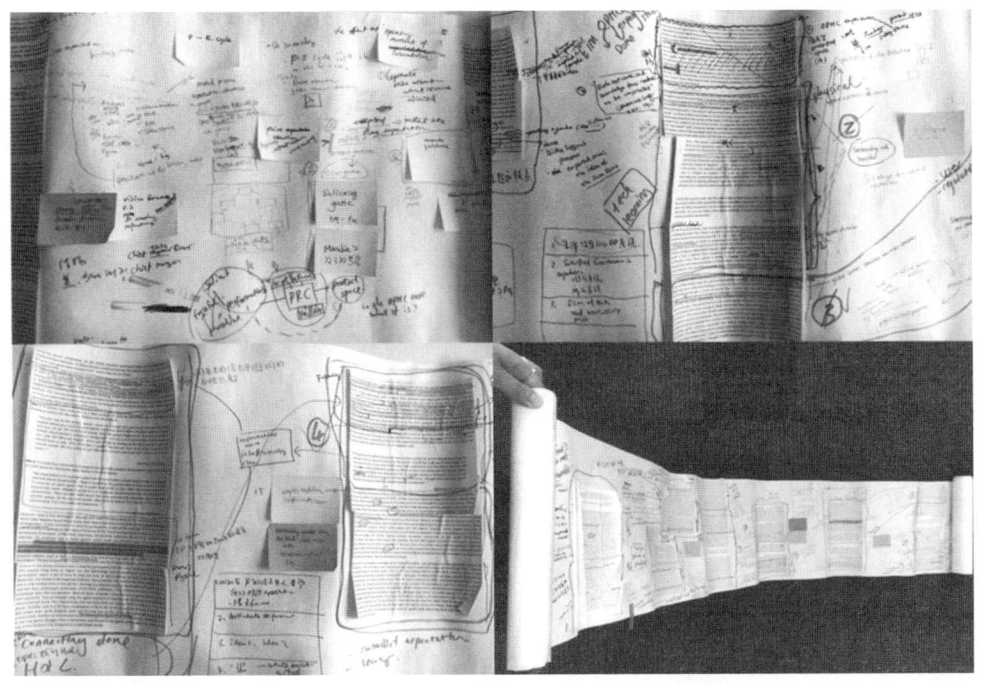

图 12　对数据和概念工具的使用进行详细检查

尽管按类别对不同的主题和概念工具使用情况的审查让笔者对恰当运用概念工具解释数据这方面有了一定的信心，但是，仍需要考虑如何综合不同的分析来回答研究问题，以及如何将 OPHC 项目混乱的创新过程呈现给那些不熟悉 OPHC 项目且不是技术专家的读者。这就需要从细节中跳出来，考虑整体而非局部，看见森林而不是树木。因此，在第三个写作分析阶段中，笔者将六个方面的分析整理成了三个经验章节。第一个经验章节建立在对 OPHC 项目的历史和期望的表演性的分析之上来回答：OPHC 项目是如何在海港城中产生的？并将对可编程测试平台、数据球幕和市民感知的分析放入另外一个经验章节。这三个方面的分析共同展示了 OPHC 项目在现实中的实施情况。在最后一个经验章节中，利用对海港城与三角洲城智慧城市项目和期望的表演性的分析来讨论创新过程中的扩散现象。这三个经验章节合在一起回答了预示性问题一：一个智慧城市项目的创新过程是什么？这些探讨又回答了第二和第三个预示性问题。即期望在创新过程中的作用，以及市民参与在智慧城市创新过程中的想象和实践，这个写作分析阶段的目标是确保编码、主题和概念工具彼此关联，以回答研究问题，同时，这也是一个精心打磨并摒弃不必要叙述和分析的过程。例如，在 OPHC 项目的扩散中，笔者关注到中介行动者（intermediary actor）这一主题。在最初的写作分析中，围绕中介行动者进行了一些分析，但在第三次写作分析过程中，笔者意识到没有足够的数据来追踪中介行动者在 OPHC 项目创新过程中的影响。因此，笔者决定删除这部分分析，将相关数据放在附录中，将这个主题作为未来研究方向。当然，在数据收集和分析的过程中写作也存在缺点，那就是它并不能总是让保持适当的距离看待数据。在写作的后期阶段，当笔者与田野保持更多的距离时，才开始意识到有时过于在细节上进行探索，这使笔者看不到更大的图像和模式。

## 五、研究伦理

民族志研究的价值在于知识产生，但这并不意味着在研究过程中应该忽略其他的价值（Hammersley and Atkinson, 2007）。伦理价值就是民族志研究中需要关注的重要价值之一。面对研究的伦理，民族志研究人员常常发现自己处于

# 第三章
## 对 OPHC 项目进行民族志研究

两难的境地，一方面，民族志研究人员需要对自己的职业和职业团体负责。另一方面，还应该考虑到他们的研究对象。民族志研究人员常常发现自己站在伦理的十字路口，试图做出既满足研究要求又符合道德标准的选择（Fetterman，1998）。伦理问题的考虑一直贯穿着民族志研究的各个阶段，从谈判获取许可到写作发表，应根据不同的情景来做出每一个伦理决定。以下是本研究涉及的几个关键伦理考虑和决定。

### （一）知情同意

知情同意（informed consent）指的是研究人员应该从研究参与者那里获得有意义的同意。本研究中的知情同意主要涉及参与（式）观察和访谈中的同意问题。由于田野工作涉及在一系列公开和私人事件中进行观察，正式和非正式的访谈，因此，本研究同时采用了正式和非正式的同意方式。

在田野工作开始之前，笔者遵循英国教育研究协会（british educational research association，简称"BERA"）的伦理指南，思考可能在这项研究中出现的伦理问题，并设计了两份文件。其中一份文件是信息表，为研究参与者提供关于本研究的信息，以及告知他们参与此研究可能意味着什么。另一份文件是同意书，该文件进一步确保参与者理解他们的权利以及数据将如何在研究中被使用等内容。两份文件均获得了笔者所在学院学术伦理委员会的批准（这两份文件的具体内容参见附录7）。笔者在进行参与（式）观察和正式访谈时均征得了研究参与者的正式同意。

本研究的参与（式）观察涉及四个关键的田野点，每个田野点的观察内容均由观察一系列事件构成。总体来说这些事件可以归为两种类型：仅对少数人开放的私人事件和对任何人开放的公开事件。私人事件仅限于少数人参与，因此在对私人事件进行参与（式）观察时，不仅需要获得"守门员"（gate keeper）的同意，还需要获得其他参与者的书面同意。对于公开事件，获得所有人的同意要困难得多，因为笔者无法控制进入现场的人。在这种情况下，笔者依然尽力争取获得尽可能多的人的同意。具体来说，本书采用了以下方式在公开事件中获得同意，如对于需要提前注册的公开事件，通过在线注册表格告知活动组织者笔者的研究目的。组织者通常会提前对参会者的信息进行检查，并知悉笔者计划在现场进行与OPHC项目有关的研究性观察；有些公开事件要求参与者在活动开始时进行自我介绍，笔者通常会借此机会介绍本研究目的并征求同意；有时，会向在田野工作里遇到的人介绍自己和自己的研究。至于在田野调查中偶然产生的数据，会立即征求参与者的口头同意。在某些情况下，甚至还要求他们在事后签署同意书并通过电子邮件发送给笔者。

在正式访谈中，笔者会首先介绍研究的目的，然后给受访者一些时间阅读信息表、询问问题并签署同意书。还会征求他们是否同意对访谈进行录音。值得注意的是，获得对长期研究真正意义上的同意或许很困难，因为人们可能会忘记你在研究他们（O'Reilly，2005）。笔者所能做的就是在研究的过程向研究参与者反复确认他们是否同意。对于正式访谈和私人事件的观察，参与者都需要签署同意书，以表示他们理解信息表上提供的信息，并愿意参与研究。笔者保留了田野工作里所有伦理谈判的详细记录，任何包含个人信息的文件都与数据分开，并存放在上锁的资料存储柜中。

## （二）研究中的剥削、过度融洽和退场问题

在民族志研究过程中，存在着诸多伦理问题，下面将谈及和本研究有关的三个伦理问题以及处理方式。

第一个问题是研究中的剥削问题。这是民族志研究经常面临的一种挑战，人们向研究人员提供信息，但研究人员很少给予回报（Hammersley and Atkinson，2007）。面对这种挑战，通常的建议是民族志研究人员回报人们一些东西，以示研究人员不是剥削性的闯入者，田野工作是有所回馈和互惠的（Lassiter，2005）。对于应该回馈一些什么东西，研究人员可以问问参与者希望从研究中获得什么，并考虑如何满足他们的需求来平衡如何回馈的问题。本研究大体有两种回馈方式。首先，这项研究的结果将对当地的智慧城市创新做出实际的智力贡献，具有应用价值。研究结果可以为当地智慧城市创新者提供OPHC项目创新过程的整体性视角，并告诉他们哪些地方可以有所改进。其次，在数据收集期间，通过为研究参与者提供志愿服务来平衡剥削的问题。例

# 第三章
## 对 OPHC 项目进行民族志研究

如,在整个海港城与三角洲城智慧城市项目建设过程中,笔者为海港城的行动者提供了翻译和协助代表团访问等志愿服务。在访谈中,笔者经常为受访者提供饮料和甜点,以表达对他们给予访谈时间的感激之情。

随着研究的推进,在田野工作中提供的志愿服务和善意的举动不仅满足了回馈的需求,还帮助笔者赢得了田野中人们的信任,建立了良好的声誉。海港城并不是一个很大的地方,人们的社会网络彼此连接,有时在一个田野点里建立的信任感会自然而然地传播到其他田野点。渐渐地,笔者被当地人非常好地接纳了,被纳入他们的邮件列表、添加为脸书(facebook)好友,被作为嘉宾邀请参加不同的活动。有时,田野中的人甚至邀请笔者喝茶、吃晚餐和参加生日聚会。笔者接受了这些邀请,因为想与研究参与者保持一种信任关系,而行为的一致性恰是人类信任的基础。我们不能在需要他们的时候假装成为他们的朋友,而在不再需要他们的时候表现得像个陌生人一样,那样会伤害人们的感情。此外,参加这些私人活动也有助于加深思考,更好地理解研究背景和对象。

然而,这也引发了第二个问题——过度融洽(over rapport)的危险,即研究人员完全融入研究对象中。这个问题易导致研究人员丧失批判能力,成为田野里普通的一员(Brewer,2000:60)。在整个研究过程中,笔者一直在尝试保持某种平衡,既与田野中的人保持一定的距离,又对他们保持诚实。在研究的初始阶段与人们保持了良好的距离相对容易,但是随着研究的深入,保持距离变得越来越困难。特别是在数据收集的后期阶段,笔者开始与田野里的某些较为亲近的行动者保持着十分类似的朋友圈和边界。在这个阶段,笔者十分努力在田野里与田野里的人保持距离甚至导致了汉默斯利和阿特金森(Hammersley and Atkinson)所谓的边缘土著(marginal native)的压力症状,即一方面,民族志研究人员拒绝与本地人过度认同,以丧失判断和分析的视角。另一方面,民族志研究人员因为自己对本地人怀有一种双重忠诚度而感到不安。笔者很高兴在这项研究的后期,与本研究的参与者成了好朋友,这使得我在不影响数据收集的情况下,较为坦诚地与他们分享一些观察,这无疑缓解了我内心的一些压力。在完成数据收集后,笔者感到前所未有的"解脱",不用再担心陷入过度亲近的危险和保持边缘土著的角色。

在田野工作过程中，一旦建立了高质量的田野关系，要切断这种联系并不容易。因此，这又引发了第三个问题——撤离。从田野中撤离并不是一件简单的事情，许多有关民族志研究策略的书籍都建议研究人员采取逐步撤离的方式。完成田野工作后，笔者在海港城停留了大约一年的时间来撰写研究报告，这种安排为逐渐离开田野提供了便利。从 2016 年 11 月初开始，笔者便与 OPHC 项目保持了距离。但这并不意味着断绝了与田野里人们所建立起的关系。大多数民族志研究人员会保留在田野调查期间结识的朋友和熟人，有时这种联系会保持很长的时间（Hammersley and Atkinson，2007：91）。在本研究的撰写阶段，笔者仍然与许多参与研究的人保持着联系，甚至被邀请参加他们的私人活动，如去观看戏剧、参加圣诞晚宴和慈善烹饪活动以及一起去看展览等。截止本书的撰写时间，田野工作已经结束好几年，每年的圣诞节，笔者还是会与一些 OPHC 项目的关键行动者互送祝福和进行视频聊天。

## （三）研究中的保密和匿名问题

奥莱利（O'Reilly，2005）将保密定义为研究人员听到的任何内容，只能在参与者和研究人员之间分享。这是为了保护被研究者的机密、为对方守住秘密和尊重被研究者的隐私。在整个研究过程中，笔者一直十分认真地对待保密问题。首先，在田野工作里常常能获得人际互动中一些非常细节的情况。有一段时间，由于往返于 OPHC 项目多个田野点，甚至让笔者产生自己是唯一能看到 OPHC 项目整体情况的人的错觉，因为不同田野点的人很少了解其他田野点里的人正在做什么，以及遇到了哪些困难。这种田野里的沉浸无疑便于收集到丰富的数据，但也让笔者无意中听到了许多人的"秘密"和他们未来的计划。由于这些"秘密"和计划通常不会对他人造成伤害，但笔者仍然决定对外保守这些秘密，静静地等待事情的发生，尽可能使得笔者的存在对 OPHC 项目的创新过程产生最低程度的影响。其次，随着研究的深入，笔者逐渐融入了当地社区，对田野里的符号和知识也有了新的理解。有时候，收集到的信息涉及某个组织或个人对另一个组织或个人的看法。如果揭示了这些人的真实身份，很可能会破坏当地社区里人与人之间微妙的关系网。因此，唯有保持沉默，不对

## 第三章
### 对OPHC项目进行民族志研究

他人透露这些评论。在访谈过程中，如果受访者在过程中抱怨某人，笔者通常会主动关闭录音。最后，智慧城市是当地大学一个新兴的研究热点。研究期间，许多海港城大学的学术研究人员和学生通过电子邮件联系笔者，想要讨论笔者对OPHC项目的观察内容。虽然这项研究获得了海港城大学的资金支持，理应支持学校的研究活动，但考虑到项目参与者的隐私以及个人的言论可能对OPHC项目未来的创新活动带来影响，便决定只把观察结果告诉OPHC项目的行动者。至于笔者的博士导师，考虑到他们有指导本项研究的责任，他们可以查看观察结果，并相信他们会保持同样的伦理标准。对研究资助方的责任方面，回报是长期的而不是短期的，对资助方表达感激之情的最好方式就是做出一份优秀的研究。

民族志研究很少涉及破坏性的后果，但研究者仍应仔细考虑研究参与者可能会受到的影响（Hammersley and Atkinson, 2007）。对于笔者而言，这份研究涉及公共维度的问题，即这项研究涉及真实的人和智慧城市项目，研究的公开性可能会潜在地损害到个人、机构或地方的声誉，也可能会伤害研究参与者的感情。内斯波尔（Nespor）也曾面临着类似的问题，他承认在社区研究中提供完全匿名的难度，因为人们很容易弄清楚地点在哪里。他的策略是公开城市或地点的真实名称，然后将街道、父母、老师和校长的姓名进行匿名处理，并更改可能会识别他们的信息。他进一步指出，研究仅关注特定的时间段内的情况。他的研究完成后，其中的人和情况都已经发生了变化。但是，这些在研究中的故事仍然有价值，因为它们可以让读者在阅读的过程中联系自身的经历进行思考（Nespor, 2013: xix – xx）。

笔者采用了内斯波尔的策略来处理本研究的匿名问题，向读者透露了真实的城市名，但是对研究中涉及的所有机构和个人进行了匿名处理。本研究采用了一些技巧来掩盖人和机构的真实身份，例如，使用化名对研究参与者和机构的真实名称进行匿名处理。有时候，在写作中混合使用某个人的职称和化名。如使用"数据球幕团队成员"来代替一个反复出现的研究参与者的化名，这样既能为读者提供足够的信息来源，又能增强对参与者真实身份的保护。同时，笔者也评估了信息暴露对参与者声誉带来的风险程度，研究中只有少数几位参与者即使隐瞒了他们的真实姓名，也很容易被识别出来。因此，在写作过程中，每次提及这些人的情况都必须非常谨慎，笔者必须权衡信息是否足够重要，值得在存在个人身份暴露风险的情况下使用它。同时，笔者还尝试通过寻找其他来源以获取相同的信息。例如，为了向读者展示OPHC项目发言人如何合理化OPHC的期望时，笔者需要引用一些演讲者的话语。最初，笔者选择了一个在线视频来源的引语。然而，笔者很快地意识到，如果使用该视频来源，必须在参考文献里列出该视频的网址，这无疑会暴露演讲者的身份，所以，笔者不得不从其他来源中寻找同一个人的类似引语。最终，笔者在观察笔记中找到了一条类似的记录在写作中引用。

## 六、反身性

民族志研究经常面临这样一种批评，那就是民族志研究得出的结论在多大程度上代表一个独立的社会真实（Hammersley，1992）。与许多定性研究一样，民族志研究并不符合实证主义的评判标准（Hammersley and Atkinson，2007）。从建构主义的角度来看，民族志研究的数据是民族志研究人员在分析和写作的过程中构建出来的。换句话说，民族志研究是田野里参与的产物，而不是对所描述的内容的表征（representation）（Clifford，1988；Hammersley，1992）。从20世纪60年代开始，出现了两种应对表征危机趋势：女权主义和后现代主义，它们质疑西方的知识霸权地位，以及研究者与被研究者之间的权力关系（O'Reilly，2005；Campbell，2014）。对一些人来说，民族志研究变得不再可信，其他人则开始接受反身性（reflexivity）的转向（O'Reilly，2005）。反身性可以广义地定义为回到研究人员自己身上，这是一种自我参照（self-reference）的过程（Davies，2008：4）。它指的是研究成果如何受到研究人员本身及其研究过程的影响。反身性转向要求民族志学者承认他们是世界的一部分，并对他们的主观性如何影响其阅读、解释和写作进行批判性思考。换句话说，民族志研究人员不能跳出社会世界来研究它，也永远无法做到真正客观，因为他们的个人经验、理论框架、潜意识里的政治/意识形态议程甚至他们的感官偏见都会对研究产生影响（Pink，2009）。这些因素可能在不同层面上影响研究，从话题的选择到数据的解释（O'Reilly，2005；Campbell，2014）。正如一位女权主

# 第三章
## 对 OPHC 项目进行民族志研究

义作家所说，"一个看似是从无处而来的观点永远是从某处而来的观点"（O'Reilly，2005：211）。但这并不意味着我们应该放弃我们的研究或找到一种完全消除研究人员影响的方法。相反，我们应该诚实地承认我们的脆弱性（Lassiter，2005），批判性地接受民族志的经验，并敞开心扉尝试理解这些经验如何起作用并影响我们的研究。与反身性转向相一致，笔者在研究过程中坚持写反思日记。在日记中，不断记录个人的反思。由于篇幅限制，无法将它们罗列出来一一进行讨论。以下，笔者简要反思了自己是如何影响了本研究的抽样、数据收集和数据分析。

除了在上文中提到笔者的中国人身份对抽样的影响以外，个人对研究新技术的兴趣也影响着本研究的抽样。比如，笔者一直对那些给社会带来巨大社会变革的技术创新十分着迷，比如电灯系统、电报和火车等。当读到 OPHC 项目有意通过部署城市规模的 SDN 解决方案来彻底改变当前的通信网络时，感到十分的兴奋，这让笔者想起了托马斯·阿尔瓦·爱迪生（Thomas Alva Edison）的故事，他在 1878 年试图推出一种电照明系统来取代煤气和油灯。笔者的直觉告诉自己 OPHC 项目将是一个令人兴奋的案例，它能为笔者提供了一个历史性的战略点来目睹历史的创造和项目的兴衰。

在数据收集过程中，笔者作为研究者对数据收集产生了以下方面的影响。首先，中国传统文化教育影响了笔者在数据收集过程中与人们互动的方式。不论他人的世俗社会地位或阶级如何，笔者都试图平等地对待他们。这种文化熏陶有着一定的优势，使笔者不受英国阶级（地位）观念的影响，获得了较为丰富的数据。例如，在与人接触进行访谈之前，不会像英国人惯性一般地先去评估他人的阶级（地位）。笔者是在田野里访谈一位英国人时，才意识到这个文化性的问题。这位受访者告诉我："你可以向我提出访谈邀请，是因为你是中产阶级专业人士。而我的邻居［亚洲工人阶级］甚至都不敢开口向我借一把螺丝刀"（反思日记，2016 年 7 月）。在田野工作中，对于笔者来说这是一个令人震惊的时刻，因为他将一种英国阶级观念投射在笔者身上。就笔者而言，向他提出访谈邀请纯粹是出于他或许能提供一些有用的数据的考虑。其次，笔者对海港城和英国文化都是一个局外人。这种局外人的身份也给研究带来一定的便利，例如，人们更愿意也更耐心向局外人解释事情。

在数据分析的过程中，笔者也对数据分析也产生了影响。首先，文化背景影响了笔者对一些数据的解释，无法察觉在自己的文化背景中视为理所当然的某些事物。例如，在一个基础设施由政府和国有企业所有的国家长大，使得笔者难以理解为什么 OPHC 项目之所以可能，是因为海港城政府拥有一个属于市政府的光纤网络。在笔者看来，地方市政府拥有光纤管道是"常识"，一开始没有意识到这对于 OPHC 项目的出现是多么重要。在不同的场合多次听到人们谈及这一点，但都没有引起笔者的重视。直到在一次晚宴上，坐在一位美国学者身旁，她强调十分羡慕海港城政府拥有自己的光纤网络，这对于 OPHC 项目十分重要。直到那一刻，笔者才开始意识到需要重新评估这项研究的假设。其次，非英语母语背景也影响了笔者对数据的分析。作为一名非英语母语者，在进行田野工作时，倾向于按照字面意思照单全收地记录下人们所说的话。在事后经过一段时间之后才能与表面的含义保持一定的距离，从而进一步探究人们说的话背后更深层次的含义。

## 七、本章小结

本章按照常规的方法论章节顺序撰写，向读者展示研究设计和研究过程中所做的许多重要选择的理由并详细进行了说明。解释了为什么民族志研究策略适合本研究的研究目的，以及为什么 OPHC 项目是一个值得研究的智慧城市案例。同时，详细描述了本研究田野工作的范围，主要涉及去了哪里，与谁交谈，以及收集了什么样的数据。此外，本章还展示了数据收集、管理和分析的过程。最后，本章反思了贯穿于民族志研究的一些问题，包括研究伦理和反身性问题。在介绍研究的数据分析时，本章简要地介绍了选择和整合社会—技术视角的转型研究和期望社会学作为理论框架的迭代—归纳过程。接下来的章节，将对这两个理论及其与本研究有关关键概念工具进行进一步的阐述。

# 第四章

# 社会—技术视角的转型研究和期望社会学

本章介绍了研究的理论框架，主要涉及两种相互关联的思想流派，即社会—技术视角的转型研究和期望社会学。为了让读者对研究的理论框架和主要的概念工具有一个概览，本章将研究中所使用的概念工具放到其原始理论的背景下进行介绍。一些概念工具的细节部分在没有经验性数据的支撑下很难解释清楚，对于这部分概念工具，本章仅做简要的说明，在后文的经验研究章节中会对这部分概念工具进行更加详细的阐述。本章最后还会说明使用两个理论框架来研究 OPHC 项目的优势。

## 一、社会—技术视角的转型研究

社会—技术视角的转型研究是转型研究（transition studies）的一个流派。何谓转型研究呢？转型研究是为应对当代社会中长久存在的一些问题而产生的，如气候变化、生物多样性丧失以及石油、水和食品等资源枯竭等（Geels，2011：24）。这些问题常常被表达为危机。转型研究认为，这些危机是由嵌入社会结构的过程所产生的，通常反映了难以解决的主导社会技术发展模式。因此，为了解决这些问题，转型研究建议进行深层次的结构性变革。这不仅需要技术变革，还需要对一整个系统的要素进行整体配置（configuration），比如法规、市场、用户行为和文化意义等（Elzen et al.，2004；Geels，2011；Smith et al.，2005）。

转型研究是一个涵盖社会技术变革理念的总概念，它包括三个流派（Grin et al.，2010）：社会—技术视角的转型（Geels and Schot，2010）、复杂系统视

# 智慧城市的创新

发生在英国的故事

角的转型（Loorbach and Rotmans，2010）和治理视角的转型（Grin，2010）。社会—技术视角的转型通常基于已经完成的交通、能源和污水系统等领域的历史案例。研究着眼于技术制品如何在社会中发展和传播（Darnhofer，2015）。著名的例子包括蒸汽船取代帆船的过程（Geels，2002），以及汽车取代马车的过程（Geels，2005b）。通过对这些历史案例的分析，研究人员建立了关于转型如何产生的理论（Lawhon and Murphy，2011；Twomey and Gaziulusoy，2014；Darnhofer，2015）。复杂系统视角和治理视角的转型则代表了更为近期的转型研究，这两种流派的目标都是将转型引导向更加可持续的发展方向（Darnhofer，2015；Lawhon and Murphy，2011）。这三种转型流派共享一些核心的概念，例如共同演化（co-evolution）、多层远景（multi-level perspective）、多阶段视角（multi-phases perspective）和学习。社会—技术视角和复杂系统视角的转型都试图将潜在的转型模式及机制进行概念化，并将这些概念转化为管理方法来引导创新过程，如战略生态位管理（strategic niche management）（Kemp et al.，1998；Raven and Geels，2010）和转型管理（transition management）（Loorbach，2007；Loorbach，2010）。鉴于本研究的目的是为了探索一个智慧城市项目的创新过程，而非将该智慧城市创新引导到期望的方向上。因此，在这三种转型流派中，笔者认为社会—技术视角的转型最适合该目标。

社会—技术视角的转型专注于研究导致社会技术系统根本性转变的创新过程（Markard et al.，2012）。它借鉴了许多独特且相关的学科，例如，科学与技术研究（science and technology studies，简称"STS"）、演化经济学（evolutionary economies）和社会学（Lawhon and Murphy，2011）。格林等总结了社会—技术转型的几个关键特征（Grin et al.，2010；Coenen et al.，2012）。首先，转型被视为共同演化过程，需要对技术、政策、市场、文化意义等进行整体配置（configuration），这反映了一种情境化理解技术的方式，这种方式受到STS的启发。STS将技术发展理解为异质工程（heterogeneous engineering）（Law，1987），即将技术发展视为创建异质元素之间联系的过程。换句话说，技术本身没有权力（power），只有它与人类行动者结盟才有权力。休斯（Hughes，1987）提出无缝网（seamless web）这一术语来描述将异质要素组合以实现功能的过程。在同样的思路下，里普和肯普将技术发展定义为有效配置（configurations that work），其中配置（configuration）指的是异质元素的结盟（alignment），有效则指这种结盟实现了某种功能（Rip and Kemp，1989）。因此，这个短语表示了将异质要素整合在一起以实现某种功能的过程（Geels，2002）。其次，社会—技术视角的转型将转型视为一个多行动者的过程，涉及不同利益、能力和角色的社会群体之间的互动，如科学界、企业界、政策制定者和特殊利益群体等。再次，社会—技术视角的转型将转型视为一种根本性的转变。这并不一定意味着变化的速度，而是指从一个社会—技术配置转变为另一个社会—技术配置。最后，社会—技术视角的转型将转型视为一个长期过程，通常需要20年或更长的时间来完成（Coenen et al. 2010）。OPHC 项目符合社会—技术视角转型的前三个特征，例如，它是一个涉及多个参与者的新型社会—技术配置，并拥有为当前城市发展和通信行业带来转型变革的雄心壮志。由于时间限制，本研究只观察到了 OPHC 项目早期的转型过程，但这并不意味着社会—技术视角的转型不适用于本研究。相反，社会—技术视角的转型提供了丰富的理论洞见，用于理解嵌入在更广泛和更长期的社会技术背景中的微观创新过程。如概念工具多层远景（MLP）有助于理解 OPHC 智慧城市创新所嵌入的结构；战略生态位管理（SNM）有助于从微观角度理解 OPHC 的创新过程。越来越多的学者也意识到使用 MLP 和 SNM 来研究智慧城市的有效性，例如，卡瓦略（Carvalho，2014）用 MLP 和 SNM 研究了松岛（Songdo）及普兰尼谷（PlanIT Valley）这两个典型的从零开始建设的智慧城市。瓦尔迪兹等（Valdez et al.，2017）用 SNM 研究了英国米尔顿凯恩斯（Milton Keynes）的一款智慧交通应用——位置动图（motion map）。接下来，本章将对多层远景（MLP）和战略生态管理（SNM）展开详细的介绍。

## （一）多层远景

### 1. 多层远景的理论来源

多层远景（MLP）是社会—技术视角转型研究的核心，MLP 最早由里普和肯普提出，然后被吉尔斯（Geels）等学者发展。它起源于一群研究人员试图在科学与技术研究和演化经济学之间搭建桥梁的尝试（Rip and Kemp，1998；

# 智慧城市的创新

发生在英国的故事

Schot,1998;Geels,2005a)。多层远景结合了演化经济学(如生态位、体制、物种形成、路径依赖)、科学与技术研究、结构理论和新制度理论(如结构既是行动的背景又是结果)的概念。尽管这些理论来源的根源有所不同,但它们对技术变革过程的理解非常相似(Grin,2010:30)。

MLP创造性地将上述四种理论来源中的概念组合成一个连贯的框架,并避免了每种理论来源中的弱点。例如,MLP从STS中汲取了其对技术变革中的复杂性、流动性、结盟性、关联性、偶然性和能动性等方面的关注和敏感度。受ANT异制工程概念的影响,MLP将每个分析层次都视作一个异质的社会—技术配置(heterogeneous socio-technical configuration)。然而,ANT也有其弱点,其中一个问题就是它过于关注英雄式的故事情节,忽略了创新所嵌入的更广泛的结构(Grin,2010:33)。例如,米歇尔·卡农(Michel Callon)的经典电动车案例跟踪了不同的行动者如何共同生产出电动汽车的过程。当问题出现时,行动者只需创建新的结盟。这种视角忽略了创新过程中的其他元素,如期望、学习和实验等。STS或ANT的另一个问题是它们专注于研究短期的主题,忽略了长期模式和宏观动态。鉴于此,MLP中融入了演化经济学的内容以弥补STS理论对这部分的忽视。例如,演化经济学提供了有用的洞见用于解释宏观的主题,它将创新视为物种与其选择环境之间的相互作用。演化经济学的技术体制(technological regime)概念也可以弥补STS的不足,为行动者提供更多的结构性嵌入。受演化经济学的影响,MLP也指出不同分析层次之间的结盟具有进化的特征。生态位(niche)是产生出突破式创新(变异)的地方。突破式创新(radical innovation)常常产生于现有体制(regime)之外,需要生态位这样一个保护空间。创新的选择和扩散取决于它与体制和景观(landscape)的结盟程度(Grin et al.,2010)。MLP还融合了结构理论和新制度理论,通过明确概念化行动者的结构性嵌入,以补充STS对结构方面考虑的不足,这两个理论帮助MLP按照稳定性和规模性区分出不同的分析层次。例如,在生态位层次上,社会网络小且不稳定。而在社会—技术体制层次上,社会网络较大,且异质元素(如人工制品、法规、市场和基础设施)被配置成更稳定的结构。MLP还丰富了演化经济学有关体制的概念,将体制的维度从技术维度扩展到技术以外的维度。

# 第四章
## 社会—技术视角的转型研究和期望社会学

### 2. 多层远景的三个分析层次

多层远景（MLP）的三个分析层次包括生态位（niche）、社会—技术体制（socio-technical regime）和社会—技术景观（social-technical landscape）（Rip and Kemp，1998；Geels，2002；Geels，2011）。这三个层次是分析概念，而非本质上的归类（Lawhon and Murphy，2011）。MLP的分析层次基于这样一种假设，即层次内和层次间的结盟能带来转型。三个层次之间的关系可以理解为嵌套分层结构，吉尔斯（Geels，2002）用图说明了这个嵌套层次结构（参见图13）。

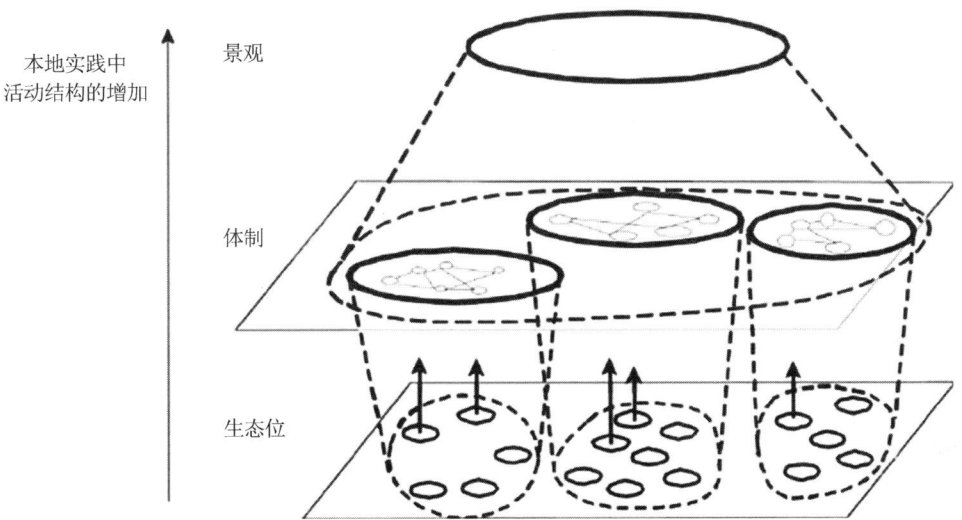

图13 嵌套层次结构（引自 Geels，2002：1261）

嵌套分层结构的中观层是社会—技术体制①，社会—技术体制包含了三种类型的规则（rule）：认知性（cognitive）、规制性（regulative）和规范性（normative）规则（Geels，2005）。认知性规则包括信仰系统、议程和搜索启发式（search heuristic）等。规制性规则包括标准、法律和规章制度等。规范性规则包括价值观和行为规范等。社会—技术体制的规则说明了社会—技术系

---

① 社会技术—体制（socio-technical regime）的概念建立在技术体制（technological regime）概念的基础上，但社会技术—体制的内涵比技术体制更广泛，不仅涉及技术体制本身，还包括其他社会群体。

# 智慧城市的创新
## 发生在英国的故事

统具有稳定性和锁定（lock-in）的原因，现有的社会—技术体制是稳定的。创新以渐进的方式发生，并且积累出了技术轨迹（Grin et al., 2010）。这条轨迹不仅局限于技术方面，还包括科学、政治、市场、用户偏好和文化意义等其他方面。这些不同的方面被视为体制的不同维度，同时具有潜力在现有体制内部产生张力。

嵌套分层结构的微观层是社会—技术生态位，这是一个受保护的空间，新颖事物可以在其中产生和发展。在转型研究中生态位有非常重要的地位，这是因为新颖事物在其产生初期往往十分粗糙，需要受到生态位这个保护空间的保护，使其免受主流市场的选择。企业家、初创公司和分拆公司等组成的一个网络行动者致力于为生态位提供资源。生态位则由一个个实验项目来实施的，这些项目被逐步暴露于选择环境中。从事突破性创新的行动者希望他们的创新有朝一日能够取代现有的体制。生态位为创新提供了一个学习空间，创新者不仅能够学习与创新有关的技术方面的知识，还能学习用户偏好、生产系统和符号意义等其他方面的内容。生态位还为创新者提供一个空间建立社会网络用以支持创新（Geels, 2005）。战略生态位管理文献中对生态位的形成和发展有着明确的处理，将在稍后部分进行详细介绍。

嵌套分层结构的宏观层是社会—技术景观。社会—技术景观是一种长期的外部趋势，例如人口趋势、气候变化和城市化等，这种外部趋势影响着体制和生态位。之所以选择景观（landscape）作为这个宏观层次的隐喻是因为"景观"这个词本身能体现社会背景的坚固性和物质性（Geels, 2002）。社会—技术景观是体制和生态位的外部背景，它超越了对个体的直接影响，并且在短期内不会发生改变（Geels, 2005）。景观层面的变化有两种类型，一种是像文化或人口变化这样的缓慢变化，另外一种则更为迅速，甚至是震荡性的变化，如油价波动或经济衰退。

### 3. 多层远景的转型机制

MLP把转型视作三个分析层次之间持续互动和共同演化的结果。转型并非是一个线性的过程，也没有一股简单的力量推动着转型的发展。虽然说每个转型都有所不同，但是存在着一些通用的模式，如内部动力在生态位中逐渐积

# 第四章
## 社会—技术视角的转型研究和期望社会学

累；景观层面的变化给体制施加压力；体制的不稳定为生态位的创新提供机会窗口（windows of opportunity）（Geels, 2011: 29）。吉尔斯（Geels, 2002）绘制了理想转型模式的图示（参见图 14），这个图示后来在一定程度上成为展现转型动态过程的标准图像。如图 14 所示，在生态位层面有许多指向不同方向的小箭头，它们代表了在现有体制和景观背景下，生态位中产生的创新。这些创新在初期并不稳定，并且还可能与其他创新设计之间进行相互竞争，创新者不得不在这个过程中通过不断的实验找到最佳的设计方案。尽管创新很有前景，但它会在生态位中停留一段时间，这主要有以下三方面的原因：首先，创新需要时间来进行故障排查（Grin et al, 2010）；其次，创新可能与现有的体制（如基础设施、政策和用户体验等）之间出现不匹配的情况；最后，现有体制可能明确排斥创新，只要现有体制保持稳定，处在生态位层面的创新将很难取得突破。

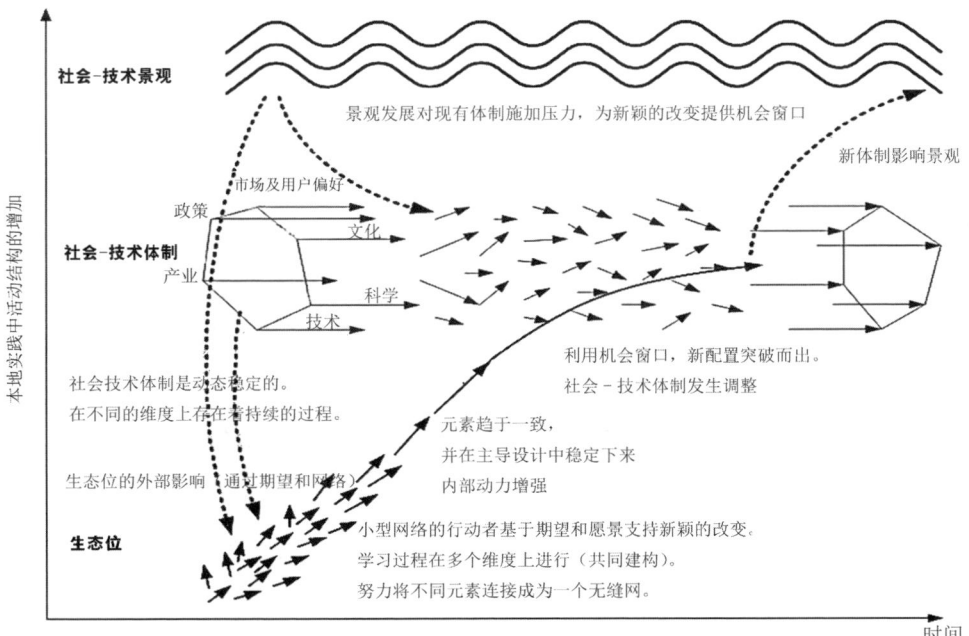

图 14　多层远景的转型模式（引自 Geels, 2002: 1263）

在生态位层面的创新会通过学习过程得以改进。比如，它可能在设计方面逐渐稳定下来，在用户体验方面更加明晰化。正如我们在图 14 中所看到的那样，吉尔斯（Geels）使用更长更粗的箭头来表示逐渐趋于稳定的创新。生态位层面的创新想要取得更加广泛的突破则取决于景观层面的变化通常景观层面的变化过程非常缓慢。然而，景观层面的变化可能会给现有体制带来压力，吉尔斯（Geels）用虚线箭头来展现这种来自景观层面的压力。这种压力可能为生态位层面的创新带来机会窗口，使得生态位层面的创新顺利扩散到市场并在竞争中取胜，从而导致更广泛的社会—技术体系变革。

4. 对多层远景的批判

多层远景（MLP）一直受到一些学者的批判。首先，一些地理学家认为MLP缺乏对空间、尺度和地方的敏感度。他们认为MLP中的三个分析层次不是地理意义上的层次，当前的MLP假设国家是生态位和体制所处的背景。然而，这种思维方式缺乏对本地条件如何促进特定创新出现的理解。为了回应这种批判，一些学者正在寻求发展他们称之为第二代MLP的"多尺度MLP"（multi-scalar MLP）视角。例如，雷文等（Raven et al., 2012）探索了在空间层面上的多层远景；科恩等（Coenen et al., 2012）研究了转型过程中的地理不均衡性；森杰和雷文（Senger and Raven, 2015）追踪了快速公交（Rapid Bus Transit）从南美传播到泰国曼谷的过程；关于城市在MLP中所扮演的角色，赫斯顿和马文（Huston and Marvin, 2009）探讨了城市和地区在社会—技术转型中的作用；劳恩和墨菲（Lawhon and Murphy, 2011）则认为，当前的许多转型案例研究关注在欧洲背景下（如荷兰）开展的转型实践，我们还需要更多来自全球南方的转型案例研究。其次，MLP由于缺乏在转型中处理能动性（agency）的问题而遭受批评。史密斯等（Smith et al., 2005）认为，MLP过于描述性和结构性，预留给研究能动性的空间很小。面对这一质疑，吉尔斯（Geels, 2011）认为MLP中尽管没有明确展示能动性，但是MLP中每个分析层次中的结盟和轨迹实际上总是由社会团体来实施的。MLP考虑到了能动性，如有限理性（bounded rationality）和解释性活动。当然，MLP中确实较少涉及诸如权力斗争等类型的能动性。一些研究试图在MLP中融入其他类型的能动性，如权力、社会运动和文化维度等（Grin et al., 2010；Elzen et al., 2004；Geels and Verhees, 2011）。最后，MLP自下而上的变革模型也受到

# 第四章
## 社会—技术视角的转型研究和期望社会学

批评,因为它倾向于认为体制的变革始于生态位。为了抵消这种偏见,吉尔斯和肖特(Geels and Schot,2007)总结出了四种转型路径。更多相关内容参见格林等人(Grin et al.,2010)的研究。

### (二)战略生态位管理

多层远景(MLP)概念化了转型的基本模式,这些概念被转化成管理策略,即战略生态位管理(strategic niche management)。SNM 这个术语最初由里普(Rip)提出(Schot,1992),并被肖特等(Schot et al.,1994)和肯普等(Kemp et al.,1998)采纳。SNM 的诞生源于这样的疑问:"为什么许多有前景的可持续技术创新总是止步于研发实验室或示范项目?为什么它们很难进入市场或在现实生活中广泛传播?"SNM 就是为了回答这些问题而被创造出来的,SNM 的核心假设是,可持续的创新发展之路可以通过创建技术生态位来实现。技术生态位是一个受保护的空间,在该空间内可以培养和实验技术、用户实践和监管结构的共同进化(Schot and Geel,2008:538)。

技术生态位通常涉及政策制定者,政策制定者为生态位提供补贴,以发展尚未(not-yet)盈利的技术,因为他们相信生态位创新在未来可能对社会非常重要。然而,这并不意味着生态位必须是由政府以自上而下的方式创建,它还可以通过集体实施或战略生态位管理学者所谓的内部引导(steering from within)的方式而产生(Grin et al.,2010:80)。引导生态位发展的不一定是政策制定者,也可以是用户和其他社会群体。引导的过程可以实现许多发展目标,例如,它可以扩大创新的社会网络;它可以满足具体的学习需求;它还可以通过开展一系列示范项目,找到理想的发展路径。考虑到与本研究的相关性,接下来将着重从三个方面介绍战略性生态位管理理论,即生态位的内部过程、本地生态位与全球生态位,以及生态位的空间维度。

1. 生态位的内部过程

早期的 SNM 研究认为,创新需要在一个受保护的空间(生态位)内得到发展。在该空间内,随着生态位的发展的过程,有选择性地将创新暴露在市场中,这个过程最终可能会改变或取代现有体制中的主导技术。为了解释在现实

# 智慧城市的创新
## 发生在英国的故事

世界中这个过程是如何发生的？肯普等（Kemp et al. , 1998）与肖特和吉尔斯（Schot and Geels, 2008）借鉴了STS、演化经济学和技术史中的观点，认为生态位发展有三个重要的内部过程：阐述期望（articulation of expectations）、建立社会网络（building social networks）、学习（learning）。

阐述期望被认为是生态位发展的重要内部过程。特别是在创新的初始阶段，当一切还不确定的时候，阐述期望可以吸引注意力和资源，促进生态位的发展，同时也为学习和研究指明了方向。霍格马（Hoogma et al. , 2002）等认为，如果期望是稳健的（即被许多人共享）或者期望是高质量的（体现在正在进行的项目中）会使阐述期望变得更为容易。肖特和吉尔斯（Schot and Geels, 2008）认为，所提出的期望应该为人们留下一定程度的解释灵活性（interpretation flexibility）。如果期望过于笼统，它将失去引导的作用；如果期望过于狭窄，它将不利于鼓励人们参与。期望社会学也对阐述期望进行了研究，并将其纳入期望的表演性来讨论。期望社会学强调了一些影响阐述期望的因素，例如，范伦特（Van Lente, 1993）认为，通过言语阐述期望不应该与可读行动（readable action）相矛盾，否则，它将影响阐述期望的效果。康拉德（Konrad, 2006）研究了私人期望和集体期望，并认为集体期望有时会对人们施加形象压力（image pressure），迫使他们接受一个没有特定兴趣的期望。伯克豪特（Berkhout, 2006）发现有关未来的愿景往往会被道德化，以使人们更容易接受它。关于这两个论点，将在第六章进一步讨论。

围绕新技术建立社会网络被认为是生态位发展的另一个重要的内部过程。因为它可以促进不同利益相关者之间的互动，并为新技术吸引必要资源，如资金、人力和技能。所建立的社会网络的质量将影响生态位的发展，建立涉及许多利益相关者和观点的广泛社会网络，有利于向更多的受众阐述期望。而建立深度的社会网络，即参与者代表其社会组织，也有利于生态位的发展，这些参与者有能力动员所在组织的资源。

生态位发展的最后一个内部过程是学习。生态位中的学习可以在多个维度上发生，包括技术、市场、用户偏好、文化和符号意义、基础设施、产业、法规、社会和环境影响等（Hoogma, 2000；Schot and Geels, 2008：540；Raven, 2005）。霍格马进一步将学习分为一阶学习（first-order learning）和二阶学习

# 第四章
## 社会—技术视角的转型研究和期望社会学

(second-order learning)。一阶学习指的是通过累积事实和数据以验证预先设定的假设,二阶学习指的是改变最初的认知框架和基本假设的学习(Hoogma,2000:58)。

有关生态位的三个内部过程的假设已经通过一项欧盟项目和三篇博士论文进行了验证(Hoogma,2000;Van Mierlo,2002,and Raven,2005)。生态位的三个内部过程也已经被应用于案例研究,以解释项目的成功或失败(Schot and Geels,2008)。在经验性案例中对该概念的测试也产生了许多相似的发现,例如,很多示范项目往往具有狭窄的社会网络,并且过度关注一阶学习。在这些项目中,用户常常被视为具有预设需求的消费者,大多数示范项目都试图发现技术特征和预设需求之间的不匹配。其中一些研究发现许多示范项目过于注重技术实验,在这些项目中并不容易吸纳外部参与者的加入和进行二阶学习。

2. 本地生态位与全球生态位

生态位内部过程奠定了创新从技术生态位走向市场,并最终改变体制的思路。该思路认为生态位是一个受保护的空间,有助于创新发展。生态位的内部过程帮助创新建立一个保护空间,用以对创新进行实验、学习和让其变得成熟。当创新准备好面对更严酷的环境时,创新者逐渐减少保护。然后,创新被寄予厚望能取代旧的体制。莱文(Raven,2005)和范米尔洛(Van Mierlo,2002)对进一步发展这一思路做出了重要贡献,他们认为,技术生态位不仅具有保护的特点,还具有地方性和不稳定性,他们的核心观点是,生态位的发展可以同时在两个层面上进行,即本地层面和全球层面。吉尔斯和莱文(Geels and Raven,2006)通过图15说明了本地生态位和全球生态位发展之间的区别。从图中我们可以看出,在本地层面上有一群行动者开展了多个项目实践,而在全球层面上,有逐渐形成的稳定规则。对本地生态位和全球生态位进行区别的想法受到ANT的启发,ANT理论家区分了本地网络和全球网络(Law and Callon,1992)。对于ANT来说,本地网络是指与项目相关的异质的人类和非人类行动者。全球网络则指与项目保持一定距离但可以为项目提供资源、财务、劳动力和技术支持的行动者。吉尔斯和莱文(Geels and Raven,2006)重新诠释了本地网络和全球网络,认为本地行动者是直接参与项目的人,而全球行动者则是新兴领域逐渐形成的社群。

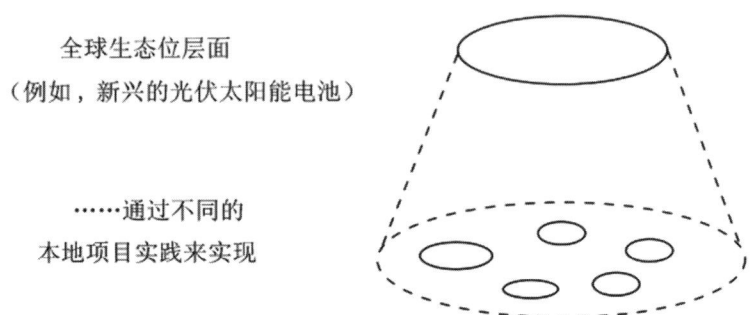

图15　全球生态位和本地生态位（引自 Geels 和 Raven，2006：378）

吉尔斯和莱文继续发展了本地生态位和全球生态位模型。如图16所示，当一项创新处于早期阶段时，有许多具体的项目在本地层面同时进行。特定地点的行动者网络产生特定地点相关的知识，这些项目是由本地行动者和网络出于本地或特殊的目的而开展的。在全球层面，早期阶段关于该创新的认识规则是分散且不稳定的。因此，吉尔斯和莱文在图16中使用虚线表示这一时期全球层面规则的不稳定性。随着时间的推移，本地层面上的项目会在一段时间内在彼此的基础上改进，新的想法在本地项目中得到测试并产生许多经验教训，本地经验教训汇集提炼有助于形成全球层面上的稳定规则。最终，一系列本地

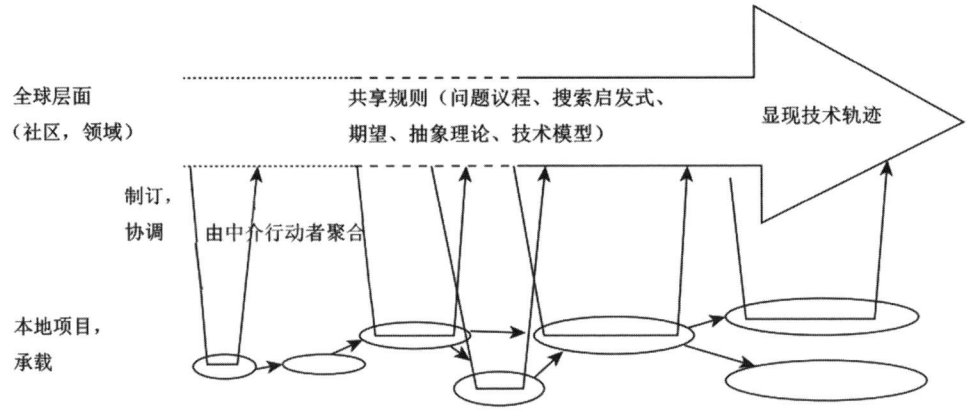

图16　由本地项目承载的逐渐形成的新兴技术轨迹（引自 Geels 和 Raven，2006：379）

## 第四章
社会—技术视角的转型研究和期望社会学

项目叠加成为全球层面的技术轨迹。在这个过程中,全球层面的认知规则也逐渐变得更加明确、具体和稳定。对本地生态位和全球生态位进行区分的做法带来新的见解,将我们的注意力从关注特定项目的成功和失败转移到了关注一系列项目上,这个过程也向我们展示了一系列本地项目是如何对全球层面共享规则的形成做出贡献的。

全球生态位的形成和稳定是一个积累本地知识的过程。德滕(Deuten, 2003)、吉尔斯和莱文(Geels and Raven, 2006)将这个过程看作是聚合(aggregation)。何谓聚合?根据吉尔斯和德滕的说法,聚合指的是将"本地知识转化成为强而有力的知识(robust knowledge)的过程,这种知识是通用的、抽象的、形成一揽子方案,不再与特定背景相关"(Geels and Deuten, 2006:266-267)。这个概念最初来源于"知识在实际中如何流动"这一问题。德滕(Deuten, 2003)认为,本地知识扩散到全球范围是知识流动的第一步。来自本地实践的经验教训不会直接流向其他地点。将知识进行传播之前,知识应该是无关特定背景的(Geels and Deuten, 2006)。这一观点与实验室研究相呼应,实验室的科学家总是希望找到一种方法,使得一个实验室中的知识生产在另一个实验室或实验室之外的真实环境中起作用(Rouse, 1987; Latour, 2000)。SNM 的学者则认为,在本地生态位层面学到的经验教训需要经过聚合的过程才能传播到全球生态位层面,聚合活动可以帮助全球行动者比较本地实践并提炼出全球通用的经验。典型的聚合活动包括标准化、编码、模型构建和形成最佳实践(Geels and Deuten, 2006:267)。会议、工作坊、研讨班、期刊和新闻报道等则被视为聚合的基础设施(aggregation infrastructure),基础设施对于聚合活动至关重要,因为它们有助于交流和比较本地实践。

本地生态位中的行动者常常担当起促进聚合的角色,他们通过参加会议、工作坊和研讨班等来聚合本地的实践。除了生态位行动者以外,中介行动者(intermediary actors)是另外一群将本地实践聚合到全球层面的行动者(Geels and Deuten, 2006)。中介行动者包括标准化组织、职业协会、行业协会和企业等。中介行动者监测着多个本地项目,承担着聚合的角色,并帮助传播本地知识(Schot and Geels, 2008)。中介行动者在聚合过程中被认为是重要的,因为本地层面上的知识生产是一个集体财产,它可能被未参与生产的人使用,中介行动者（如标准化组织和行业协会）可以帮助避免这种搭便车行为。范伦特等（Van Lente et al.，2003）进一步指出，在技术转型中出现了一种新类型的中介组织，这类组织在转型过程中扮演着重要角色，范伦特等将其称之为系统性中介（systematic intermediary）。因为传统的中介角色只是在一对一的层面进行互动的，而系统性中介行动者则在系统或网络层面上进行。据范伦特等的说法，系统性中介行动者包括知识密集型服务业、研究和技术组织、行业协会、商会、创新中心和大学联络处等，这些系统中介行动者在不同主体之间扮演着牵线搭桥的角色。

3. 生态位的空间维度

在本地生态位和全球生态位的模型之外，一些地理学家指出这种模型缺乏适当的空间维度（Sengers and Raven，2015）。"本地"和"全球"这两个词看起来似乎与空间有关，但实际上它们对空间的理解很狭隘，比如生态位通常被视为国家或地方实体。森格斯和莱文（Sengers and Raven，2015）认为，探索生态位的空间维度很重要，强调将"在哪里"这个问题添加到 SNM 中有两个好处：首先，它可以让我们更深入地了解为什么生态位会在特定地点出现。正如莱文等（Raven et al.，2012：67）所认为的那样，"生态位的发展不仅仅是由行为者网络、期望和学习的发展所决定，还取决于地点的特定性、创新能力和资源的不均匀配置和获取"。认为在突破性创新急需关系资本的环境里，生态位更有可能出现。其次，将空间维度添加到简单的本地生态位和全球生态位模型中有助于丰富我们对生态位创新在全球范围内扩散的理解。目前，我们很少了解生态位如何超越领土，以及它们是否已经成功或失败地缠绕在特定地点的权力关系、制度和基础设施之上（Sengers and Raven，2015：168）。生态位的空间发展可以为我们提供有关全球生态位创新如何嵌入特定的当地环境中的洞见。

在生态位的空间发展领域有一些开创性的研究（Coenen et al.，2012；Sengers and Raven，2015）。例如，森格斯和莱文（Sengers and Raven，2015）回顾了三组地理学文献，以寻求理解这些文献在何种程度上可以丰富我们对 SNM 核心过程的理解。第一组文献是关于地方蜂鸣与全球管道（local buzz and glob-

# 第四章
## 社会—技术视角的转型研究和期望社会学

al pipelines)的文献,这组文献认为在本地层面上有充满活力的信息交流和互动,共享价值观的行动者在本地背景下建立"管道",以便沟通和获取外部知识。科恩等(Coenen et al.,2012)认为,地方蜂鸣与全球管道有助于理解生态位空间发展中的学习。交流编码知识和经验需要行动者建立沟通渠道,成功的沟通不仅需要沟通渠道,还需要不同层次的邻近性(proximity)。第二组文献是全球生产网络(global production networks,简称"GPN")。这类文献关注经济全球化及其与特定生产发展结果之间的关系。科恩等认为,GPN有助于生态位空间发展,特别是其有关社会网络构建方面,他们建议将行动者视为根植于不同的机构和地理环境中,一起构成全球范围内的行动者网络,这些相互联系的网络是塑造生态位建设的权力几何(Coenen et al.,2012)。第三类文献是有关政策流动的研究。这类文献强调城市作为重要的全球节点在知识交流中的作用。科恩等特别关注在交流过程中称为转移代理(transfer agent)的一类行动者,他们是城市规划师、旅行技术专家、建筑师和全球咨询公司等知识工作者。转移代理对于生态位的空间发展尤为重要,他们有助于在另一个环境里阐述生态位的期望,因此,科恩等建议研究人员跟随生态位行动者旅行,并研究他们的话语中所讲述的故事(Coenen et al.,2012)。

三类地理学文献相互补充,它们都考虑了本地和全球的互动,试图理解行动者的本地网络、知识传播和嵌入过程。但三者的关注点有所不同,地方蜂鸣与全球管道的角度通常从一个地方开始,研究它如何与各个分布的地方连接起来的,其他两种方法则要么关注国际扩散网络,要么关注扩散行动者。为了研究OPHC项目的扩散过程,笔者采用地方蜂鸣与全球管道的角度,这个角度有助于理解一个本地生态位如何扩散到另一个本地生态位。在这个角度中,博西玛(Boschma,2005)的邻近性(proximity)被用于理解生态位在空间上的发展。科恩等指出,邻近性的概念有利于丰富本地生态位和全球生态位模型,尤其是涉及创新扩大规模的问题时(Coenen et al.,2010:168)。邻近性是博西玛在研究本地背景和创新过程之间关系时提出的概念。博西玛(Boschma,2005)区分了五种不同类型的邻近性:认知邻近性(cognitive proximity)、组织邻近性(organisational proximity)、社会邻近性(social proximity)、制度邻近性(institutional proximity)和地理邻近性(geographic proximity)。认知邻近性指的是共享的知识，这种邻近性使得人们交流、理解、吸收和成功处理新信息成为可能；组织邻近性指的是无论是在组织内部还是组织之间，在组织安排中共享的关系，组织邻近性影响了知识交换、处理的控制及自主程度；社会邻近性指的是微观层面上行动者之间的社会嵌入关系，它经常涉及基于信任的友谊、亲属关系和经验；制度邻近性涉及经济行动者共享的游戏规则和一套文化习惯及价值观；地理邻近性被定义为行动者之间的空间或物理距离。博西玛还进一步解释为什么过多或过少的邻近性对于互动学习和创新都是有害的。科恩等（Coenen et al.，2010）认真探讨了生态位中的邻近性维度，并将其用于对荷兰含水层储能系统的案例研究，他们将邻近性融入生态位的三个内部过程（阐述期望、建立社会网络和学习）。他们的研究产生了许多有趣的发现，例如，阐述期望需要认知邻近性和社会邻近性，而地理邻近性有助于促进阐述期望，因为它提供了互动式的表述过程。但是，过于强大的本地网络会给实验的扩大规模带来困难。组织邻近性和社会邻近性主要与建立社会网络有关，过多的社会邻近性则可能影响二阶学习。

## 二、期望社会学

在社会—技术创新的过程中，愿景和期望在其中扮演着一定的角色，特别是在创新的早期阶段，想象往往先于现实存在。转型研究中简要探讨了期望的功能，特别是在战略生态位管理（SNM）中，其三个生态位内部过程之一即是阐述期望。期望的作用是引导学习过程，吸引关注，并为生态位提供保护（Geels and Raven，2006）。但是，仅靠转型研究对期望的理解是不足以解释OPHC智慧城市项目中期望所起的作用的。因为，转型研究并没有就以下问题给出恰当的解释。如创新过程技术创新中的期望是如何被构建起来的？期望是如何影响创新过程的？期望是如何影响各种行动者（如商人、研究人员和政策制定者）的决策和议程制定的？

为了补充转型研究对于期望在创新过程中的作用的认识不足，笔者借鉴了期望社会学中的概念工具。期望社会学分析了期望在新兴的科学和技术发展过程中所起的作用。就期望在科技创新中发挥作用这一观点来说，最早可以追溯

# 第四章
## 社会—技术视角的转型研究和期望社会学

到经济学家内森·罗森博格（Nathan Rosenberg）1976年的研究。荷兰学者哈罗·范伦特（Harro Van Lente）是该领域的先驱，其博士论文直接推动了期望社会学的发展。范伦特对期望社会学的定义是，"期望社会学研究科学和技术中的期望如何被建构的，它们是如何增长，获得重视或悄然消失的，以及这些如何对工程师、企业和政府的决策造成影响"（Van Lente，2012：772）。期望社会学建立在多个学科和领域之上，包括技术社会学、科学、历史学、经济学和创新研究（Borup et al.，2006）。期望社会学认为，未来性在科学和技术的创新发展中起着至关重要的作用，它调和了不同时间、尺度、社区和层次之间的边界。根据巴德（Budde，2015：23）的观点，"期望社会学可以被理解为一个术语，总结了几种处理期望在科学和技术中作用的策略，特别强调期望对于不同行动者和行动群体的引导和协调作用"。"期望"（expectation）一词表达了一种向前看的状态，而"技术期望"（technological expectation）则意味着对未来技术状况的一种实时的未来表征（Borup et al.，2006）。期望社会学就创新过程中的期望问题做出了广泛的研究。值得注意的是，转型研究和期望社会学并不是两个不相关的领域，相反，两者都共享一些理论根基，包括科学与技术研究、演化经济学和创新研究（Budde，2015：18）。此外，战略生态位管理中对期望的理解也对期望社会学带来了直接的影响。接下来，我们将回顾期望社会学中与本研究相关的概念工具。

## （一）期望的表演性

期望是一种关于未来的陈述。期望社会学的一个核心论点是，期望不仅仅是描述未来真实情况的陈述，而是天然具有表演性（performative）：它们做一些事情（Michael，2000），即具有实际作用。正如博勒普等（Borup et al.，2006）所说，"期望是对所渴望的未来带有希望色彩的实践"。下文将回顾与期望的表演性有关的几个关键概念和机制，包括前瞻性结构、承诺和要求循环、期望的力量。

1. 前瞻性结构

范伦特和里普（Van Lente and Rip）就期望的表演性提出了一个关键概

# 智慧城市的创新

## 发生在英国的故事

念,即前瞻性结构(prospective structure),他们将对未来的期望看作是一个尚未(not-yet)结构,这种尚未实现的结构具有类似于其在现实世界中实际发生时的影响力(Borup et al.,2006)。为了强调这一点,范伦特和里普专门创造了一个看似矛盾的术语——前瞻性结构。根据他们的定义,前瞻性结构可以是由文本中出现的链接组成,在随后的行动和反应中,该结构被填充、修改、重组,并成为社会结构(Van Lente and Rip, 1998:203)。换句话说,一个结构可能仅仅是前瞻性的,但它仍具有影响力。

为更好地理解前瞻性结构,有必要简要回顾一下该概念背后的关键思想。首先,这前瞻性结构的诞生背景是它试图克服社会学中结构和能动性的二元论。在社会学领域,结构和能动性是一个长期争论的主题。功能主义强调结构的重要性而忽视个体的创造性。互动主义承认人的能动性,但忽视了结构的约束。范伦特和里普(Van Lente and Rip, 1998)秉持非二元论的立场,将期望视为行动者和结构之间的中介,认为与其看行动者背后的结构,不如看行动者在其前方创造的结构,并把这种未来导向的结构称之为前瞻性结构。在这里,行动者和结构之间存在一种辩证的关系。个体创造和塑造前瞻性结构,前瞻性结构又为个体提供了方向(Budd et al.,2012)。从这个角度来说,创新是结构和行动者共同演化的结果,而期望是这两者互动过程中的中介因素。

这种以未来为导向的尚未结构常常通过故事、场景和声明等形式来表达。范伦特和里普(Van Lente and Rip, 1998)进一步指出尚未结构,即前瞻性结构,包含一个"剧本"(script),这个剧本为创新者自身、他人以及(未来的)人工制品分配了角色。剧本这一概念基于科学与技术研究,特别是行动者网络理论。其核心思想是,技术人员和创新者不仅定义物体的特征,还需要定义与物体相关联的世界。卡农(Callon,1987)更喜欢称这类技术人员为工程师—社会学家(engineer-sociologist)。卡农(Callon,1987)观察到,设计师和工程师不仅需要设计物体的特征,还要对物体的功能和使用地点等做出无休止的讨论。无论这些工程师、设计师自身注意到与否,当这些人陷入技术问题时已然变成社会学家、道德家和政治学家。因此,换句话说,当工程师或创新者产生一个期望声明(expectation statement)时,他们不仅描述一项技术,还描述了该技术周围的整个生态系统。阿卡奇(Akrich)和拉图尔(Latour)用

# 第四章

社会—技术视角的转型研究和期望社会学

术语"剧本"来指工程师—社会学家所描绘的异质元素。"剧本"一词捕捉到了创新者在物体上所规定的明确和隐含信息。卡农没有使用"剧本"一词，他更喜欢称其为"社会—技术情景"（socio-technical scenario），正如他在经典案例法国电力公司（Électricité de France，简称"EDF"）中所描述的那样，工程师不仅设计电动汽车的技术方面（如电池、燃料电池），还考虑与之相关的经济和政治因素（Schot et al.，1994）。

前瞻性结构中那些处于尚未状态的安排或故事情节是工程师—社会学家制作的剧本。它们不仅仅是对未来的描述性陈述或虚构，还具有表演性，即它们在实际中会做些什么。期望声明会对读者产生影响，但这种影响并非是故事的"真实"或"虚假"。相反，它的影响在于为人们的行动提供了一种协调模式，以及引导人们努力实现故事（Van Lente，2012）。尽管前瞻性结构在现实世界中尚不存在，但由于人们对预期未来的可能结果有所意识，使得前瞻性结构具有强大的说服力。一些行动者可能会采纳这种期望，并积极采取行动来塑造前瞻性结构。一个新的社会秩序可能会基于这一系列的行动和反应而出现（Van Lente，2012：206）。正如范伦特和里普所主张的那样，剧本是"具有说服力的虚构"（forceful fiction），它们"为行动开辟了空间"（Van Lente，2012：225）。值得注意的是，现实中出现的秩序可能不完全符合前瞻性结构中所描述的内容。这是因为行动者可能会策略性地采纳符合自己利益的愿景（期望）（Berkhout，2006）。因此，不同的行动者群体根据自己的利益阐述期望，并且其中一些期望可能会互相冲突（Budd et al.，2012）。

2. 承诺和要求循环

范伦特（Van Lente）进一步探讨了前瞻性结构如何协调人们的行动，制定议程并采取具体行动来塑造实际未来的机制。他通过对三个历史案例（摩尔定律、膜技术和高清电视）的分析，提出了一个"承诺和要求循环"（promise and requirement cycle）的概念，用以描述将有关未来论述中的承诺转化为所需行动的机制（Van Lente and Rip，1998）。图17展示了承诺和要求循环的过程，如图所示，一个有前景的技术通常会被描述为一个机会（参见图17中的1）。技术的未来表现往往被作为承诺来呈现以吸引注意力（参见图17

中的2）。在前瞻性结构中被安排角色的行动者需要对分配给他们的角色做出一定的回应，他们可能拒绝分配给他们的角色，并对该角色或者期望的性质做出抗议。如果他们接受了分配给他们的角色，那么他们将开始共享该期望，或者如范伦特（Van Lente，1993）所说的"相互定位期望"（mutual positioning of the expectation）。然后，行动者开始建立议程。议程指的是一个需要采取行动的优先事项清单（参见图17中的3）（Van Lente and Bakker, 2010）。接下来，期望被转化成更为具体的要求，如目标、技术规格和任务分工（参见图17中的4）。需要通过时间和许多的实验才能满足提出的要求（参见图17中的5b）。正因如此，在承诺和要求循环中出现了生态位的概念。生态位为持续的实验提供了一个受保护空间（参见图17中的5a）。新技术的赞助方通常会为这个受保护的空间（生态位）提供资金和其他资源，以期待在一定期限内产生更具体的成果（Raven, 2005）。

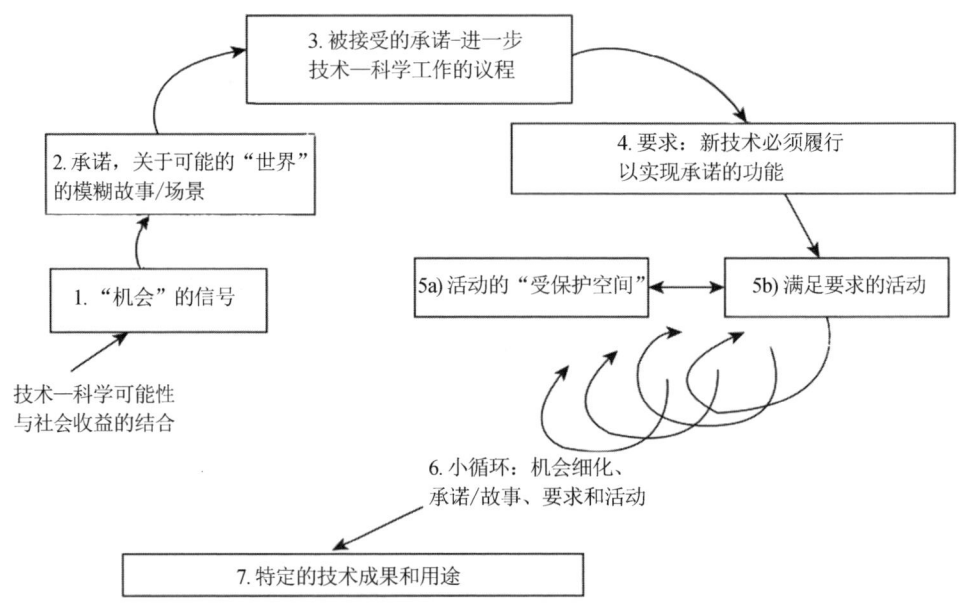

图17　承诺和要求循环（引自 Geels 和 Smit, 2000）

## 3. 期望的力量

前瞻性结构这一概念表明，处于尚未状态的结构有潜力调动资源和支持来

# 第四章
## 社会—技术视角的转型研究和期望社会学

填充该结构。承诺和要求循环则向我们展示了这一机制在现实中的具体运作方式。范伦特进一步总结了与期望表演性相关的三种关键力量（Van Lente，2012）。

期望的第一个力量是有助于为创新吸引注意力并将投资和支持合法化。一个创新在早期阶段往往表现不佳，这就是为什么莫基尔（Mokyr，1990）将创新称为"充满希望的怪兽"（hopeful monster）的原因。创新之所以是"充满希望的"是因为它们相信某些有前景的未来，被看作"怪兽"是因为它们不能与现有技术竞争。新颖事物本身并不具有足够的说服力来吸引投资和支持。在这个时候，期望便发挥了作用，它可以将新颖事物与有前景的未来联系起来，这种联系有助于吸引创新所需的盟友和资源。因为期望有助于将对新技术的投资和支持合法化，所以期望通常被认为是新技术的保护者。创新在现实世界中取得真正意义上的成功之前可能会遭遇多次失败。因此，将它与一个有前景的未来相连，即使它仍处于试验阶段或产生了许多负面的实验结果，仍然可以获得支持。康拉德（Konrad，2006）专门研究了在受保护空间内的失败，她认为评估创新结果是困难的。只要集体期望持续为创新提供保护空间，那么创新者就可以应用解释灵活性（interpretation flexibility）来对失败做出解释。比如，创新者可能会说，当前的失败可以被解释为是暂时的，下一次实验一定会成功。（更多相关内容参见第六章）。

期望的第二个力量是为科学或技术创新提供一个搜索方向。特别是当技术开发人员面前有许多路径可选和充满不确定性的时候，这种力量的作用就显得尤为明显。当技术开发人员面对很多选择而不知道该走哪条路时，他们之间流传的非正式期望可能会为他们提供一些有前景的方向。在这种情况下，期望可以减少创新者面临的不确定性，并作为一种启发工具（heuristic device），引导创新者探索某些可能的未来技术发展方向。

期望的第三个力量是协调（coordination）。通常，我们将市场、等级制度和网络视为社会生活中的协调模式（Thompson et al.，1991）。在新兴技术发展中，通常缺乏一个来自中心的控制。范伦特（Van Lente，1993）和康拉德（Konrad，2006）认为，期望在社会技术创新过程中起着协调作用。技术发展不是孤立的工作，而是需要来自各种行动者的协调，如公司、机构和人类行动者等形成的网络。创新者经常为自己选择某些任务,并假定另外的一些任务将由其他人来完成(Van Lente,2012)。正如我们在承诺和要求循环机制中所看到的那样,期望可以激励异质性的行动者参与到有前景的技术开发当中。范伦特和里普(Van Lente and Rip,1998)通过对摩尔定律、膜技术和高清电视这三个历史案例进行研究,发现了两种不同的协调机制。其中一种协调机制更加明确,这种协调机制的一个极端案例是摩尔定律。摩尔定律是自我实现预言的典型例子,摩尔定律的预言之所以能够实现,是因为行动者相信了预言并采取了相应的行动。换言之,愿景家和行动者建立了共同的期望,并在现实中将其实现。另一种协调机制则更为分散。在膜技术的案例里,没有问题需要膜技术来解决,膜技术的创新者宣布了一个有前景的方向,并逐渐将议程纳入创新的过程中。无论是在更加明确的情况下还是在更加分散的情况下,期望的协调功能都展现了一种协调异质行动者采取行动并与结构共同演化的力量。

### (二) 炒作和失望循环

期望天然具有表演性。在创新的早期阶段,对一项技术的期望往往会被表述得言过其实或夸大,目的是提高该技术的知名度和吸引潜在的盟友(Borup et al.,2006)。范伦特进一步指出,创新者通常会夸大期望,以使自己成为该领域内一个显著点(salient point),供其他人关注和追随(Van Lente,1993)。将期望高涨的目的是将未来移动到现在。然而,夸大的期望是一把双刃剑。当高涨的期望难以如预期那样实现,最终的技术发展也能如期望那样准确时,期望被证明是一种过高的承诺和幻灭,这可能会损害项目的声誉和外界对项目的信任(Brown,2003)。

期望社会学学者观察到期望随着时间的推移呈现出一种与时间有关的模式。一项新兴技术往往以高涨的期望开始,接着可能会迎来失望。这种高涨的期望可以被视为炒作(hype)。在公共话语中,"炒作"一词通常具有负面含义,指的是它具有欺骗性和不正确的夸张。然而,期望社会学学者并不关心炒作的准确性问题。取而代之的是他们关注炒作对当前活动的影响,他们给这种期望随着时间变化产生的模式取了一个特殊的名称,即炒作和失望循环(hype and disappointment cycle）（Van Lente et al.，2013）。实际上，期望社会学学者并不是唯一关注炒作循环的群体。在商业领域，提供技术管理和咨询服务的盖特（Gartner）咨询公司模拟了科技领域炒作和失望的时间过程，提出了一个盖特炒作循环（或称盖特技术成熟曲线，gartner hype cycle）来促进战略性投资决策。盖特炒作循环展示了社会技术发展的起伏。如图 18 所示，该周期包括五个阶段：技术触发、期望高峰、失望低谷、启蒙斜坡和生产力稳定期。

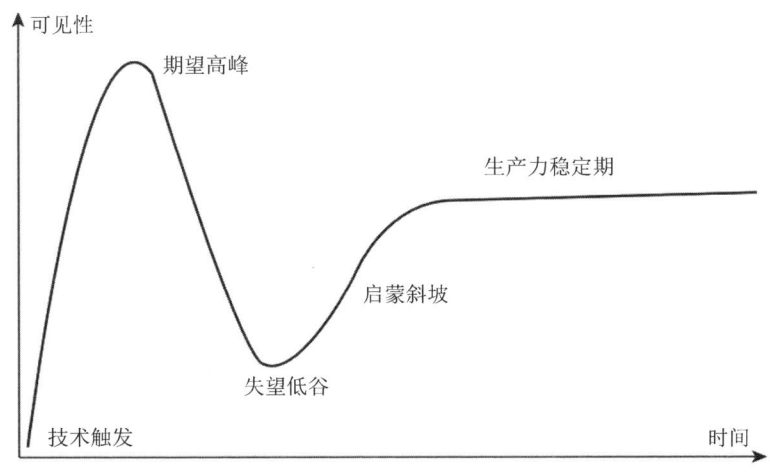

**图 18　盖特技术成熟曲线图**

范伦特等（Van Lente et al.，2013）认为盖特炒作循环的模型过于简单。盖特炒作循环模型展示了一种理解技术发展的线性思维，这种思维并没有考虑到技术可能随时间的推移而进行再配置。盖特炒作循环可能更适用于已建立的工业环境，对于新兴技术的实用性可能较低。布朗和迈克尔（Brown and Michael，2003；Brown，2003）指出，炒作模式受新兴技术的特征及其所关联的环境的影响，如资金和行动者结构。范伦特等对炒作模式展开进一步的研究，区分了炒作可能发生在微观层次（项目层次）、中观层次（领域层次）和宏观层次（社会层次）。他们比较了三个案例（基于 IP 的语音传输、基因疗法和高温超导）的炒作循环，发现这三个案例中的炒作循环类似于盖特的炒作模型。他们还发现，当项目、领域和社会层次的期望值完全一致时，在炒作之后可能会经历更大的失望感（Van Lente et al.，2013：1626）。因此，他们建议不同层次的期望存在不匹配和一致的情况可能有利于将失望转化为对期望的有效重构（Van Lente et al., 2013：1626）。从另一个出发点，鲁夫和马卡德（Ruef and Markard, 2010）也将期望区分为三个层次（项目层次、技术层次和社会层次），用以研究失望的影响（Budde, 2015：26）。他们发现，项目层次的失望往往不会对行动者的战略产生影响，而领域层次或社会层次的期望则会对行动者的战略产生影响（Budde, 2015：27）。

## （三）期望的层次

期望有许多层次。范伦特（Van Lente, 1993）通过对历史上许多创新案例的研究后，指出期望是具有层次的，与多层远景分析的三层次类似，他将期望的层次分为微观期望、中观期望和宏观期望三层。微观层面的期望是针对一项特定技术的，特别具体的期望。中观层面的期望相较于对单个技术具体能力的期望来说更加的普遍，通常具有为技术提供选择标准的功能。在宏观层面，期望与更广泛的社会发展有关。不同层次的期望具有不同的功能。微观层面的期望很可能被研究小组或公司采纳，用以指导当地的研究方向（Budde et al., 2012）。中观层面的期望指的是领域中的一些普遍的机会和发展方向。宏观层面的期望能为一项技术提供合法性，为有前景的技术开辟机会，为生态位发展提供保护空间。

宏观层面的期望往往会影响中观和微观层面的技术选择。范伦特（Van Lente, 1993）使用"宏观议程"（macro agenda）这个术语来表达与宏观层面上技术相关的期望群集。有关宏观议程的最早定义可以追溯到金登（Kingdon, 1984：3-4）的研究，他将宏观议程定义为"问题或主题清单……人们……在任何时候都认真关注着的。在所有可能的官方关注的主题或问题中，他们实际上确实认真关注其中的一些而不是另外一些。因此，议程设置过程将一组可能的主题缩小为实际上能成为关注焦点的主题组"（Van Lente, 1993：166）。范伦特发现，技术可能以两种方式出现在宏观议程中。一种是某些技术在某个时间对某些文化来说被认为是重要的。另一种是技术作为进步的普遍承诺。范伦特认为，技术进步的宏观议程是西方工业化文化的一部分，西方社会对技术

# 第四章
## 社会—技术视角的转型研究和期望社会学

进步有着深刻的信仰。与之相似的是吉尔斯和史密斯也声称,期望可能是带有偏见的,它可能会受到"当时更广泛的文化关注"的影响。文化视角影响着人们对未来的想法(Geels and Smith,2000:8)。一个文化在某个历史时刻可能有着特定的焦虑和希望,这种焦虑和希望反映在他们对未来的期望中。焦虑和希望也与他们对过去的记忆有关,因此,某些技术能够帮助缓解某些焦虑或维持某些希望是可以理解的。

## 三、本章小结

智慧城市作为一个研究热点,积累了不断增多的研究文献。但是,对于这一新兴现象,尚未有统一或最佳的理论框架。选择理论框架应该取决于所研究的智慧城市项目的特点。本研究通过迭代—归纳的过程,选择社会—技术视角的转型研究和期望社会学作为理论框架。本章回顾了这两个理论的背景以及与本研究相关的关键概念工具:多层远景、战略生态位管理、期望的表演性、炒作和失望循环以及期望的层次。这项研究并不是第一次使用多层远景和战略生态位管理理论来理解智慧城市项目的研究。相关研究可以参考卡瓦略(Carvalho,2014)和瓦尔迪兹等(Valdez et al.,2017)的研究。然而,本研究可能是第一次创造性地尝试将多层远景、战略生态位管理与期望社会学的概念工具结合起来研究一个在建的智慧城市项目。

理论框架建构对本研究有三个用途,第一,它有助于理解 OPHC 项目复杂的创新过程。它不仅有助于阐释结盟的过程,还对创新过程中的其他元素提供了解释。第二,它提供了概念工具,用于理解 OPHC 项目嵌入的更广泛结构及其空间扩散的过程。第三,它为理解期望在 OPHC 项目创新过程中发挥的多种作用提供解释框架。在接下来的三个经验研究章节中,读者将看到这个理论框架是如何被用于阐明 OPHC 项目的产生、实施和扩散的过程,以及它们在回答三个预示性问题方面所展现出的优势。

# 第五章

# OPHC 项目的产生过程

我记得在我第一次参加有关 OPHC 项目的会议时，会议上并没有传达出清晰的信号来说明他们试图要做什么。一个人认为是宽带，为城市提供更多的宽带；另一个人则认为这是一个测试平台，凡此种种。因此，我首先花了大约六周的时间将所有的东西整合到一起，并澄清了我们试图要做什么。我们需要有一个我们都认可的故事，否则我们没办法向外去传达它。很多人拒绝把这个当一个故事，而跑去讲完全不一样的故事。这令人感到非常的困惑……我认为，如果你想让一件事情起作用，你需要建立一些结构，让每个人都买账，这才能让它运转起来。

——对 OPHC 项目总经理的访谈，2016 年 6 月 30 日

## 成员列表 I

### 行动者

**布莱恩（Brian）**，DOCK 的首席执行官。

**卡米拉（Camila）**，稻草屋的联合主管。

**克里斯（Chris）**，2014 年 7 月至 2016 年 6 月期间担任 OPHC 项目的总经理。

## 第五章
OPHC 项目的产生过程

卢克（Luke），担任 OPHC 项目经理至 2014 年。

鲁比（Ruby），海港城政府的一名高级公务员。

理查德（Richard），海港城政府的一名公务员。

苏珊（Susan），OPHC 项目首席技术设计官、海港城大学光网络教授、NEXT 实验室的主任。

文森特（Vincent），海港城大学的计算机科学家。

## 机构和组织

蓝行者（Blue Walker），一家位于海港城的公司，为 OPHC 项目提供无线组件。

BOX，一个位于海港城的商业中心，OPHC 项目本地合作伙伴之一。

CONTAINER，位于 BOX 内的孵化器。

DCMS（Department of Culture, Media and Sports），（英国）文化、媒体和体育部。

DOCK，一个位于海港城的创意科技研究和发展空间，OPHC 项目的本地合作伙伴之一。

金秋（Gold Autumn），一家美国公司，为 OPHC 项目提供射频网状网络解决方案。

海港城政府（Harbour City Council），海港城地方当局，是 OPHC 合营企业的合伙人之一。

海港城大学（Harbour City University），一所位于海港城的著名大学，是 OPHC 合营企业的合伙人之一，也是 OPHC 项目的本地合作伙伴之一。

JEP，一家国际知名的 IT 服务和产品提供商。

NEXT 实验室，由苏珊领导的海港城大学高性能网络实验室。

海港城科学馆（Harbour City Science Museum），一个位于海港城的科学教育中心，OPHC 项目的本地合作伙伴之一。

稻草屋（Straw House），一个位于海港城南部社区的艺术中心兼慈善机

# 智慧城市的创新
## 发生在英国的故事

构，OPHC 项目本地合作伙伴之一。

**赛尔达（Zelda）**，一家由 NEXT 实验室和海港城大学建立的拆分公司。

## 物

**数据球幕（Data Dome）**，一个城市数据可视化设备、城市数据展示和互动空间。

**H-Net**，一个由海港城政府所有的城市规模的光纤网络。

## 城市

**海港城（Harbour City）**，一座位于英国英格兰的中等规模城市。

**高原城（Plateau City）**，一座位于英国英格兰中部的城市，是三角洲城的姐妹城市。

本章是经验研究的第一章，将探讨开放可编程海港城（open programmable harbour city，简称"OPHC"）智慧城市项目的产生过程。本章经验研究的数据通过访谈法、参与（式）观察法和收集文档而获得。第一节论述 OPHC 项目产生历史上的关键事件，按时间顺序分为五个阶段展开论述，每个阶段都附有简要的分析。第二节使用了配置、多层远景和前瞻性结构这三个概念工具分析了 OPHC 项目产生的三个关键因素，包括独特的本地创新者网络；行动者和结构之间的辩证互动；期望的回顾和前瞻功能。向读者展示了一个罕见的、独特的智慧城市诞生故事。OPHC 项目既非从真空中产生，也非像通常智慧城市批判文献中所提到的那样以自上而下的方式被创造出来。OPHC 项目是一个由人、物和期望构成的配置，这个配置在生态位层面的选择过程中存活了下来。

# 第五章
## OPHC 项目的产生过程

## 一、OPHC 项目产生的故事

### （一）数字挑战

有关 OPHC 项目产生的故事可以从多个切入点开始讲，这取决于我们从何时何地按下开始的按钮。笔者想从一个被称之为数字挑战（Digital Challenge，简称"DC"）的事件开始。这个事件为 OPHC 项目的产生提供了必备的人类和非人类先决条件。数字挑战是英国政府于 2005 年推出的八项数字战略之一，该战略旨在成为促进地方公共服务电子化的催化剂，并根据当地社区的需求有效地利用信息与通信技术。起初，海港城政府并不想参加这个竞赛，当地的一些活动家认识到参加该竞赛所带来的机遇。于是，他们向海港城政府建议，"海港城应该成为英国最佳的数字城市"。（鲁比的访谈资料，2016 年 5 月 19 日）海港城政府采纳了他们的意见，随后召开了一系列社区会议，吸引了近 500 个机构和组织的参与（竞标文件；理查德的访谈资料，2016 年 6 月 17 日；卡米拉的访谈资料，2016 年 6 月 29 日）。

虽然海港城最终没能赢得数字挑战赛的大奖，但这个事件从两个方面推动了之后 OPHC 项目的产生。首先，这个比赛促进了海港城的创新者建立起一个广泛而深入的创新者网络。这个创新者网络很广泛，这个网络涉及当地许多的利益相关者，如两所当地的大学、海港城政府、创意科技研究和发展空间 DOCK、艺术中心兼慈善机构稻草屋和数百个其他机构和组织。这个创新者网络很深，因为它的成员包括机构和组织的代表人物。这些代表人物能够组织和动员其所在机构的内部资源（Schot and Geels, 2008）。值得一提的是，这个创新者网络的重要性还在于它促使人们之间建立起一种合作感。在数字挑战之前，除了一些小规模的合作以外，海港城内的创新者往往独自开展工作。数字挑战为当地创新者提供了一个机会，让他们就技术给当地带来的机会进行一场集体的对话。正如一位受访者所说，"人们过去总是独自工作，而现在他们想要一起工作"。（卡米拉的访谈资料，2016 年 6 月 29 日）在数字挑战赛结束之后，这个创新者网络的核心部分仍然存在，创新者之间已经建立起较好的联系。当有新的比赛机会出现时，这个创新者网络的核心成员会自然而然地聚到一起。在之后的故事中，我们可以发现这一点，并看到这个创新者网络如何成为推动 OPHC 项目产生的重要力量。数字挑战对 OPHC 项目产生做出的另一个贡献是光纤网络 H-Net 的发现。在数字挑战比赛期间，海港城政府的数字资产光纤网络 H-Net 被重新发现。H-Net 最初是为广播服务的目的而建造的。12 年前，海港城政府从一个有线电视提供商那里购入了 H-Net，并对其进行了翻新和扩展。H-Net 被用于连接海港城政府的建筑物和支持政府的工作，如为海港城里的监控摄像机和交通信号提供网络。重新发现 H-Net 对后期 OPHC 项目的产生非常重要，因为它为想象提供了物质基础。如果没有一个被当地政府所拥有的城市范围的光纤网络的存在，创新者无法想象能在海港城建立一个城市范围的可编程测试平台。

## （二）创立和修改配置以应对国家数字基础设施竞赛

### 1. 最初的配置：千兆网海港城

在 OPHC 项目的产生历史中发生的另一个重要事件，是 2010 年在英国举办的一个名为超级连接城市（super connected cities，简称"SCC"）的竞赛。这是一个由英国文化、媒体和体育部（department of culture, media, and Sports，简称"DCMS"）举办的国家级竞赛，该竞赛的目标是到 2015 年在英国全境建立起超高速的网络连接。为了支持这一目标，英国政府提供了 1 亿英镑的资金支持十个英国城市将其宽带网络增速至每秒 100 兆位（Megabits）。正如海港城政府的高级公务员鲁比回忆："大臣启动了一个雄心勃勃的计划。他说希望所有英国城市都拥有新加坡水平的网络连接。我们感到非常的兴奋。"（鲁比的访谈资料，2016 年 5 月 19 日）

鲁比在访谈中提到的"我们"，指的是来自海港城不同领域的一些创新者。这些创新者所在的机构和组织包括海港城政府、创意科技研究和发展空间 DOCK、海港城大学和艺术中心兼慈善机构稻草屋。这些创新者在之前的数字挑战竞赛中相识。尽管促使他们参加超级连接城市竞赛的动机有所不同，但是

## 第五章
### OPHC 项目的产生过程

他们身上都有一个共同点,那就是他们认为超级连接城市竞赛与他们一直在做的事情是具有某种关联性的。例如,DOCK 的首席执行官布赖恩注意到超级连接城市与他在 1999 年参与的高速宽带项目之间存在相似之处。当年,他与海港城大学的计算机科学家文森特一起对高速宽带网络进行了实验。因此,布莱恩认为超级连接城市是他们 1999 年实验的"自然下一步"(布赖恩访谈资料,2016 年 6 月 15 日)。而稻草屋的联合主管卡米拉则认为,超级连接城市是稻草屋发挥其在数字包容方面特长的绝佳机会,因为稻草屋在使用媒体吸引当地社区居民参与方面有着丰富的经验,卡米拉希望将这种经验带到超级连接城市中。正如她所说:"我们带来了不一样的声音……对于高速宽带,我的问题是谁会从中获益?人们如何获得接入?"(卡米拉的访谈资料,2016 年 6 月 29 日)

最终,创新者们在一个周末聚集在海港城市政府,起草了超级连接城市的竞标文件。他们为这份标书命名为千兆网海港城(gigabit harbour city)(理查德的访谈资料,2016 年 6 月 17 日)。千兆网海港城的标书中不仅呈现了非人类行动者(如 H-Net)和人类行动者的结盟,也包含了一个为海港城所有人提供免费无线网的期望。这个期望的假设是,"只要为人们提供免费的千兆网络连接,人们便会产生出如何使用这种连接能力的创意想法"。(鲁比的访谈资料,2016 年 5 月 19 日)这个假设有一个非常有趣的历史参考点,那就是维多利亚时期的工程师约瑟夫·巴扎尔杰特(Joseph Bazalgette)的故事。鲁比的访谈揭示了千兆网海港城和巴扎尔杰特之间的有趣联系:

**鲁比**:它(千兆网海港城)和一个工程相关的故事有关。在维多利亚时期,有一位著名的工程师叫作巴扎尔杰特。他为伦敦建立了一个下水道系统。他建的下水道系统比当时伦敦的实际需求大一百倍。因为他建得如此之大,可以让更多的人使用下水道。我们的观点是,你需要在数字领域做同样的事情。

**研究者**:增加需求?

**鲁比**:容量。你需要比你知道如何使用的容量更大,这样就可以创造新的想法。

——鲁比的访谈资料,2016 年 5 月 19 日

# 智慧城市的创新
## 发生在英国的故事

从鲁比的解释中,我们可以看出,海港城创新者们产生的千兆网海港城的期望受到巴扎尔杰特成功故事的启发。这些创新者们想要效仿巴扎尔杰特的做法,在数字基础设施创新方面做同样的事情,历史似乎将以数字基础设施的形式重演。值得指出的是,建立这种联结所表现出的回顾倾向忽略了许多使某些历史事件成为可能的条件。正如,德滕和里普(Deuten and Rip)所争论的那样,"依靠记忆对创新过程进行回顾常常忘记了该人工制品的未来曾经所依赖的广泛的组织性和物质性的偶发事件"(Brown and Michael, 2003: 9)。尽管如此,这种回顾倾向可以帮助创新者将当前的创新与人们的祖先联系起来,它还有利于创新者将过去、现在的项目和未来之间进行结盟。就像亚当和格罗夫(Adam and Grove, 2007: 112)所说的那样,将期望与历史记忆进行结盟不仅使人们能够把自己与其祖先和后来者联系起来,还可以将他们的行动连接在一个无缝的网络中。

我们可以将千兆网海港城标书中的内容看作是一个由本地创新者形成配置(configuration)。如果我们将该配置放在多层远景中,那么它是一个在生态位层面的配置,这个配置非常类似于 STS 对异质工程的理解(Law, 1987),即异质的社会—技术元素的结盟以实现功能。这些元素通常不仅包括具有不同利益的人类行动者,也包括非人类行动者,例如,技术组件和物质材料。从千兆网海港城的标书中,我们可以看到它包含了 H-Net 这样的非人类行动者和许多人类行动者,还展现出一些传统配置概念所忽略的元素,即期望。如上所述,千兆网海港城的标书中展现出了该项目试图实现的期望,这个期望在千兆网海港城的配置中具有特定的功能。借鉴期望社会学对期望的力量的研究(Van Lente, 2012),笔者认为在千兆网海港城配置中的期望具有启发工具(heuristic device)的作用,即引导海港城的创新者建立一个任何人都可以访问的高速数字基础设施。

2. 修改的配置:实验性研究测试平台

千兆网海港城的标书顺利获得(英国)文化、媒体和体育部(DCMS)给予的 1 千万英镑的资金支持,但是前提条件是创新团队需要提交一个实际可行的交付计划。在制定交付计划时,为海港城所有人提供免费千兆网络连接的期

## 第五章
### OPHC 项目的产生过程

望受到了挑战。因为 DCMS 给予的资金属于国家补贴（state-aid）的范畴，如果地方政府使用公共资金为所有人提供免费的网络连接，那么像英国电信和维珍传媒这样的私人商业网络提供商就会认为这种做法破坏了他们的商业模式。高原城政府就是一个真实的例子，高原城政府因为提出免费的网络连接计划而被英国电信和维珍传媒以对商业造成不公平竞争为由告上了法庭（海港城公务员的访谈资料，2016 年 6 月 17 日）。考虑到业界的诉求，英国国家政府建议获得资助的十个超级连接城市将这笔资金用于为中小企业提供宽带券，用以购买快速的网络连接。最终，除了海港城以外的其他九个城市都放弃了提供免费网络连接的想法，转而采用为中小企业提供宽带券的策略。千兆网海港城项目的创新者们不满足于仅仅为中小企业提供宽带券，他们仍然想要实现一些最初的目标。为了在原计划和仅仅为中小企业提供宽带券之间找到第三种方案，海港城的创新者们开始了为期两年的谈判之旅。回忆这场谈判过程时，有人用"噩梦"来形容它（布莱恩的访谈资料，2016 年 6 月 15 日）。正如一位谈判之旅的见证者理查德在访谈中所抱怨的那样，"我们已经写了六七个版本的交付计划，但他们（DCMS）仍然不满意……"。（理查德的访谈资料，2016 年 6 月 17 日）

在谈判期间，海港城创新者网络里流传着一种替代性的期望，即建立一个实验性研究测试平台①（experimental research test-bed）。实际上，这种期望在千兆网海港城的标书中就曾简单地被提及，当创新者们绞尽脑汁寻找第三种方案时，这个期望才被重新重视起来。实验性研究测试平台的早期倡导者之一文森特解释说，海港城可以建立一个更具实验性的网络，支持对网络的实验性使用，而不仅仅是向传统企业提供额外的宽带连接（文森特的访谈资料，2016 年 6 月 6 日）。建立实验性研究测试平台的期望得到当地创新者们的认可，因为他们看到了他们过去的实验经验和实验性研究测试平台想法之间的相似之处和联系。例如，文森特在技术设计实验方面拥有丰富的经验，他知道使用实验性测试平台来帮助原型（prototype）产品扩大规模的重要性。卡米拉认为实验是与市民共同创造知识的一种方式［更多实验相关的经历，参见附录 8（1）］。

---

① Test bed 通常翻译为试验床或试验场，为了更好地传达 OPHC 项目中 test bed 的意思，笔者将其翻译为测试平台。

因此，即使"实验"一词对于不同的人意味着不同的事情，但这个词可以将创新者们联系在一起，让他们达成一致意见，同意建立一个实验性研究测试平台。

创新者们对标书进行了修改，修改后的标书中呈现出一个新的配置。这个配置结合了 H-Net 的技术元素、当地创新者人的元素，以及建立实验性研究测试平台的期望。修改后的标书很快地获得 DCMS 的批准。因此，"研究"一词听起来对网络提供商来说存在较少争议，国家补贴允许被用于建立一个用于研究和实验目的高速网络。正如鲁比解释说，"如果人们使用网络连接和他们的日常业务需求不同，那么国家补贴法允许资助研究项目，而不允许提供给予个体以其日常生活使用为目的的网络联通性"。（鲁比的访谈资料，2016 年 5 月 19 日）从千兆网海港城配置到实验性研究测试平台配置的转变表明，创新者并不能随心所欲地创建任何他们想要的配置，创新（一个生态位层面的配置）所嵌入的结构（体制）可能会限制其行动。生态位中的创新者必须预测选择结果并相应地做出调整，在现有的受限的选择环境中生存下来。下文将回到结构限制这点上展开讨论。

## （三）将基础设施的创新转变为城市创新

### 1. 接纳新的行动者和技术

DCMC 批准了修改后的标书并非故事的终点。实际上这恰是麻烦的开始，因为海港城创新者不知道怎样实现标书中的内容，他们尝试了诸多可能的方案［请参见附录 8（2）中的例子］。正在这个时候，世界光网络领域的著名教授苏珊带着她的实验团队加入海港城大学。苏珊听说海港城要建立一个实验性研究测试平台的想法，为之感到十分兴奋，因为在加入海港城大学之前，苏珊在环境实验创新（landscape experiment of innovation）方面，即为人们创造一个实验新技术概念的环境，积累了丰富的经验。正如她在访谈中所谈到的那样：

> 我带着丰富的经验来到海港城。我们称之为环境实验性创新测试平台。我曾参与过许多国际和国内的相关项目。这些项目的目标是创造一个

## 第五章
### OPHC 项目的产生过程

环境供人们对新技术进行实验。例如，一个名为 FIRE（未来互联网研究与实验）的项目。该项目的重点是在整个欧洲创造一个开放环境，为实验提供支持。然后，将这些实验连接在一起，观察如何打造未来的互联网。

——苏珊的访谈资料，2016 年 7 月 21 日

苏珊认为她可以将自己丰富的经验贡献给实验性研究测试平台项目。作为回报，加入该项目将有助于苏珊和她的团队在真实城市环境中进一步深化相关知识。于是，苏珊开始联系实验性研究测试平台项目的创新者，并向他们介绍网络领域里的最新发展——网络虚拟化（network virtualisation，简称"NV"）。网络虚拟化是将网络资源和功能合并为一个整体的过程。这种技术被认为能给当前的网络行业带来变革，其中一个方面就是引入网络可编程性（network programmability）。什么是网络可编程性？它并不是我们在计算机领域熟悉的"编程"，即程序员创建一组指令来告诉计算机做什么，而是一种通信网络术语，主要用于描述网络的灵活性和可配置性。网络可编程性的想法并非凭空产生，它受到计算机领域解耦运动的启发。多年前，个人电脑硬件制造商和软件生产商开始解耦，这种分离降低了人们进入计算机行业的门槛（克里斯的访谈资料，2016 年 6 月 30）。一些网络行业的人士认为，解耦运动也可以发生在网络行业里。目前，通信网络基础设施通常与特定供应商的设备捆绑在一起，供应商向客户销售他们准备好的现成即用产品。为了使当前的网络更加灵活，引入了软件定义网络（software defined network，简称"SDN"）和网络功能虚拟化（network function virtualisation，简称"NFV"）技术。软件定义网络意味着将网络硬件与其控制平面解耦，使用集中式控制平面来管理网络组件的行为。网络功能虚拟化是一种通过解耦物理设备与运行在其上的功能（如防火墙或加密）来设计和管理服务的新方法，它允许多个租户和应用对网络功能进行共享和编程。总的来说，引入软件定义网络（SDN）和网络功能虚拟化（NFV）技术可能使网络更加灵活、可编程化、自动化，更加有弹性、更加开放和具有互操作性。

在考虑如何用网络虚拟化（NV）构建一个城市规模的实验性研究测试平

# 智慧城市的创新
## 发生在英国的故事

台时，苏珊建议 NEXT 实验室和海港城大学的拆分公司（赛尔达）使用软件定义网络（SDN）和网络功能虚拟化（NFV）技术为实验性研究测试平台设计两个软件：城市操作系统（City OS）和网络模拟器（network emulator）。城市操作系统（City OS）是一款网络软件，作为操作系统来协调城市中的异构网络资源。"OS"是英文操作系统的缩写，可以用我们每天在计算机或手机上都会运用到的"OS"来对其进行类比解释。尽管我们可能用肉眼看不到"OS"，但它们在幕后工作，支持计算机和手机的功能。为什么城市的网络需要一个"OS"？原因是现在城市中有很多不同用途的网络（如传感器网络和光纤网络），这些网络通常是分开的。有了"OS"，可以将所有分开的网络和网络资源连接起来，并允许对这些网络进行重新配置。另一个软件叫作网络模拟器，它可以在虚拟网络上测试应用的实际性能，网络模拟器的特点之一是它可以增加网络的实验和扩展能力。这是因为城市中的物理网络通常有一定数量的物理节点（node），当一台计算机连接到另一台计算机时，就像一个物理节点与另一个物理节点之间进行交流。在任何网络中，至少需要三个节点才能创建一个网络，才能让信息从一方发送到另一方时有多个路线可选。网络模拟器可以复制城市中的物理节点，并在虚拟空间中表示它们。在虚拟空间中，用户可以创建拥有 100 或 1000 个节点的仿真环境，这些节点也可以排列成用户需求的网络拓扑结构。网络模拟器的这些能力不仅可以让海港城的人在仿真的环境里测试与海港城有关的产品，还可以让其他城市的人使用它。因为网络模拟器也可以创建其他城市的虚拟网络环境，并允许其他城市的创新者通过海港城的实景测试平台测试他们的技术。换言之，在海港城进行的实验，可以扩展并应用到其他城市的网络环境中（有关网络模拟器的更多内容参见第七章）。

并非所有实验性研究测试平台项目的利益相关者都完全理解软件定义网络（SDN）和网络功能虚拟化（NFV）的技术细节，但他们看到了这些技术可能为这个实验性数字基础设施带来关键性的实验功能。例如，城市操作系统可以协调整个测试平台，而网络模拟器可以帮助测试平台扩大规模（苏珊的访谈资料，2016 年 7 月 21 日）。因此，苏珊的团队和这一系列新技术成功地成为实验性研究测试平台项目的一部分。

第五章
OPHC 项目的产生过程

## 2. 飞跃的一步

新技术的引入为项目带来了新的功能，并且这些新的功能开始重塑之前简单的实验性测试平台的期望。例如，这些技术所添加的主要特征之一是网络可编程性。基于这个新特性，一系列与城市相关的想法被创造了出来，例如，可编程城市（programmable city）和城市实验即服务（city experimentation as services）。最后，苏珊找到了一个更好地反映这些想法的名称，即开放可编程海港城（open programmable harbour city）。称其为"开放"的原因是该测试平台可以被任何人免费使用，而称之为"可编程"是因为该测试平台为用户提供数字资源的定制化服务。与苏珊的访谈揭示了这个名称的诞生过程：

> 我有一大批研究人员在"基础设施即服务环境"方面有着丰富的经验。这意味着我们向人们提供这种基础设施，他们可以做任何他们想做的事情。我们采用了这个概念并将其进行了发展，变成了我们所谓的"城市实验服务"。与"基础设施即服务"不同的是我们采用了"城市实验即服务"的概念……我们将这个基础设施免费提供给任何人，所以我们将这个测试平台命名为"开放"……我们看到了用户对基础设施进行编程的可能性，因此，我们称之为可编程的。
>
> ——苏珊的访谈资料，2016 年 7 月 21 日

随后，实验性研究测试平台的期望逐渐被开放可编程测试平台的期望所取代；数字基础设施的创新也转化成了城市创新。就在这个时候，智慧城市的理念在全球范围内兴起，成为热门话题。海港城的创新者们看到了将开放可编程测试平台与智慧城市趋势联系起来的机会，于是，他们很快宣称开放可编程海港城项目是一个智慧城市创新。

修改后的交付计划——开放可编程海港城，被重新提交给了资助方。交付计划呈现了一个新的配置，包括高速网络 H-Net、网络虚拟化技术、海港城的创新者和一个开放可编程测试平台的期望。并且，这个再配置（re-configuration）将自己定义为智慧城市创新。这个再配置得到（英国）文化、媒体和体

育部（DCMS）的批准，但同时要求海港城政府与海港城大学为 OPHC 成立一个合营企业。这主要是因为 DCMS 认为海港城政府没有实现该交付计划所需的专业知识，需要海港城大学专家的参与。最后，海港城政府与海港城大学双方就共同成立合营企业达成了一致。

## （四）通过结盟丰富配置

### 1. 围绕着可编程测试平台展开的结盟

为了实现 OPHC 项目，海港城的创新者需要通过与更多的行动者结盟（alignment）来丰富和扩展配置。一方面，创新者专注于为可编程测试平台寻找更多的人类和非人类行动者的支持。例如，苏珊主导了测试平台的设计，并为测试平台结盟更多的行动者。她首先对网络基础设施进行了设计，作为一名光网络专家，她知道如何建设超高速宽带网络。她将从 DCMS 获得的资金中的 530 万英镑用于将光纤网络升级至 144 芯以增加网络容量。然而，一个城市的网络还包括无线网络等其他网络。但这部分内容超出了她的专业知识范畴，于是苏珊与具有相关知识的当地大学教授结盟。最终，苏珊为 OPHC 项目设计的网络基础设施包括光纤网络、无线网络和射频网状网络这三个网络。与现成可以利用的海港城光纤基础设施 H-Net 不同，无线网络和射频网状网络必须从零开始建设。经过讨论，OPHC 委员会决定从一家名为金秋（gold autumn）的美国公司那里购买射频网状网络解决方案，从一家名为蓝行者（blue walker）的当地公司那里购买一些无线组件。

配置完网络基础设施之后，苏珊开始思考如何让这三个网络都具有可编程性。网络的可编程性并不是一件容易的事情，因为这是将网络虚拟化技术首次应用于真实城市环境中①，苏珊和她的工程团队不得不从零开始设计。然而，资助方（DCMS）规定了明确的经费使用截止日期。为了应付这个截止日期，苏珊和 OPHC 项目的管理层决定在完全设计好可编程测试平台之前提前购买必要的组件。于是，他们提前购买了许多设备来支持网络可视化（network visu-

---

① 网络虚拟化（network virtualisation）技术曾经应用于类似数据中心的地方，但在 OPHC 项目之前较少使用在城市规模的环境中。

# 第五章
OPHC 项目的产生过程

alisation）功能，包括光交换机（optical switch）和路由器等设备。除此之外，苏珊的工程团队开始着手开发活动节点和城市操作系统（City OS）。什么是活动节点？节点是网络通信的术语，指的是网络流量连接的物理点。活动节点则指的是可以编程的网络节点。由于其具有可编程的灵活性，所以被称为活动节点。为了让读者更好地了解活动节点，笔者在 NEXT 实验室里拍了一张活动节点的照片，并在图 19 中展示出了其技术细节。对于什么是城市操作系统？上文已有交代，这里就不再赘述。

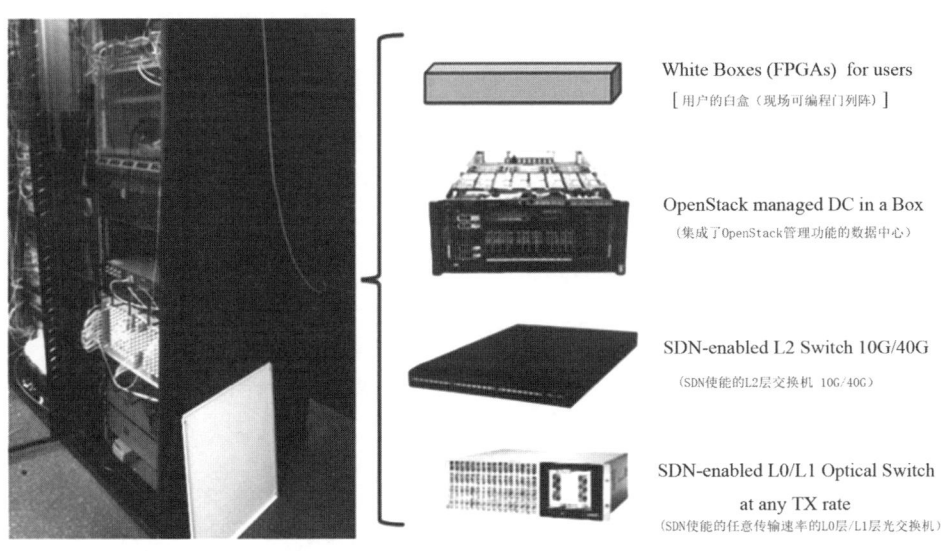

图 19　位于 NEXT 实验室中的活动节点及其技术组件
（技术细节摘自 OPHC 的官方演示文稿）

## 2. 与相关应用的结盟

虽然 OPHC 的可编程测试平台声称可以让许多与城市相关的应用在平台上运行，但没有人实际考虑过这些应用应该是怎样的。海港城大学的计算机科学家文森特是第一个为 OPHC 提出应用设想的人，他设想创建一个名为数据球幕（data dome）的城市数据可视化设备。文森特的这个想法并非无中生有，几年前，当文森特担任海港城科学馆的受托人（trustee）时，他很快地发现科学馆希望将其天文星象秀系统从星板投影系统升级到数字系统，因为数字系统将为观众带来更强大的视觉体验。例如，在天文星象秀中，数字投影系统允

# 智慧城市的创新
发生在英国的故事

许操作人员对"宇宙"进行放大和缩小,这是星板投影系统无法做到的(文森特的访谈资料,2016年6月6日)。文森特基于他在计算机领域的丰富知识,建议进一步将观看天文星象秀的球幕与海港城大学的超级计算机连接起来,这样可以让球幕变成一个由强大计算能力支持的可视化屏幕。用他的话说,"球幕就像一个大型个人计算机屏幕"。(文森特的访谈资料,2016年6月6日)

文森特将球幕连接到超级计算机的想法直到OPHC项目的出现才有机会实践。作为海港城创新者网络中的一员,文森特见证了当地创新者与DCMS的谈判过程,他从中意识到可以将球幕变成OPHC项目的一个应用。为了让资助方对在一个科学可视化想法上投资感到安心,文森特提出将球幕升级,把球幕打造成OPHC项目的第一个应用。文森特建议把球幕与OPHC项目的网络、海港城大学的超级计算机连接起来,这样可以将球幕转变成一个城市数据可视化设备和展示城市数据的空间。OPHC项目的管理层接受了文森特的提议,将该应用命名为数据球幕,并将其添加到OPHC项目的交付计划附录中。2014年圣诞节前,DCMS特别为OPHC项目增加了额外的100万英镑的款项来打造数据球幕。

3. 与本地合作伙伴的结盟

除了在可测试平台和应用方面进行结盟以外,OPHC项目的经理卢克(Luke)和他的继任者克里斯开始在海港城当地的机构和组织中寻找合适的本地合作伙伴(local host partner)。寻找本地合作伙伴的主要目的有两个,一是这些机构和组织的场所可以作为活动节点的安置位置;二是这些机构和组织可以使用OPHC的可编程测试平台测试相关的智慧城市应用。因此,在选择本地合作伙伴时,卢克和克里斯首先考虑的是这些机构和组织有一定的数字资源可以链接到OPHC项目。其次,这些机构和组织应该有一定可以使用OPHC可编程测试平台的智力资源。

然而,寻找本地合作伙伴的过程并不顺利。有时候这种不顺利只是单纯的因为海港城当地的机构和组织不愿意参与OPHC项目。例如,OPHC的初始意向性合作伙伴中有一个是知名日本企业在海港城设立的实验室,但该企业最终

## 第五章
### OPHC 项目的产生过程

没有与 OPHC 项目签约，因为这家日本企业感兴趣的是应用的开发而非平台的开发（布朗的访谈资料，2016 年 5 月 10 日）。有时候这种不顺利是因为资金的来源是国家资助，这种资金来源限制了一些当地机构和组织的参加。例如，OPHC 项目曾考虑在海港城一家知名动画公司中安置一个活动节点。但是，OPHC 项目的创新者最后不得不放弃这个想法，因为 OPHC 项目涉及国家援助资金。资助方担心如果私人企业变成 OPHC 项目的本地合作伙伴，那么 OPHC 项目的基础设施或被用于商业用途。

尽管遭遇了许多困难，四个机构和组织最终成功地成为 OPHC 项目的本地合作伙伴。从上文的介绍中我们应该已经熟悉了这些机构和组织的名字。第一个本地合作伙伴是海港城大学，它将为 OPHC 项目提供超级计算机设施以及丰富的专业技能，特别是在高性能网络、无线通信、超级计算机和媒体可视化等领域。在海港城大学里，苏珊的 NEXT 实验室由于拥有许多具有网络专业技术知识的人员，自然而然地成为一个安置活动节点的空间。第二个本地合作伙伴是科学教育中心——海港城科学馆。球幕是科学馆的一部分，作为 OPHC 项目的本地合作伙伴之一，海港城科学馆将为 OPHC 项目带来数据可视化能力。第三个本地合作伙伴是当地的创意科技研究和发展空间 DOCK。DOCK 里有一群数字创意工作者，他们擅长于开发充满创意且有趣的项目，DOCK 的创意阶层能发挥他们的创造力为 OPHC 项目探索更多的应用场景。第四个本地合作伙伴是 BOX。BOX 是海港城的一个商业中心，里面有许多以 IT 为主的中小企业，特别是 BOX 的 CONTAINER，是一个在欧洲范围内具有较高知名度和孵化率的孵化器。因此，从理论上讲，将 OPHC 项目和 BOX 连接起来，有利于鼓励海港城的本地中小企业使用 OPHC 的可编程测试平台。除了这四个第一批的本地合作伙伴外，OPHC 项目在发展过程中还逐渐吸纳新的本地合作伙伴。比如，在第六章中，我们可以看到稻草屋成为 OPHC 项目的第五个本地合作伙伴。

### 4. 与大型企业的结盟

卢克和克里斯积极寻求与大型企业建立合作关系。吸引大型企业参加 OPHC 项目有两个好处，第一个好处是大型企业的加盟可以让 OPHC 项目看起

# 智慧城市的创新
## 发生在英国的故事

来更具有说服力。第二个也是最主要的好处是，有大型企业在 OPHC 项目的创新生态圈里有利于帮助生态圈里的中小企业进入市场。比如，开发者通过 OPHC 项目的可编程测试平台对产品性能进行测试后可以选择成立自己的公司或者将产品卖给大型企业。卢克在职期间花费了大量的时间说服大型企业与 OPHC 项目建立合作关系，2014 年卢克离任后，这些任务转交给了他的继任者克里斯。经过一番努力后，克里斯成功招募了 OPHC 项目的第一个商业合作伙伴——一家名为 JEP 的国际知名 IT 服务和产品提供商。JEP 之所以对 OPHC 项目感兴趣是因为它是一家 SDN 解决方案提供商，OPHC 项目需要 JEP 的 SDN 解决方案，而 JEP 可以通过 OPHC 项目测试其 SDN 解决方案。除此之外，JEP 还看到了 OPHC 项目和海港城政府之间的联系，JEP 认为与 OPHC 项目建立联系将有利于将其产品销售给海港城政府。

围绕 OPHC 项目不断展开的结盟活动丰富了 OPHC 项目，为该项目带来了更多实质性的想法。例如，与技术组件和供应上的结盟丰富了可编程测试平台的技术细节。与数据球幕和一些合作伙伴（本地和外地的大型企业）的结盟有助于定义可编程测试平台的使用方式和人员。为了清晰起见，笔者在表 1 中列出了关键的技术组件、合作伙伴以及合作伙伴与 OPHC 项目之间的互利关系。结盟的过程丰富了 OPHC 项目最初的配置，这个经过扩充的配置为克里斯在之后为 OPHC 项目创建一个期望声明提供了基础。

表 1  围绕 OPHC 项目形成的主要结盟

| 围绕 OPHC 项目结盟的主要人类和非人类行动者 ||||
|---|---|---|---|
| 技术组成部分 | 合作伙伴 | 合作伙伴的兴趣点 | OPHC 的兴趣点 |
| 144 芯光纤<br>(144 core fibres) | 金秋 | 将产品卖给 OPHC | 购买射频网状网络 |
| 射频网状网络 | 蓝行者 | 将产品卖给 OPHC | 购买无线产品 |
| 60GHz Lightning 模块 | 海港城大学 | 提升大学的声誉并有机会在真实环境中进行研究 | 获得更多的研究项目来使用可编程测试平台并安置活动节点 |
| 光交换机 | 海港城科技馆 | 升级球幕 | 获得首个 OPHC 的应用程序并安置活动节点 |

# 第五章
## OPHC 项目的产生过程

(续表)

| 围绕着 OPHC 项目结盟的主要人类和非人类行动者 ||||
|---|---|---|---|
| 技术组成部分 | 合作伙伴 | 合作伙伴的兴趣点 | OPHC 的兴趣点 |
| 城市操作系统 | DOCK | 利用可编程测试平台进行下一代实验 | 寻找使用案例（如，可玩性城市）并安置活动节点 |
| 超级计算机 | BOX | 产品测试 | 寻找使用案例并安置活动节点 |
| 球幕 | JEP | 在真实城市环境中测试 SDN 解决方案 | 提供 SDN 组件和使用案例 |

## （五）为 OPHC 项目创建一个期望声明

2014 年 7 月开始，克里斯接替了卢克的工作，成为 OPHC 项目的总经理。凭借着他在市场营销方面的知识，克里斯很快意识到当时的 OPHC 项目并没有对外界传达一个统一且清晰的信息（克里斯的访谈，2016 年 6 月 30 日）。为了更好地向公众介绍 OPHC 项目，他认为需要为 OPHC 项目创造一个简单的故事。本章开头所引用的克里斯的话，便反映了这种担忧。于是，克里斯花费了六个星期的时间将有关 OPHC 项目的事实和未来可能性进行了整理，理清了 OPHC 项目混乱的产生历史，最终创建出了一个期望声明。该期望声明首先回答为什么需要建设 OPHC 项目。其次，介绍了 OPHC 项目的期望是什么。

### 1. OPHC 项目的合理性：与三大趋势相连

作为一名具有丰富市场营销背景的人，克里斯知道在对外沟通中回答"为什么"这类问题的重要性。正如他所说，"在营销理论或营销实践中，你需要非常快地回答为什么这样做。如果你不能解释为什么，为什么我们要这样做？人们不知道他们为什么有必要听下去……"。（克里斯的访谈资料，2016 年 6 月 30 日）基于 OPHC 项目的特点，克里斯创造性地将 OPHC 项目与三种有前景的趋势联系起来以回答"为什么"的问题。这些趋势分别是智慧城市的趋势，两种特定技术的趋势以及海港城未来城市的发展趋势。

第一种趋势是智慧城市的趋势。在全球城市化进程加速的背景下，城市面临着许多问题，如人口老龄化、交通拥堵、空气污染和水资源供应不足等，这些问题在政府资金减少的情况下显得尤为突出。智慧城市作为解决这一系列城

# 智慧城市的创新
### 发生在英国的故事

市问题的新途径在全球范围内被提出并成为当今最热门的未来城市趋势。克里斯将 OPHC 项目与智慧城市发展趋势连接起来，提出将 OPHC 项目的可编程测试平台用于测试智慧城市解决方案。从 OPHC 项目的发展历史来看，虽然 OPHC 项目已经成功地从一个基础设施创新转变为一个城市创新，但是 OPHC 项目此前从未如此明确地将自己定位为一个智慧城市项目。在 OPHC 项目的期望声明里，克里斯明确地将 OPHC 项目描述成一个应对社会—技术景观压力（如城市化和人口结构转变）的智慧城市项目。

第二种趋势是技术的趋势。克里斯在期望声明里提到了两种具体的技术趋势，一种是全球技术消费和数据产生量增加的趋势。这种趋势表明，连接性是未来必不可少的，因为"机器逐渐会使用比人类更多的带宽"。（克里斯在海港城数字健康活动中的演讲，2015 年 5 月）OPHC 项目是对这一趋势的回应，因为它将为人们提供高达 30Gbps 的连接速度，这将比全球最快的连接速度快 30 倍。OPHC 项目连接的另一个技术趋势是网络虚拟化。上文中已经解释过这个技术趋势为网络行业带来变革的潜力。OPHC 项目遵循这一趋势，声称自己是世界上第一个 SDN 城市。

第三种趋势是在海港城流行的未来城市趋势。海港城近年来一直致力于成为未来城市的典范，城内出现了许多共存的未来城市计划，如绿色城市、韧性城市、可玩性城市、以市民为中心的城市等。OPHC 项目与这些本地未来城市趋势联系起来，提出 OPHC 项目的测试平台有利于进一步发展这些在海港城里已有的未来城市计划。将 OPHC 项目与本地的未来城市联系起来，有利于 OPHC 项目更好地嵌入本地。

2. OPHC 项目的期望

期望声明的第二部分是关于 OPHC 项目的期望的具体内容。为了清晰起见，笔者将 OPHC 项目的期望的内容用图的方式绘制出来（参见图20）。从图中我们可以看出，OPHC 项目的期望主要包括三个部分的内容：可编程测试平台、用户生态系统和商业模式。由于这三个组成部分都是未实现的内容，所以我们可以将 OPHC 项目的期望看作是一个前瞻性结构（prospective structure）（Van Lente and Rip, 1998）。正如在理论篇章中所介绍的那样，前瞻性结构是

# 第五章
## OPHC 项目的产生过程

一个由文本中的链接组成的尚未形成的结构。虽然该结构尚未实现,但可能引导人们采取行动实现它。

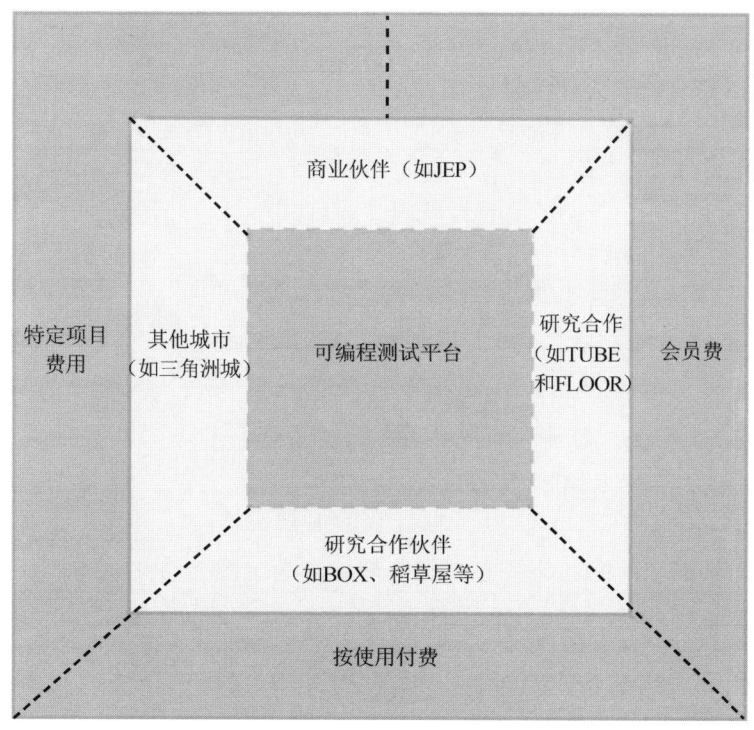

图 20　OPHC 项目的期望的内容

可编程测试平台是 OPHC 项目的基础。克里斯梳理了可编程测试平台的关键技术组成部分,并邀请一名视觉设计师将这些关键技术组成部分呈现在一个类似于地铁地图一样的示意图上。该示意图后来被印刷在所有 OPHC 项目的宣传资料上。考虑到项目的匿名性,笔者无法直接使用该示意图,于是在保留关键信息的基础上绘制了一幅示意图的简图(参见图 21)。

从图 21 中我们可以看出,OPHC 项目的可编程测试平台由三个网络组成: 144 芯光纤网络(参见图 21①),一英里的异质无线网络①(无线英里)(参

---

① 一英里异质无线网络,又称无线英里。之所以称其为异质网络,是因为该网络包括诸如 Wi-Fi、3G、4G、毫米波和部分 5G 等多种网络。

# 智慧城市的创新
## 发生在英国的故事

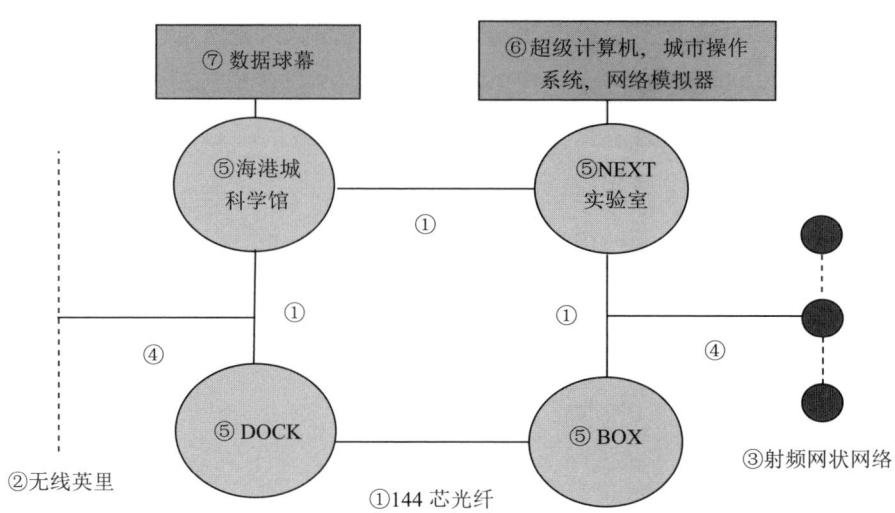

图 21 可编程测试平台的布局图

见图 21②）和部署在城市 1500 个灯杆上的射频网状网络（参见图 21③）。无线网络和射频网状网络都与核心光网络连接（参见图 21④），这样一来从两个无线网络收集到的数据可以传送至光网络。光网络通过四个活动节点连接本地合作伙伴，这些活动节点分别位于海港城的四个地点（NEXT 实验室、海港城科学馆、DOCK 和 BOX）（参见图 21⑤）。其中，位于 NEXT 实验室中的活动节点进一步连接到海港城大学的超级计算机，并与两个软件（城市操作系统和网络模拟器）相连（参见图 21⑥）。而海港城科学馆中的活动节点则将 OPHC 项目的第一个应用（数据球幕）与 OPHC 项目的网络设施连接起来（参见图 21⑦）。值得一提的是，示意图上描述的功能在现实中并没有完全实现，对于那些尚未实现的功能，OPHC 项目的期望声明中给出了一个时间表（营销议程），例如，数据球幕将于 2015 年 11 月开放；物联网网状网络（IoT Mesh）① 将于 2016 年 4 月准备就绪；5G 和 SDN 控制器将在 2016 年的夏天可用。

OPHC 项目的期望声明还设想了围绕着可编程测试平台形成一个用户群生态系统。从图 20 中我们可以看到，在可编程测试平台方框外有一圈生态系统

---

① 物联网网状网络是 OPHC 项目为射频网状网络取的另一个名字。

## 第五章

### OPHC 项目的产生过程

行动者。OPHC 项目的期望声明中明确强调了四类用户群体。第一类是学术研究群体。海港城两所当地大学的研究人员被当作这类使用者的代表，因为他们具备使用可编程测试平台进行实景测试的知识和技能，包括数据科学、计算机、网络和网络安全等。例如，海港城大学有两个研究项目（TUBE[①] 和 FLOOR[②]）被用于说明大学的研究项目可以使用 OPHC 项目的可编程测试平台。第二类是本地合作伙伴。例如，DOCK 里的创意工作者和项目可以使用 OPHC 的可编程测试平台来进一步开展研究。BOX 中的中小企业可以在将解决方案推向市场之前测试这些方案的性能。此外，位于海港城南部社区的艺术中心兼慈善机构稻草屋也变成了 OPHC 项目的本地合作伙伴，稻草屋可以通过开展项目来帮助 OPHC 项目与市民建立联系。第三类是商业群体，这类群体既包括大型企业又包括中小企业和初创企业。JEP 是大型企业的例子，而向 OPHC 项目出售设备的蓝行者公司则被当作中小企业和初创企业用户的例子。这些不同种类的商业群体都可以使用 OPHC 项目的可编程测试平台实现其自身的目的。正如克里斯所说："海港城拥有伦敦以外最大的数字集群，也拥有英国核心城市地区中最高的劳动力。OPHC 项目的可编程测试平台使各种技术企业能够试验其解决方案，从技术成熟度一级（接近市场的技术）到技术成熟度九级（远离市场的技术）不等。"（克里斯在海港城数字健康活动中的演讲，2015 年 5 月）最后一类是世界上的其他城市。正如克里斯在访谈中明确表达"OPHC 项目的买家是城市"。（克里斯的访谈资料，2016 年 6 月 30 日）与世界上其他雄心勃勃想要成为其他城市模范的智慧城市项目类似，OPHC 项目也希望扩大规模并将 OPHC 项目的期望传播至其他城市。OPHC 项目实现这一扩散抱负的方式是让其他城市使用 OPHC 的可编程测试平台来测试其方案或者向其他城市销售 SDN 网络解决方案（海港城新闻，2015 年 3 月 11 日）。

  OPHC 项目的期望中还提出了一个商业模式。虽说 OPHC 项目获得了 DC-MS 的资助，但是还需要额外的资金来支付运营成本和员工工资。为了获得项

---

[①] TUBE 是 NEXT 实验室的一个研究项目，旨在探讨同步异质网络的方法。项目 TUBE 可以使用 OPHC 基础设施进一步了解网络融合的相关问题。

[②] FLOOR 研究了住宅环境里的传感器平台。布满传感器的房屋为 OPHC 项目提供了一个使用高速宽带的应用场景，而 OPHC 项目的高速传输能力可以帮助传输从房屋产生的大文件（如视频）。

目运维所需的资金，OPHC 项目需要建立一个商业模式。笔者将 OPHC 项目商业模式中的关键要素进行了总结，并呈现在表 2 中。从表 2 中我们可以看出，OPHC 项目的用户群体被分为长期合作伙伴、项目合作伙伴和生态系统合作伙伴三种类型。长期合作伙伴包括使用网络进行研究的研究人员、使用网络服务和通过网络基础设施进行实验的个人和组织（如 JEP），他们向 OPHC 项目支付会员费，OPHC 项目允许他们使用网络进行实验并提供相关的工程支持。项目合作伙伴是与 OPHC 在具体项目上有合作的合作伙伴，他们向 OPHC 支付特定项目费用。生态系统合作伙伴是指中小型企业、社区组织、地方政府和基金会等，比如来自稻草屋、DOCK 和 BOX 的使用者，他们与 OPHC 合作，有利于在 OPHC 周围形成一个活跃的生态系统。因此，克里斯在鼓励生态系统合作伙伴使用网络和维持现金流之间做出了一个决定，即生态系统用户可以使用按需付费的方式使用可编程测试平台，并为这类用户设计了一个特殊的小额支付系统（克里斯的访谈资料，2016 年 6 月 30 日）。

表 2　OPHC 项目最初的商业模式

| 用户群体类型 | 例子 | 费用 |
| --- | --- | --- |
| 长期合作伙伴 | 使用网络进行研究的研究人员、使用网络服务和通过网络基础设施进行实验的个人和组织 | 会员费 |
| 项目合作伙伴 | 定制服务 | 特定项目费用 |
| 生态系统合作伙伴 | 中小型企业、社区组织、地方政府和基金会 | 按使用付费 |

## 二、理解 OPHC 项目的产生

从上述描述和简要分析中，我们可以看出 OPHC 项目的产生并不符合关于智慧城市诞生的传统印象。在那些流行的智慧城市传统印象中，智慧城市通常是由大型跨国科技企业和权威行动者主导的，从真空中创造出来的。然而，OPHC 项目的产生呈现出一个截然不同的画面，许多因素共同促成了 OPHC 项目的产生，包括本地创新者网络、OPHC 项目智慧城市创新所嵌入的结构、结盟的过程、期望的形成。在上文的描述中，我们进行了一些简单的分析，接下来，将借用概念工具配置、多层远景（multi-level perspective）和前瞻性结构

第五章
OPHC 项目的产生过程

（prospective structure）进一步讨论其中的一些问题，以达到理解 OPHC 项目产生的目的。

## （一）本地的创新者网络以及逐步演变的聚合

OPHC 项目产生的一个关键推动因素是一个由海港城当地创新者组成的社会网络。这些创新者来自不同领域，包括海港城政府、海港城大学、一个艺术中心兼慈善机构、一个创意科技研究和发展空间等。受到诸如数字挑战等重大事件的刺激，这样一个创新者网络在海港城逐渐形成。从某种程度来说，我们可以发现这个创新者网络对于合作保持着开放的态度。例如，他们中的许多人愿意一起合作共同开展项目，也愿意接纳新的参与者，苏珊的加入就是一个好的例证。但是，这个创新者网络也并不是完全开放的，只有对数字创新感兴趣或者能够为该网络带来资源的人才能成为网络的一部分。相比之下，那些没有技术技能和对数字创新不感兴趣的普通海港城市民则不太可能成为这个创新者网络的一部分。

海港城拥有一个创新者网络对 OPHC 项目的产生至关重要，因为这些创新者对国家和国际层面的创新机遇非常敏感。如果没有这个创新者网络，OPHC 项目可能根本不存在，或者 OPHC 项目将成为一个完全不一样的项目。正如我们在上文描述部分所看到的，这个创新者网络扮演着中介的作用，不断促进外部创新机会和本地资源的连接。例如，当创新机会超级连接城市计划在英国国家层面上宣布时，这个本地创新者网络非常具有创造性的在异质的本地数字资源（如 H-Net、球幕和超级计算机）和行动者（如人员和机构）之间建立了联系。从社会—技术的视角来看，这些人类和非人类行动者的结盟可以被视为配置。正如我们在上文所提到的 OPHC 项目的配置不仅是一个社会—技术配置，这些配置还包含了期望这一元素，在创新的早期阶段这一点尤为明显，因为这个阶段一切都还不确定。期望在一个创新的配置中起到一定的作用。例如，从上述 OPHC 项目产生的故事中我们可以找到三种配置：千兆网海港城、实验性研究测试平台和开放可编程海港城，每一个配置都有一个期望，比如，为人们提供免费的千兆网络连接、建立实验性研究测试平台和建设开放可编程测试平台。借鉴期望社会学的研究（Van Lenten，2012），笔者认为不同时期的期望应该被纳入配置当中，并在 OPHC 项目产生的过程中扮演着启发工具（heuristic device）的角色，为未来的创新方向提供了建议。

## （二）结构限制创新的同时也为创新提供机会

海港城的创新者并非总能按照自己的意愿创建配置。从上述列出的一系列配置和再配置中，我们可以发现创新并非是无中生有的，相反，它是嵌入一个现有的结构中的。这个结构既会限制创新又能促进创新。多层远景（MLP）理论为我们提供了一个框架来理解创新和结构之间的互动，MLP 创建了生态位、社会—技术体制和社会—技术景观三个分析层次。创新和新事物通常存在于生态位层次，在这里它们得到了保护。在 OPHC 项目的产生故事中出现的三种配置可被视为生态位层次上的新事物。新事物不能自由的扩散和增长，因为它们之上存在着一个体制结构。社会—技术体制是现有的、稳定的社会—技术系统，包括技术、科学、政治、市场、用户偏好和文化意义等领域。现有的社会—技术体制可能会对创新产生障碍，阻止创新自由增长，限制通常来自社会—技术体制层次上的现有规则。MLP 总结了三种规则类型：认知性规则（如信仰系统、议程和搜索启发式）、规制性规则（如标准、法律和规章制度）和规范性规则（如价值观和行为规范）。为了生存，生态位层次上的创新者必须预测现有环境（社会—技术体制）的选择结果，并相应地对新事物和创新进行再配置。这种思路是受到准进化理论（quasi-evolutionary theory）的影响，准进化理论将新事物和创新视为一种变异，这种变异在生态位中获得保护，并试图在选择环境中生存下来。准进化理论的一个核心的观点是变异不是在选择环境之外独立产生的，相反，变异（variation）和选择（selection）是相互连接的。其中一种连接两者的方式即是通过创新者（人类行动者）的预见活动。创新者可以预测和战略性地解释来自环境的选择结果，并不断进行相关调整，以在现有环境中生存下来（Schot and Geels，2007；Grin et al.，2010）。在社会—技术体制层次之上是社会—技术景观，社会—技术景观指的是影响社会—技术体制和生态位层面的长期外部趋势。社会—技术景观层次上的变化可能不会

# 第五章
## OPHC 项目的产生过程

直接影响到生态位层次上的创新,但是它可能对现有的社会—技术体制施加压力。这种压力可能为生态位层次上的创新打开一扇机会窗口,使其成长和代替社会—技术体制层面的现有结构。

在 OPHC 项目产生过程中,社会—技术体制和社会—技术景观的结构为本地生态位创新提供了机遇的同时也造成了困扰。从上文阐述中,我们可以发现许多这样的例子,比如,千兆海港城的配置在现有社会—技术体制结构的挑战下不得不做出修改。在千兆网海港城配置形成的过程中产生了一个为人们免费提供千兆连接的想法,然而这个想法面临着来自现有社会—技术体制的挑战,社会—技术体制的规范性规则和规制性规则都对这个想法产生了阻力。规范性规则是网络行业中的现有行事方式和价值观。当前的英国,宽带服务由英国电信和维珍传媒这样的私人商业网络提供商提供,这些提供商明确反对为人们免费提供千兆连接,因为这会影响到它们的商业模式。规制性规则指的是英国的竞争法。根据竞争法,公共资金(国家援助)不能用于支持对私营公司构成不公平竞争的项目。社会—技术体制层面的这两个规则都让生态位层面的创新者不得不修改原有计划以求生存。海港城的创新者对社会—技术体制层面可能的选择结果进行了预判,并通过采用实验性研究测试平台的想法调整原有的配置。而结构也为生态位层面的创新提供了机会。其中一个例子是 OPHC 项目这个本地创新与智慧城市趋势的连接为其发展提供了可能性。正如我们在上文中看到的,当海港城的创新者忙于制定交付计划时,社会—技术景观层面的变化(如人口结构转变和人口老龄化)对当前的社会—技术体制施加了压力,这种压力要求现有社会—技术体制做出改变以应对挑战。这种压力为智慧城市的出现提供了一个机会窗口,以技术为主的智慧城市概念被提出,因为将智慧城市纳入人类的社会—技术未来中有助于释放这些压力。海港城的本地创新者意识到这个机会,便将现有的基础设施创新重新标注为智慧城市创新。OPHC 项目的期望声明声称该项目不仅将塑造了现有城市运作的体制,还可能为通讯网络行业的体制带来变革。

### (三) 为 OPHC 项目结盟和创建期望

经过海港城本地创新者和选择环境之间的一系列互动后,OPHC 项目是从

# 智慧城市的创新
发生在英国的故事

选择环境中幸存下来的配置。为了丰富和发展 OPHC 项目，海港城的创新者围绕着 OPHC 项目开展了一系列结盟活动。他们首先为可编程测试平台制定了更加清晰的目标，随后围绕可编程测试平台展开了许多结盟活动，包括吸纳具有专业知识技能的人（如无线通信领域的教授）、技术组件和提供商（如光交换机、金秋公司、蓝行者公司）。接着，他们还为可编程测试平台规划了四类用户群体，并就每类用户群体提供了使用 OPHC 测试平台的示例。

尽管在结盟时，不同行动者加入 OPHC 项目的原因各不相同。但他们的加入丰富了 OPHC 项目，为该项目带来更多实质性的内容，这一点直观反映在 OPHC 项目的期望声明中。OPHC 项目的期望声明中不仅介绍了可编程测试平台及围绕着该测试平台的用户生态系统，还提出了初步的商业模式。从某种程度上来说，OPHC 项目的期望声明中所描述的智慧城市故事是事实，因为在创建 OPHC 项目的期望时，该期望中的一些元素已经实现，比如，将光纤升级到 144 芯，并在海港城内安置活动节点等。而从另外一种程度上来说，OPHC 项目的期望声明中所描述的智慧城市故事却是一个虚构，因为 OPHC 项目的期望中涉及的一些元素尚未完成，比如对球幕进行升级，将不同部分的基础设施连接在一起，对外开放射频网状网络等。OPHC 项目的期望声明中还有一些元素只表示某种潜力。例如，OPHC 项目的期望声明中提到四种类型用户群体以及他们使用可编程测试平台的示例，然而这些想象的行动者和示例仅仅代表着某种可能性，并非现实。

笔者认为 OPHC 项目的期望声明不仅具有描述性，对 OPHC 项目的产生有两方面的贡献：回顾功能（retrospective function）和前瞻功能（prospective function）。这两种功能像雅努斯（Janus）的头一样，它既回望过去又展望未来。当期望回顾过去时，它带来了整理的力量，为 OPHC 项目混乱的产生过程带来秩序，并将多种社会利益、期望和行动者（人类和非人类行动者）整合到了一起。这个功能类似于拉图尔（Latour, 1980）所谓的"虚构—建立"（fiction-building）。拉图尔观察到，在实验室研究中，科学家有能力在事后构建世界（Van Lente, 1993: 72）。OPHC 项目的创新者在这里所做的与实验室中的科学家类似，因为创新者在事后为 OPHC 项目混乱的产生过程赋予了某种秩序。而当期望展望未来时，它描绘了一个尚未结构，该结构为很多人类和非

## 第五章
### OPHC 项目的产生过程

人类行动者分配了角色。范伦特和里普（Van Lente and Rip，1998）称这个尚未结构为前瞻性结构（prospective structure）。该结构为异质行动者（人类和非人类）提供了一个剧本，在文本中为不同的行动者之间建立联系和分配角色。之所以称之为"前瞻"是因为该结构中描述的元素并非所有的都实现了。但是，这种面向未来的"尚未结构"（not yet structure）是有作用的，它邀请已经在 OPHC 项目的期望中被赋予角色的个人和组织承担分配给他们的任务。例如，为了实现 OPHC 项目的期望，诸如技术组件之类的非人类行动者应该共同努力，提供可编程测试平台和一些预设的应用（如数据球幕）；人类行动者（个人和组织）则需要承担分配给他们的角色，并朝着实现这些角色的目标而行动。在下文章节中我们将看到更多有关这些被纳入剧本中的行动者与前瞻性结构进行互动的过程。

## 三、本章小结

本章的描述和分析表明，OPHC 项目的诞生过程非常混乱，具有投机性和复杂性。它与我们通常在智慧城市文献中所阅读到的经典的智慧城市产生的故事不一样，这些经典的智慧城市项目大多是由大型企业或政府行动者使用自上而下的方式创建的。相比之下，OPHC 项目则经历了一场非常独特的诞生之旅，它是一个由人、物、期望组合成的，在本地选择环境中存活下来的配置，这个配置最初由本地创新者网络以响应国家数字基础设施竞赛而创建的。本地创新者网络具有一定的主观能动性去创造配置以及连接机会（如智慧城市）。然而，他们的行动也受到结构（社会—技术体制）的限制，例如，最初的千兆网海港城的配置受到社会—技术体制层面上现有电信行业的规定和思维方式的限制。为了在现有环境中生存下来，海港城的创新者必须预测环境中的选择结果，并相应地对配置进行修改。在 OPHC 项目诞生后期，创新者创造出一个 OPHC 项目的期望，该期望是一个前瞻性结构，旨在选定某种可能的未来，并将其移动到现在。

# 第六章

# OPHC 项目的实施过程

**图 22** NEXT 实验室中关于可编程测试平台的设备

每当有什么东西有用且可用时,它都必须作为平台的一部分被整合进去。

——OPHC 工程团队负责人的访谈资料,2016 年 9 月 14 日

# 第六章
## OPHC 项目的实施过程

图 23　数据球幕发布会的现场

数据球幕是一个建设的机会，并不是因为有实时数据通过 OPHC 网络传输并等待着投影到球幕上。基础设施原本并不是为达到这种目的而设置的。

——数据球幕团队成员的访谈资料，2016 年 10 月 5 日

图 24　市民感知项目产生的蟾蜍外形的传感装置

## 智慧城市的创新

### 发生在英国的故事

他们说得好像基础设施（OPHC）已经存在，正等着人们去使用。

——市民感知团队成员的访谈资料，2016年6月30日

## 成员列表 Ⅱ

### 田野点1：可编程测试平台

**查理（Charlie）**，NEXT实验室的研究员。

**卡洛（Carlo）**，NEXT实验室的研究员。

**克里斯（Chris）**，在2014年7月至2016年6月期间担任OPHC项目的总经理。

**大卫（David）**，OPHC工程团队的负责人。

**EXTRA**，一家移动技术公司。

**海港城大学（Harbour City University）**，一所位于海港城的著名大学，是OPHC合营企业的合伙人之一，也是OPHC项目的本地合作伙伴之一。

**黑兹尔（Hazel）**，OPHC项目招聘的一名研究员。

**JEP**，一家国际知名的IT服务和产品提供商。

**诺曼（NORMAN）**，一家国际知名的通信设备和服务提供商。

**NEXT实验室（NEXT Lab）**，由苏珊领导的海港城大学高性能网络实验室。

**OPHC工程团队**，负责可编程测试平台的开发工作，团队成员包括大卫在内一共有5名。

**OPHC商业团队**，负责推广OPHC项目和吸纳企业用户，团队成员包括克里斯和鲁弗斯。

**鲁比（Ruby）**，海港城政府的一名高级公务员。

**鲁弗斯（Rufus）**，OPHC商业团队的成员之一。

**山姆（Sam）**，BOX的主管。

**苏珊（Susan）**，OPHC项目的首席技术设计官、海港城大学光网络教授、

# 第六章
## OPHC 项目的实施过程

NEXT 实验室主任。

## 田野点2：数据球幕

**克里斯（Chris）**，在 2014 年 7 月至 2016 年 6 月期间担任 OPHC 项目的总经理。

**数据球幕团队**，负责数据球幕的创新工作，团队成员包括佩吉、吉姆和亨利等。

**DOCK**，一个位于海港城的创意科技研究和发展空间，OPHC 项目的本地合作伙伴之一。

**数字月亮（Digital Moon）**，一家数字天文星象秀的提供商。

**未来城市雷达（Future City Radar）**，一家英国政府支持的城市创新中心。

**亨利（Henry）**，一名数据球幕团队的成员。

**H&C**，一家英国著名的发动机公司。

**I-LOOK**，一家数字内容设计公司。

**四叶软件（Four-Leaf Clover Software）**，一家国际知名的美国跨国科技公司。

**轨道游戏（Orbit Game）**，一家位于海港城的从事虚拟现实业务的公司。

**佩吉（Peggy）**，一名数据球幕团队的成员。

**吉姆（Jim）**，一名数据球幕团队的成员。

**海港城科学馆（Harbour City Science Museum）**，位于海港城的科学教育中心，OPHC 项目的本地合作伙伴之一。

**蒂姆（Tim）**，一名任职于轨道游戏公司的游戏开发者。

**新闻脉动（News Pulse）**，一家知名的英国全国性媒体公司。

**WISO**，数据圆顶的服务器提供商。

## 田野点3：市民感知

**市民感知团队**，负责市民感知的创新团队，成员包括卡米拉、施泰因、朱

# 智慧城市的创新
发生在英国的故事

迪、露西和玛丽亚等。

卡米拉（Camila），稻草屋的联合主管。

斯泰因（Stein），稻草屋的联合主管。

金秋（Gold Autumn），一家美国公司，为 OPHC 项目提供射频网状网络解决方案。

约翰（John），一名来自海港城的数据分析师和蟾蜍外形的传感装置的设计者。

朱迪（Judy），一名任职于稻草屋的员工，市民感知团队的成员。

露西（Lucy），一名任职于稻草屋的员工，市民感知团队的成员。

玛丽亚（Maria），一名来自西班牙的博士研究生，市民感知团队的成员。

扎克（Zack），一名来自海港城的独立开发者和中小企业主。

迈克尔（Michael），一名来自海港城当地能源公司的员工，海港城的社会活动家。

在第五章结尾处，我们看到 OPHC 项目的创新者创造出了一个美好的期望。本章将进一步探讨 OPHC 项目的期望在海港城落地的过程。本章的数据主要来源于笔者长达十七个月的参与（式）观察和访谈。OPHC 项目的实际实施过程是在三个田野点里同时进行的，这三个田野点分别是可编程测试平台、数据球幕和市民感知。有关田野点里的抽样过程由于在第三章已经讨论过了，这里就不再赘述。本章将用三个小节对每个田野点里的创新活动进行介绍，第一节是关于可编程测试平台的创新活动。第二节着眼于 OPHC 项目的第一个应用（数据球幕）的创新过程。第三节介绍稻草屋如何与当地社区居民共同创造出一个应用——蟾蜍外形的传感装置。

每个小节的分析部分将运用战略生态位管理（strategic niche management，简称"SNM"）和期望社会学（sociology of expectations，简称"SOE"）中的概念工具对相关的内容进行分析。这些概念工具包括生态位的内部过程（阐述期望、建立社会网络和学习）、期望的表演性（承诺和要求循环、期望的力量）。第四小节将对三个田野点的创新进行综合分析，总结出 OPHC 项目实施过程中的四个关键特征。研究表明，OPHC 项目的实施是由网络和期望进行松散协调的三个平行的子生态位实验。本章也指出了 OPHC 项目实施过程中的两

# 第六章
## OPHC 项目的实施过程

个问题：不同创新团队在子生态位内和子生态位之间的创新活动缺乏协调，以及市民参与所面临的挑战。最后，本章还探讨了为什么子生态位实验的失败并没有导致整个 OPHC 项目的失败。

## 一、建设开放的可编程测试平台

### （一）建设可编程测试平台

在 OPHC 官方正式向公众推出 OPHC 项目五个月后，2015 年 8 月，大卫获得了一份 OPHC 工程团队负责人的工作。他对这份新工作感到十分兴奋，基于之前在电信行业的工作经验，他看到了网络虚拟化为当前通信网络行业带来变革的潜力。鉴于 OPHC 项目声称要成为世界上第一个 SDN 城市，大卫认为就职于 OPHC 可以把自己与这一未来趋势联系起来。作为 OPHC 工程团队的负责人，大卫的主要工作是带领 OPHC 工程团队兑现可编程测试平台的承诺。

在 NEXT 实验室里，大卫有一张办公桌。在实验室的实验区域内存安置着一个 OPHC 的活动节点。在刚开始工作的几周里，大卫并不清楚应该做些什么。摆在他面前的是一个类似于地铁地图的示意图（参见图 21），两名参与 OPHC 项目的工程师和许多没有连通的设备组件（如光交换机、路由器等）。要理解大卫的处境并不困难，从上一章的故事中我们知道，苏珊和 OPHC 项目的管理层为了在经费使用截止日期前使用完经费，在没完成可编程测试平台设计工作的情况下提前购置了许多设备。因此，大卫的实际工作包括连接这些提前购买的设备组件，并设计可编程测试平台的其他缺失细节。对于大卫和 OPHC 工程团队来说这是一场冒险，他们将构建世界上第一个没有先例可遵的、一个城市范围的 SDN 可编程测试平台。

1. 设置可编程测试平台的物理网络

大卫首先需要进行的工作是网络设置，即把 OPHC 测试平台的物理设备全部连接起来。这个城市范围的网络设置工作类似于设置家庭无线网络，但更为

# 智慧城市的创新
## 发生在英国的故事

复杂和精细。这不仅是因为涉及规模和设备数量的问题,还存在重新设计的问题。因为并非所有购买的现成设备都支持可编程网络的理念,为了让购买的设备符合可编程测试平台的期望,OPHC 工程团队不得不重新配置一些设备,并使它们支持网络可编程的理念。鲁比在一次访谈中回忆起这一阶段所遭遇的困难:

> 这原本是一个三年的项目,但是我们不得不在约六个月的时间内兑现承诺。我们购买的设备都是最尖端的……我们购买的一些设备,苏珊必须测试每一项设备以确保其能正常工作。实际上,让设备顺利运作很困难。我们仍然面临着一些问题,因为我们并不一定购买了正确的东西。我们也不能确保将它们组合在一起能正常地运作。
> 
> ——鲁比的访谈资料,2016 年 5 月 19 日

截至 2015 年 10 月,在大卫的带领下,OPHC 工程团队完成了一系列物理网络的设置工作。这些网络包括 Wi-Fi 网络、光网络、二层交换网络和毫米波。这些网络分属于 OPHC 项目的期望声明中所提到的三个网络的不同部分(参见图 21)。例如,Wi-Fi 和毫米波属于异质无线网络(无线英里)的组成部分(参见图 21 中的②),而光网络则是 144 芯光纤网络的另一个名称(参见图 21 中的①)。

2. 平台开发

在对物理网络进行设置的同时,大卫还着手为物理网络设计一个平台(platform)①。这个平台是兑现可编程测试平台(programmable test bed)承诺的重要组成部分。如果没有这个平台,已经设置好的异质物理网络仅仅是一个预设了一些网络功能的普通网络基础设施,人们不能按照自己的需求对网络进行进一步的配置。为了建设这个平台,大卫试图制定一个路线图来指导平台的

---

① 英文 testbed 可以翻译为试验床、试验场,为了更贴近开放可编程城市对城市测试的理解,本书将其翻译为测试平台。而 platform 的英文翻译也为"平台",请注意区别文中的 OPHC 可编程测试平台(testbed)与大卫为物理网络设计的平台(platform)之间的不同。

# 第六章
## OPHC 项目的实施过程

开发工作。然而,大卫并未能说服 OPHC 项目的管理层采纳他所设计的路线图。于是,他便开始从更实际的层面着手:设计高层体系结构(high-level architecture,简称"HLA")。HLA 是构建平台的关键部分,HLA 的设计需要大卫进行大量的尝试。正如上文提到的,OPHC 工程师团队没有任何模型可供参考,他们必须从零开始设计这个平台。为了让读者更好地了解什么是高层体系结构,笔者在图 25 中重现了大卫演示的高层体系结构图。

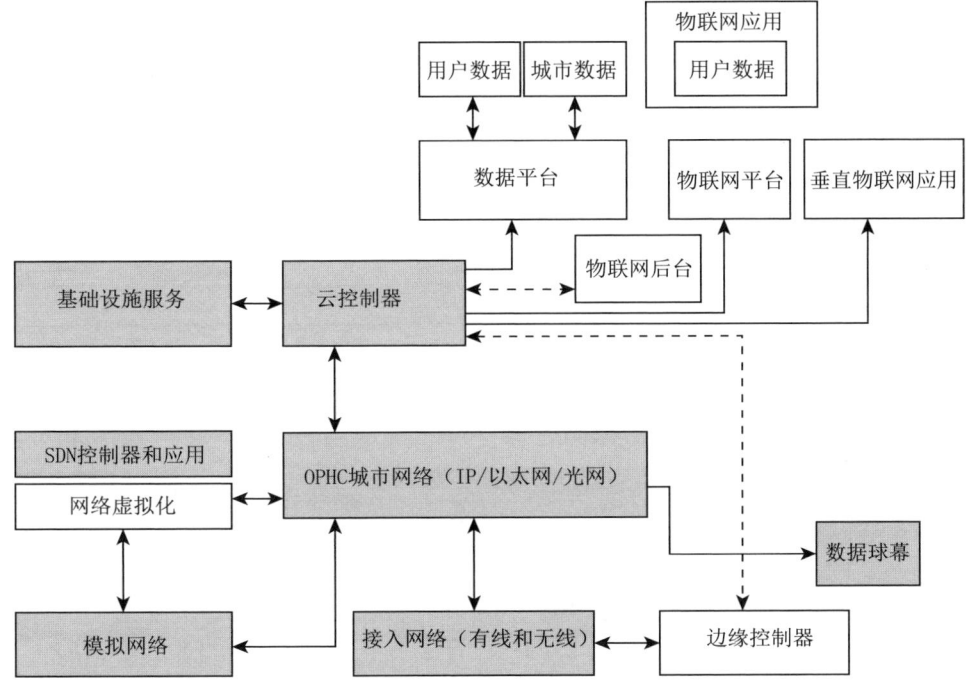

图 25 大卫于 2016 年 9 月制作的高级体系结构
(图中浅灰色框表示已完成的设计,其他框表示正在开发的功能)

在设计 HLA 时,大卫和 OPHC 工程团队的成员对于应该在 HLA 里包括哪些特征(如 SDN 控制器①)有了一些基本想法,但是他们没有具体的议程。所以,在设计的过程中,他们整合了任何可以被他们所用的技术元素。例如,

---

① SDN 控制器是一个逻辑上集中的控制器,用于管理网络中的硬件组件。它提供了一个平台,用于在其上开发不同的应用程序,并通过使用标准化协议的接口将它们的结果传递给组件。它使组件的行为得以实现,并根据智能方式来控制网络。

## 智慧城市的创新
### 发生在英国的故事

在设计 HLA 之初，OPHC 工程团队并没有考虑到云控制器。但是在设计的过程中，OPHC 工程团队突然意识到可以提供云服务，因此，他们将云控制器添加到 HLA 中。另一个例子是边缘计算（edge computing）[①]。在平台开发的早期，工程团队就有将边缘计算纳入 HLA 的想法，但直到 2016 年 2 月才被正式添加到 HLA 中，将其纳入 OPHC 的原因是它有利于海港城的创意数字工作者去做一些创新探索，如开展可玩性城市[②]等项目等。为什么 OPHC 工程团队会不断修改 HLA 的设计呢？这背后反映了 OPHC 工程团队所持的一种技术不可知性（technology agnostic）的工程哲学态度。技术不可知性的哲学态度意味着当工程师设计基础设施时，他们不仅要考虑指定的功能，还要考虑如何建设一个"活的"基础设施，这个"活的"基础设施可以不断嵌入各种最新的技术。换言之，基础设施不仅仅是为了今天的需求而设计，它还可以不断适应明天的需求。正如大卫所说："每当有什么东西有用且可用时，它都必须作为平台的一部分被整合进去"（大卫的访谈资料，2016 年 9 月 14 日）。

从上述建设可编程测试平台的工程故事中，我们可以发现 OPHC 项目的期望在其中起到了一定的作用。OPHC 项目的期望协调着 OPHC 工程团队的行动，让他们的工程工作朝着实现可编程测试平台的目标进行。大卫和团队成员接受了 OPHC 项目的期望分配给他们的角色，并逐步建立了实现该期望的议程。然而，由于经费使用截止日期的限制，可编程测试平台并未得到充分的设计。OPHC 工程团队不仅需要设置物理网络，还需要从零开始设计高层体系结构。因此，OPHC 工程团队一方面创建了任务分工来完成一系列物理网络的设置工作；另一方面，他们试图开发一个平台来控制物理网络并使其变得可编程而设置物理网络的工作比开发平台的工作要容易一些。导致平台开发工作困难的原因有以下三个方面：一是因为 OPHC 项目的管理层就项目发展的优先级并未达成统一意见，使得 OPHC 工程团队没有一个官方的、清晰的平台开发路线

---

① 理解"边缘计算"的一个好方法是将其与"云计算"进行比较。云计算将计算能力和数据集中在云中，并根据按需付费的方式通过互联网提供计算资源和服务。它通常托管在分布于世界各地的大型数据中心中。而"边缘计算"则恰恰相反，它将应用程序和计算能力从中心位置推向边缘，使得可以在数据源处进行分析和数据收集。

② 可玩性城市是由 DOCK 发起的地方倡议，旨在利用数字技术促进人们彼此之间的互动和人与城市基础设施之间的互动。

# 第六章
## OPHC 项目的实施过程

图。二是因为 OPHC 工程团队在工程过程中遇到了许多技术障碍。比如，OPHC 工程团队开发了几个版本的 SDN 控制器才达到满意的效果。三是因为工程团队秉持的技术不可知性的哲学理念，让他们雄心勃勃地想把可编程测试平台一直保持在最先进状态。最终的工程工作结果是，OPHC 工程团队成功地开发了可编程测试平台的一些方面，例如，Wi-Fi 网络、光网络、SDN 控制器和云服务。但是在撰写这份研究时，OPHC 工程团队尚未能够完全交付 OPHC 项目的期望声明中所描述的可编程测试平台。

### （二）可编程测试平台的实际使用者

在 OPHC 项目的期望声明中，为可编程测试平台设想了一个包括四类群体的用户生态系统（学术研究群体、本地合作伙伴、商业群体和其他城市）。在田野工作期间，OPHC 项目的期望只成功动员了两类用户群体使用可编程测试平台，他们是一部分的学术研究群体和商业群体。接下来我们将着重介绍这两类群体使用可编程测试平台的情况。至于为什么其他类别的群体没能使用可编程测试平台，将在本章其他小节和第七章展开探讨。

#### 1. 成功动员学术研究群体使用可编程测试平台

OPHC 的期望成功地动员了一些学术研究人员来使用可编程测试平台。这些研究人员主要来自海港城大学的 NEXT 实验室和其他研究领域的工程师。他们接受了 OPHC 项目的期望所分配给他们的角色，并在 OPHC 项目的可编程测试平台上进行了多种项目实验。这些项目大至欧盟的研究项目，小至 NEXT 实验室的博士研究项目。为了让读者更好地了解这些项目，表 3 列出了这些研究项目的类别、名称以及项目使用测试平台的原因。从表中我们可以发现，有三类研究项目使用了可编程测试平台。第一类研究项目是欧盟的研究项目。从 2015 年 9 月至 2016 年 7 月，NEXT 实验室的工程师提交了几份（欧盟）地平线 2020（Horizon 2020）计划的项目申请书。在这些项目申请书中都提及 OPHC 项目的可编程测试平台为研究提供支持。最终，四个项目申请书均获得了资金支持。第二类研究项目是海港城大学现有的研究项目。例如，海港城大学量子计算研究组开展的 QCT 项目，该项目使用 OPHC 可编程测试平台来测试量子

# 智慧城市的创新
## 发生在英国的故事

密钥分发①（quantum key distribution，简称"QKD"）的相关知识。第三类研究项目是 NEXT 实验室的博士研究人员进行的小型研究项目。这类研究项目有两个例子，一个是城市交通控制项目，研究人员查理想使用 OPHC 可编程测试平台中的射频网状网络来收集道路上车辆的数据，他选择使用射频网状网络来进行实验的原因是射频网状网络比普通 Wi-Fi 网络更为冗余。另一个例子是由 NEXT 实验室的研究人员卡洛所进行的城市移动模式项目，该项目想在 OPHC 可编程测试平台分布在全城的机柜里安装设备来进行实景测试，以了解人们在城市中的移动模式。

表3　OPHC 项目的研究用途列表

| 项目类别 | 项目名 | 使用测试平台的原因 |
| --- | --- | --- |
| 欧盟项目 | 欧洲 5G 项目 | 使用 OPHC 测试平台测试 5G 技术 |
| 欧盟项目 | COPY | 使用 OPHC 测试平台来测试智慧城市应用，如智慧能源和智慧交通 |
| 欧盟项目 | BALL | 使用 OPHC 测试平台的异质网络基础设施来测试光网络和无线网络的融合 |
| 欧盟项目 | EDGE | 使用 OPHC 测试平台来探索大数据和云计算 |
| 海港城大学项目 | QCT | 使用 OPHC 测试平台来测试量子密钥分发（QKD）技术 |
| NEXT 实验室研究项目 | 城市交通控制 | 使用 OPHC 测试平台的射频网状网络来收集有关车辆的数据，进行城市交通控制的测试 |
| NEXT 实验室研究项目 | 城市移动模式 | 使用 OPHC 测试平台提供的实景环境测试城市移动模式 |

从上述的描述中，我们可以发现使用 OPHC 可编程测试平台的研究人员都有一个共同的特征，那就是他们都是工程师。我们可以说 OPHC 项目的期望只动员了部分工程类学术研究群体使用 OPHC 可编程测试平台，未能动员非工程类学术研究人员（如社会科学家）参与测试。换言之，OPHC 测试平台和非工程类研究人员之间存在着距离。其实，早在 2015 年 OPHC 项目启动之初，吸纳非工程类研究人员参与 OPHC 项目的问题就被提上了议程。OPHC 项目还专门聘请了一名叫作黑兹尔的研究人员来探索如何促进社会科

---

① 量子密钥分发（quantum key distribution）指的是一种利用量子力学的特性来保证通信安全性。

# 第六章
## OPHC 项目的实施过程

学类研究和市民创新，以及如何吸引非工程类研究人员参与。最终，黑兹尔发现，海港城大学的社会科学领域缺乏能引领智慧城市研究的专家学者，因此她建议需要在海港城大学内就智慧城市主题进行跨学科合作。

### 2. 成功动员大型企业使用可编程测试平台

OPHC 项目的期望还成功地动员了一些商业群体使用可编程测试平台。OPHC 商业团队负责与大型企业协商合作，克里斯是 OPHC 商业团队的负责人，鲁弗斯则在 2016 年加入 OPHC 商业团队。在田野工作期间，OPHC 商业团队已成功地与国际上三家知名的大型企业建立了合作关系，包括 SDN 解决方案的提供商 JEP、移动技术公司 EXTRA 和通信设备/服务提供商诺曼（参见表4）。这些大型企业愿意与 OPHC 合作的原因大概有三种：第一种是这些大型企业想要使用 OPHC 可编程测试平台来测试他们的产品。例如，JEP 使用可编程测试平台来开发其废物管理系统。第二种是这些大型企业希望通过参与 OPHC 项目将他们在海港城成功测试的智慧城市解决方案直接卖给海港城政府。这种企图在 JEP 的身上体现得尤为明显。正如 OPHC 商业团队的一位成员所说："战略上来说，JEP 想要的是为他们的产品进行开发，并进行跨网络的共同设计。但是，他们也想将自己的产品卖回给海港城政府。"（OPHC 商业团队成员的访谈，2016 年 8 月 23 日）第三种是这些企业想通过与 OPHC 项目的合作来提高自身在智慧城市领域的声誉。这一动机可以在诺曼的情况中看到。正如 OPHC 商业团队的一名成员所说："他们（诺曼）想要与全球智慧城市创新者［海港城和 OPHC 项目］联系在一起。这意味着诺曼进入了智慧城市世界。"（OPHC 商业团队成员的访谈资料，2016 年 8 月 23 日）值得一提的是，诺曼并不是唯一一个怀有此想法的公司，有一批科技公司也带着这种目的与 OPHC 项目合作。

表4　与 OPHC 合作的大型企业列表

| 商业合作伙伴（大型企业） | 与 OPHC 项目合作的原因 |
| --- | --- |
| JEP | 通过 OPHC 测试平台测试其废物管理系统<br>将与 OPHC 项目的连接视为向海港城市政府销售解决方案的机会 |
| EXTRA | 在实景环境中测试其技术解决方案 |
| 诺曼 | 出于公共关系的目的 |

## 智慧城市的创新
### 发生在英国的故事

与学术研究群体类似，商业群体中也只有一部分特定类型的企业在使用OPHC可编程测试平台。如上所述，与OPHC建立合作关系的都是大型企业，并没有中小企业或者独立开发者通过OPHC可编程测试平台进行实验。只吸引大型企业参与测试并非是OPHC项目的初衷。OPHC项目的期望声明中设想了各种类别的企业都可以通过OPHC可编程测试平台进行实验，大到大型跨国企业（如JEP），小到海港城的中小企业和独立开发者（如BOX和DOCK中的中小型企业及独立开发者）。那么，为什么OPHC项目的期望无法动员海港城的中小企业和独立开发者使用OPHC可编程测试平台？根据笔者在田野工作中对多名海港城中小企业主和独立开发者的访谈总结出了三个原因：

第一个原因是大多数海港城的中小企业没有可以进行测试的技术。以BOX中的中小企业为例，根据OPHC项目的期望，BOX中的中小企业可以使用可编程测试平台来测试他们的技术，包括从技术成熟度一级（接近市场的技术）到技术成熟度九级（远离市场的技术）。实际情况是，BOX中的大多数中小企业都是初创企业。如果我们将它们放在技术成熟度的测量尺度上，它们的技术可能属于技术成熟度四级或者五级（山姆的访谈资料，2016年8月15日）。虽然OPHC项目的期望认为所有技术成熟度的产品都可以使用可编程测试平台进行测试，但实际情况是海港城大多数中小企业所拥有的技术产品还未达到需要测试的阶段。

第二个原因是中间件的缺乏阻碍独立开发者使用OPHC可编程测试平台。中间件是一种软件，这种软件将所有技术细节和网络资源进行抽象化，这种抽象化有助于非网络专家的用户与网络资源进行互动。OPHC项目的期望认为海港城具有一定技术知识的独立开发者会比普通民众更容易使用可编程测试平台。然而，这些独立开发者不是通信网络专家，他们在没有中间件的情况下不知道如何使用可编程测试平台。下述是海港城一位独立开发者对这一问题的反映：

> 研究者：你知道SDN吗？
> 一位独立开发者：我不知道谁想要搞清楚那种程度的东西。
> 研究者：没有深入到那个程度的理解，你觉得你能用它吗？
> 一位独立开发者：我猜我需要虚拟机和云，这是我的常规操作方式。

# 第六章
## OPHC 项目的实施过程

> 为了使用它（OPHC 测试平台）而做任何额外的工作对我来说都是一种障碍。我不想了解他们建立网络的方式或其他任何东西。这对我来说有什么好处呢？
>
> ——独立开发者的访谈资料，2016 年 10 月 3 日

正如上面的访谈对话所示，独立开发者不想花费任何额外的精力去了解网络知识以使用 OPHC 可编程测试平台。因此，在独立开发者和 OPHC 可编程测试平台之间需要中间件。然而，根据大卫的说法，中间件在短期内是不会被开发出来的，因为中间件的开发通常需要面向特定的应用，比如用于远程医疗管理的中间件与用于能源管理的中间件是不同的。由于当前尚未有建立在 OPHC 可编程测试平台之上的应用，所以 OPHC 工程团队并未将开发中间件作为优先考虑事项。

第三个原因是中小企业和独立开发者倾向于考虑短期未来。与可以花费三至五年进行研发的大型企业和研究机构不同，中小企业和独立开发者无法等待和投入大量的时间进行实验。他们想要的是"触手可及的未来"。中小企业倾向于投资能够迅速获得回报的东西。正如一位独立开发者所说，"我认为实验对于大企业来说更有吸引力，因为他们可以考虑十年以上的事情。所以，我认为对于我们来说，我们需要在未来两三年内生存下来。这是更加短期时间维度的思考"。（独立开发者的访谈资料，2016 年 10 月 3 日）而大型企业可以考虑更长期的未来，尽管当前的试验和测试并不会给他们带来任何立刻直接的回报，但是这些企业仍然愿意投入时间、资金和人力成本去进行实验，因为这些企业认为这些前期投入在未来会获得回报。作为大型企业考虑长期未来的一个例子，我们在下文会读到四叶软件为数据球幕进行"免费"开发的内容。

## （三）学习、压力和创新结果

可编程测试平台的开发工作和用户吸纳工作并非两个互不影响的过程。OPHC 工程团队、OPHC 商业团队和用户之间的互动也对项目的整体发展产生了影响。这些影响既有积极影响也有消极影响，积极影响是指由互动引发的学习过程。学习是滋养新创新的积极因素之一，根据战略性生态位管理理论，学

# 智慧城市的创新
## 发生在英国的故事

习是生态位的三个内部过程之一。霍格马（Hoogma，2000）进一步将学习分为一阶学习和二阶学习，一阶学习是指为预先设定的假设累积相关知识的学习，而二阶学习则是指挑战最初认知框架和基本假设的学习活动。在本研究中，一阶学习是在 OPHC 工程团队、OPHC 商业团队和用户之间的互动过程中最常见的一类学习。一阶学习体现在诸多方面，例如，OPHC 工程团队通过与用户的互动更好地了解用户需求，比如基础设施如何更好地适应用户的测试需求。OPHC 商业团队在与用户互动的过程中学会了如何处理一些棘手的问题，比如与企业合作时的版权问题，为了与企业合作，OPHC 工程团队不得不公开一些技术内容，在版权保护和与企业合作之间存在着一个两难的问题，这种类型的一阶学习有利于提高可编程测试平台的设计和管理。而二阶学习在互动过程中也偶有发生，一个很好的例子是 OPHC 商业团队对商业模式的重新思考，在最初的商业模式中，大型企业需要支付一笔固定的会员费才能使用 OPHC 测试平台（参见表2）。OPHC 项目的第一个商业合作伙伴 JEP 在五年内支付了 100 万英镑的会员费来使用 OPHC 可编程测试平台，OPHC 商业团队通过观察 JEP 对可编程测试平台的使用后，逐渐意识到最初的商业模式对 OPHC 来说并不公平。因为 100 万英镑的会员费与大型企业通过可编程测试平台进行实验获得的收益相比非常低。OPHC 商业团队从实践中学习到了经验，这种经验挑战了他们对商业模式的最初设想。于是，OPHC 商业团队对 OPHC 项目的商业模式进行了重新设计。

吸纳用户使用 OPHC 可编程测试平台也给平台的开发工作带来了负面影响。因为这些用户给 OPHC 工程团队已经非常紧凑的工程开发计划塞入了许多额外的工作。图 26 展示了 OPHC 工程团队的工作量。从图中可以看出，除了平台开发的工作量以外，OPHC 工程团队还必须确保测试平台能支撑商业合作伙伴的实验需求。在 2015 年年底至 2016 年年初，OPHC 工程团队面临着繁重的工作量。在高峰期，共有五名工程师负责处理工程开发工作和满足用户需求工作。然而，有两名工程师在 2016 年初离开了 OPHC 工程团队。OPHC 工程团队的工程师人数从五人减少至三人。人数的减少使工程开发工作难以继续进行。大卫于 2016 年 5 月做出了停止工程开发工作的决定，因为包括他自己在内的三名工程师已无法保证既交付可编程测试平台，又支持研究项目对平台的

# 第六章
OPHC 项目的实施过程

需求和履行对商业合作伙伴的合同承诺。在访谈中,大卫使用"工程冻结"一词来形容工程开发工作的暂停(大卫的访谈资料,2016 年 9 月 14 日)。太多的用户承诺与太少的工程师之间形成的不平衡表明,OPHC 工程团队和 OPHC 业务团队之间缺乏协调。OPHC 商业团队专注于吸纳商业合作伙伴,忽略了 OPHC 工程团队日益加重的工作负担。日益增多的用户对于 OPHC 工程团队来说只能带来更多的工作压力,最终,导致整个工程开发的进展被延迟。

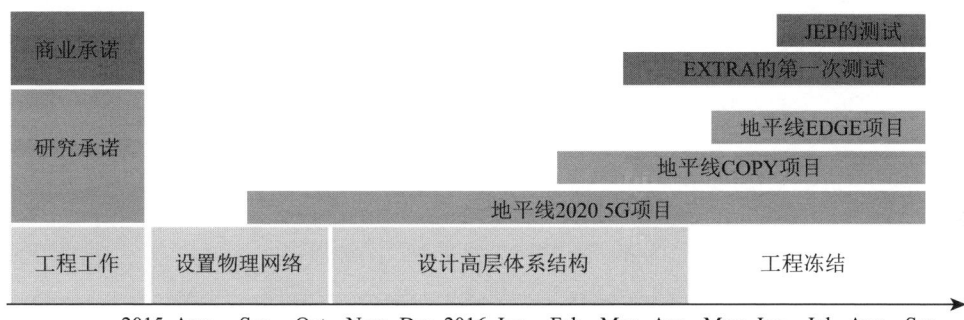

图 26  2015 年 8 月至 2016 年 9 月 OPHC 工程团队的工作量

在田野工作结束时(2016 年 10 月),无论是可编程测试平台的开发工作还是多类型用户对平台的使用方面都未能实现 OPHC 项目的期望。该可编程测试平台不被认为是开放的,因为只有工程类的学术研究人员和大型企业在使用该平台,并非如苏珊为其命名时所说的"我们将这个基础设施免费提供给任何人,所以我们将这个测试平台命名为'开放'……"。(苏珊的访谈资料,2016 年 7 月 21 日)虽然 OPHC 工程团队已经设置好可编程测试平台的大部分物理网络并设计了平台的部分内容,但是可编程测试平台并没有完全达到可编程的状态。尽管如此,建设开放可编程测试平台的工作并未被视为一场失败。

## 二、建设第一个应用——数据球幕

### (一)OPHC 项目的期望中有关数据球幕的内容

与 OPHC 项目的实施有关的第二个田野点是数据球幕。在田野工作期间,

# 智慧城市的创新
## 发生在英国的故事

OPHC 项目的创新者围绕着数据球幕进行了一系列创新活动。在深入讨论该应用的实际实施过程之前，我们有必要进一步了解 OPHC 项目的期望中有关数据球幕的内容。在 OPHC 项目的期望声明中，数据球幕被描述为一个城市数据可视化设备、城市数据展示和互动空间。为了帮助读者更好地理解这个期望，图 27 将数据球幕的期望内容展示了出来。

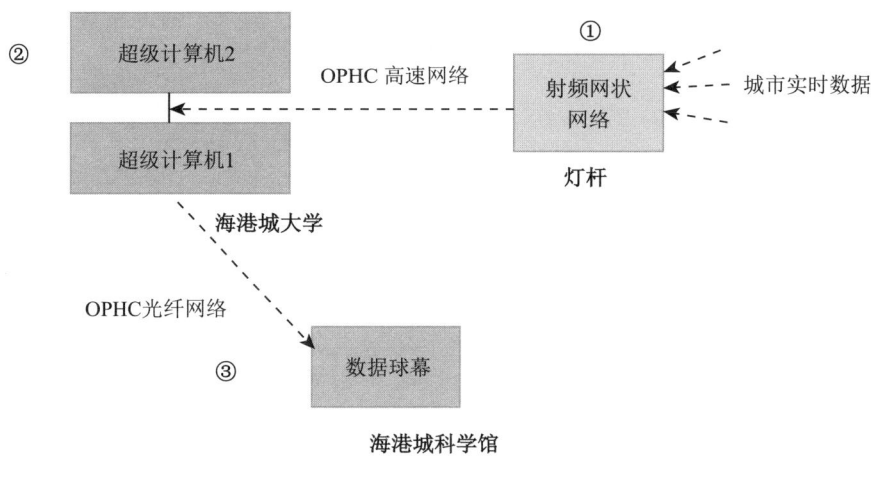

图 27　数据球幕的场景

从图 27 中我们可以看到，OPHC 使用挂在海港城内 1500 个灯杆上的传感器创建了一个射频网状网络。这些射频网状网络用于收集海港城的实时数据（参见图 27①）。这些被收集起来的实时数据将被传输到海港城大学的超级计算机。海港城大学的超级计算机可以对实时数据进行处理和对数据进行 3D 可视化（参见图 27②）。然后，经过超级计算机 3D 可视化处理后的内容通过 OPHC 项目的高速光纤网络传输到数据球幕（参见图 27③）。苏珊以空气污染数据为例对这个数据球幕的期望进行了介绍。

给你们一个使用的例子。我们将这个数字可视化设备（数据球幕）与污染监测传感器和超级计算机连接起来。这样一来，我们将能够获得城市的实时污染数据，并对其进行实时分析和处理。超级计算机可以就城市污染水平进行实时的 3D 可视化处理。因此，当人们进入这个可视化设备

# 第六章
OPHC 项目的实施过程

（数据球幕）时，人们将看到城市污染水平的实时变化情况，并最终能够与之互动。

——苏珊在 2015 年 3 月的一次 5G 会议上的演讲

数据球幕对 OPHC 项目的重要性不仅在于它是一个数据可视化设备，更重要的是，它体现了 OPHC 项目对市民的重视。正如苏珊的演讲内容中所显示的那样，OPHC 项目希望市民能够进入球幕观看城市的实时数据，并与数据进行互动。数据球幕之所以被赋予市民参与的重任是因为球幕位于海港城科学馆内。科学馆通常被视作一个方便让市民进入的公共场所（数据球幕团队成员的访谈资料，2016 年 2 月 23 日；布朗的访谈资料，2016 年 5 月 10 日）。但是，值得注意的是，海港城科学馆实际上是一个需要市民付费才能进入的空间。

## （二）数据球幕的建设过程

为了实现数据球幕的期望，海港城政府和海港城科学馆分别派出了工作人员成立了一个数据球幕团队。海港城政府对数据球幕感兴趣，是因为海港城政府是数据球幕项目的资金持有者。从公共服务的角度上来说，海港城政府希望了解数据球幕沉浸式的数据展示环境如何触发公众的情感反应从而促使公众行为的改变（田野笔记，2015 年 5 月 24 日）。除此之外，海港城政府还希望了解数据球幕如何能为当地人创造更多的就业机会。海港城科学馆派遣工作人员参与球幕团队是因为球幕是科学馆的资产，科学馆将建设数据球幕视为升级球幕设施的绝佳机会（数据球幕团队成员的访谈资料，2016 年 10 月 5 日）。

### 1. 探索数据球幕所需的硬件条件

数据球幕团队面临着与 OPHC 工程团队类似的情况，由于市场上没有现成的数据球幕产品可以直接购买并安装，数据球幕团队不得不从零开始设计和实现该想法。但是，与由技术专家组成的 OPHC 工程团队相比，数据球幕团队的成员并不具备数据球幕所需的背景知识，如数据可视化或数据分析。因此，数据球幕团队在创新的过程中必须依靠不同专家的建议。摆在数据球幕团队面前

## 智慧城市的创新
### 发生在英国的故事

的首要问题是改造升级球幕的物理环境，使其具备数据球幕所需的硬件条件。他们用数字天文星象秀提供商数字月亮提供的 3D 数字投影系统替换了旧的光学投影系统①。3D 数字投影系统包括 2 台投影机、17 台计算机和一个天文星象秀内容资料库。数据球幕团队选择数字月亮提供的解决方案的原因有两个：首先，数字月亮是一家专业天文星象秀的设备提供商，其解决方案能够满足科学馆长期以来想升级球幕的愿望。其次，数字月亮提供的解决方案采用 2 台投影仪来投射 3D 图像，满足了数据球幕需要 3D 沉浸式环境的需求。

购买数字月亮的系统让数据球幕的期望变得离现实更近了一步，此时的球幕已经可以用来观看数字化内容。数据球幕团队兴奋地迈出了下一步，开始探索在球幕环境中可以对哪种类型的数据进行可视化展示。数据球幕团队委托数字内容设计公司 I-LOOK 进行探索。经过一番研究后，I-LOOK 提交了一个在球幕环境中展示的短视频（参见图 28）作为研究结果。这个短视频展示了海港城的 300 个数据集，涵盖环境、公共服务和交通等方面的数据，试图向观众展示各种类型的城市数据都可以在球幕中呈现。然而，这个短视频仅仅是将过去的数据做成一个数据可视化的短片，而不是 OPHC 项目的期望中所谈到的实

图 28 人们在球幕内观看数据可视化的短片

---

① 旧的投影系统是星板投影系统，更多信息请参见第五章。

## 第六章
### OPHC 项目的实施过程

时数据可视化。正如数据球幕团队的一名成员评价说,"I-LOOK 做得很好。但实际上,如果你想进行数据可视化,你不能制作一个关于数据可视化的短片,因为短片里面的数据已经不是最新的了。你希望数据可视化是即时的、相关的且是可调整的。这不是一部短片。这意味着互动,这也是我们踏上探索互动之旅的起始点"。(数据球幕团队成员的访谈资料,2016 年 10 月 20 日)

基于 I-LOOK 的研究,数据球幕团队很快地意识到他们需要探索实时数据投影的交互性问题(佩吉的访谈资料,2016 年 10 月 5 日)。但之前购买的数字月亮提供的 3D 数字投影系统并不支持交互式内容。为了弥补这一不足,数据球幕团队在 I-LOOK 的建议下向一家名为 WISO 的提供商购买了两个服务器。选择 WISO 是因为 WISO 的系统支持游戏开发平台 Unity。许多虚拟现实和游戏开发人员都喜欢使用 Unity 平台进行内容开发。数据球幕团队认为购买 WISO 的系统将更有利于吸引开发人员为数据球幕开发内容。

从上述数据球幕硬件设施的探索历程来看,我们发现 OPHC 项目的期望,尤其是数据球幕的期望,在创新过程起到了一定的作用,该期望协调着数据球幕团队的行动。数据球幕团队接受了 OPHC 项目的期望所赋予他们的角色,并展开一系列行动探索数据球幕所需的硬件条件。数据球幕是一个完全崭新的事物,我们可以将其视为一个生态位层面上的创新。为数据球幕寻找合适的硬件设施需要经历几番周折,在这个探索的过程中,生态位三个内部过程中的两个过程在这里发挥了作用。首先是建立社会网络。数据球幕团队围绕 OPHC 项目的期望中有关数据球幕的内容建立了一个社会网络,吸收了一系列技术提供商,如数字月亮、I-LOOK 和 WISO。这些技术商提供的产品形成了数据球幕的硬件条件。其次是学习。数据球幕团队在探索球幕所需硬件条件的过程中进行了一阶学习(Hoogma,2000)。例如,数据球幕团队了解数据球幕相关的技术知识,如哪种服务器可以显示创意内容,如何使用 WISO 投影交互式的内容等。

作为这一阶段的探索结果,数据球幕团队构建起了数据球幕所需的硬件条件。图 29 展示了构成数据球幕的硬件条件,从中我们可以看到,数据球幕的硬件主要分布在两个房间中。房间 1 是一个展示室,包括一个球形穹顶屏幕、约 90 个座位、2 台数字投影机和 2 台计算机。房间 1 连接到房间 2。在房间 2 中,有 17 台数字月亮提供的计算机、2 台 WISO 的服务器和一个 OPHC 的活动

# 智慧城市的创新
## 发生在英国的故事

节点。数字月亮提供的 17 台计算机主要用于天文星象秀,而 WISO 服务器和 OPHC 的活动节点则服务于数据球幕的目的。

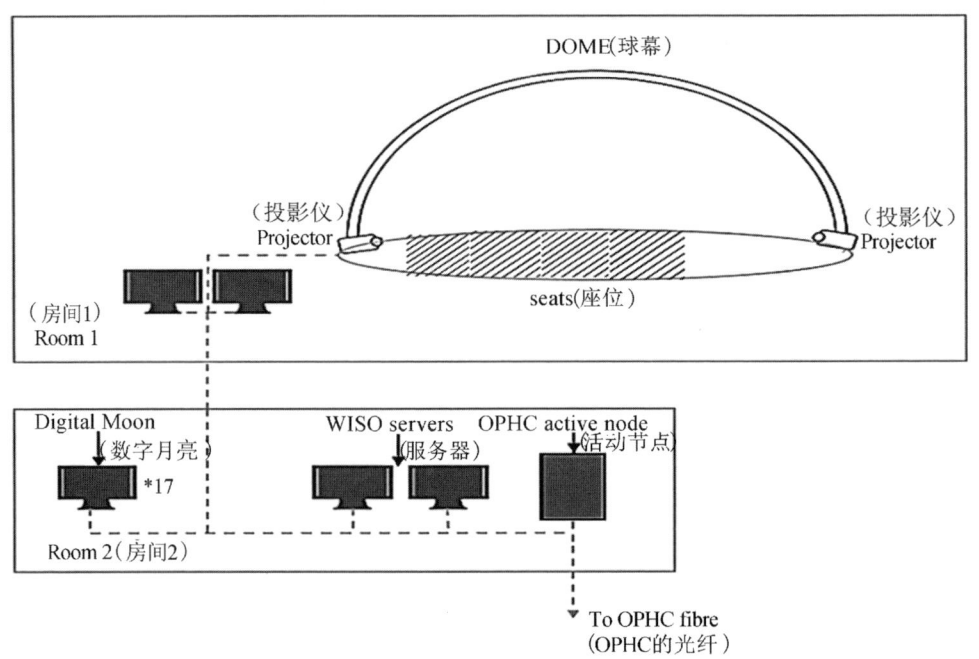

**图 29　数据球幕的物理布局**

### 2. 数据球幕工作坊:寻找球幕的展示内容

在大致处理好数据球幕硬件层面上的工作之后,数据球幕团队决定开展下一阶段的工作,即探索适合在球幕中展示的内容(佩吉的访谈资料,2016 年 10 月 5 日;吉姆的访谈资料,2016 年 10 月 20 日)。DOCK 和未来城市雷达也派出人员加入寻找球幕展示内容的工作。DOCK 原本就是海港城的创意科技研究和发展空间,拥有丰富的创意项目培训和孵化经验。于是,DOCK 指派了一名员工加入数据球幕团队。未来城市雷达则是一家受到英国政府支持的城市创新中心,热衷于与英国当地政府合作,以寻找智慧城市的示范案例。数据球幕吸引了未来城市雷达的注意,该中心派遣了几名了解数据的工作人员加入数据球幕团队。

为了寻找好的实时数据内容投影到球幕中,数据球幕团队决定与海港城中更广泛的群体展开对话,工作坊被认为是促进这种对话的最佳方式。在 2015

# 第六章
## OPHC 项目的实施过程

年 5 月至 2015 年 7 月期间,数据球幕团队举办了两次工作坊,吸引了海港城各个领域约 50 名人士参加。参与人员的领域包括数据可视化、数字艺术、游戏(尤其是虚拟现实游戏)和数据分析(田野笔记,2015 年 5 月 24 日)。为了吸引海港城当地的开发人员为球幕开发展示内容,每次工作坊的开始环节,数据球幕团队成员都会向参与者阐述期望。在生态位的内部过程中,阐述期望被认为有助于吸引资源和必要的支持(Schot and Geels,2008)。在这里,数据球幕团队阐述期望的行为是为了帮助数据球幕吸引更多愿意为球幕开发展示内容的人。演讲是阐述期望的主要方法,在数据球幕团队成员的演讲里,数据球幕被当作 OPHC 项目的一部分来介绍,数据球幕团队鼓励工作坊的参与者利用海港城的开放数据开发既能反映城市问题的、又具有创造性的球幕展示内容(田野笔记,2015 年 5 月 24 日)。为了激励工作坊参与者开发球幕展示内容,未来城市雷达计划为成功设计出原型(prototype)产品的参与者提供了 6 万英镑的奖金。

阐述期望和奖金的刺激使得工作坊开展后有许多参与者愿意为数据球幕开发展示内容。参与者们提出许多有创意的想法。以下是两位工作坊参与者的访谈摘录,这些摘录为我们提供了参与者创意想法的片段。第一个想法来自一位数据分析师,他希望为球幕开发一个沉浸式数据查看和投票系统。第二个想法来自一位程序员,他希望将球幕变成一个人们可以共同讨论数据的空间。

### 沉浸式数据查看和投票系统

你可以对着球幕说:"球幕,给我显示 X 对 Y 的图表。"然后图表就会出现在球幕上。你只需说出命令,它就会自动显示图表。你可以这样挥一挥手,图表就消失了。还有一个推特(Twitter)实时流,人们可以在旁边讨论。当数据向你移动时,你可以进行排序。就像《少数派报告》中那样。当你完成了数据的查看,你可以说:"我们应该投票。谁认为这有用?"人们举手,它将会自动的计票。

——一位数据分析师的访谈资料,2016 年 9 月 13 日

# 智慧城市的创新

## 发生在英国的故事

### 共同讨论数据的场所

我希望它（数据球幕）可以成为一个共享空间，人们可以在里面进行数据可视化展示和讨论。我希望它（数据球幕）能成为一个非常社交性质的讨论数据的空间……我认为它可以是一个开放的空间，球幕里可以分布三到四个数据可视化……也许有三四个人的小组，走来走去，讨论这些数据可视化。他们也可以穿过房间，与另一组人讨论。目前人们经常在办公室用笔记本电脑查看数据。缺乏与人的互动，这是一种非常孤独的数据体验。

——一位独立开发者的访谈资料，2016 年 10 月 5 日

虽然工作坊的参与者产生了许多可以在球幕环境中做什么的好主意，但是到实际提交竞标文件时只有几位参与者提交了标书。最终，在很少竞争的情况下，两个未完成的原型产品赢得了奖金。其中一个原型产品是规划一款植树游戏，该游戏允许球幕的观众用手机与球幕屏幕上的数字内容进行互动，这种互动的目的旨在增强观众的环保意识。这个原型产品中的实时数据来源于观众手机的实时输入，这些实时数据并未像数据球幕期望声明中所说的那样来自 OPHC 项目的射频网状网络。另一个原型产品是城市空气污染的三维数据可视化。该原型产品从一个名为开放街道地图（open street map）中获取开放数据，然后建立了一个海港城的模型，并将海港城的污染水平数据进行了可视化。在这个原型产品中并没有显著的互动功能，也没有使用到 OPHC 项目的射频网状网络。

为什么最后很少有工作坊的参与者为球幕开发展示内容？阐述期望不充分是其中一个原因，主要表现在两个方面：一是所说的和可读行动（readable action）之间的矛盾。什么是可读行动呢？根据范伦特（Van Lente, 1993）的说法，期望声明不仅是可以被阅读的文字，还包括可以被解读的行动。他把这些非文字的期望声明称为可读行动。类似于文字，可读行动也通过为自己、他人和工具的定位来实现某种效果。当球幕开发团队在阐述有关数据球幕的期望时，一方面，数字球幕团队利用自己的演讲（言辞）来鼓励参与工作坊的本地开发人员对球幕进行内容开发。而另一方面，数据球幕团队在现实中展现的

## 第六章
### OPHC 项目的实施过程

行动却表明相反的事情。在数据球幕团队发送给工作坊参与者的开发合同里写道，成功中标的设计及所有产品的版权归属于未来城市雷达。数据球幕团队就知识产权问题在演讲中所说的与合同里的安排（可读行动）相矛盾，这种矛盾使得工作坊的参与者感到十分困惑。上文访谈摘要中提到了一位数据分析师，他本来兴致勃勃地要为数据球幕开发一个沉浸式数据查看和投票系统，但当他读到开发合同的版权安排时，立马失去了参与开发的动力。他不想开发一个系统，最后让未来城市雷达从中获利。另一位工作坊参与者也有相同的感受，他评论道："如果他们告诉我们这是未来城市雷达的委托，那就没问题。但是他们没有告诉我们，直到我读到合同才开始意识到。"（一位工作坊参与者的访谈资料，2016 年 10 月 3 日）。因此，数据球幕团队所说的和可读行动之间的矛盾导致许多潜在的开发人员失去了开发兴趣，只有少数的几个人提交了标书。阐述期望不充分的另外一个原因是期望的解释灵活性（interpretation flexibility）问题。根据肖特和吉尔斯（Schot and Geels, 2008）的说法，期望应该给人留下一定程度的解释灵活性。如果可供解释的空间过于窄，期望将不利于鼓励人们参与。如果可供解释的空间度过于宽，期望将不能为研究提供方向上的指导。从这个角度来说，数据球幕团队在阐述期望时并没有给参与者留有足够的解释空间。从上述两个访谈摘录中，我们可以发现参与者有许多关于在球幕中可以做什么的想法。然而，数据球幕团队过于专注于寻找适合球幕的原型内容，而没有为其他的解释提供空间。这也让一些人由于想法无法实现而放弃为数据球幕进行开发工作。

除了阐述期望不充分以外，一些实际的原因也限制了工作坊参与者为数据球幕开发展示内容。首先，开发者需要在非常短的时间内开发原型产品，且没有对他们进行球幕环境下进行开发的相关技术培训。这导致开发者需要花费大量时间学习如何使用技术才能开发内容，例如，参与者花费了很长时间才学会如何同步两个投影仪的内容。其次，允许参与者进入球幕的时间非常有限，因为白天（早上 9 点至下午 5 点）的时间，球幕要用于天文星象秀（数据球幕团队成员的访谈资料，2016 年 2 月 23 日；一位工作坊参与者的访谈资料，2016 年 9 月 13 日）。最后，球幕内的物理布局也限制了许多数据互动设计方案的落实。从图 29 中，我们可以发现，球幕中有约 90 个固定的座椅和许多台

# 智慧城市的创新
## 发生在英国的故事

阶,这种物理格局限制了人们在球幕中的自由移动,任何涉及在球幕内进行身体运动的设计方案都会受到这种布局的限制。

3. 数据球幕发布会:吸收潜在用户

通过工作坊找到两个原型产品后,数据球幕团队着手准备数据球幕的正式发布会。他们希望通过发布会来吸引更多的人租用球幕或对球幕进行开发。为了在发布会上向观众提供更好的球幕展示内容,数据球幕团队给两个原型产品的开发者支付了一笔额外的费用,让他们完成设计并在发布会上展示。然而,由于突发的技术问题,这两个原型产品最终都没能在发布会上展示。于是,数据球幕团队很快从 DOCK 的一位开发人员那里找到了一个替代展示内容(参见图30)。OPHC 工程团队和 OPHC 商业团队也参与了数据球幕发布会的准备工作,OPHC 工程团队负责将数据球幕与 OPHC 的网络设施连接起来。OPHC 商业团队的克里斯则开始为租用球幕制定价格。他最初制定的租用球幕的价格为每小时1000 英镑。克里斯还成功地说服了英国著名的发动机公司 H&C 在发布会上使用数据球幕。最终,H&C 制作了一段有关其飞机发动机的3D 视频在球幕中播放。

图30 来自 DOCK 的开发人员制作的球幕内容

# 第六章

## OPHC 项目的实施过程

2015 年 11 月的一个冬夜里,数据球幕的发布会在球幕内如期举行。当观众走进球幕时,他们能在球幕上看到了一个实时的视频直播。视频里出现的是 NEXT 实验室的两名工程师,他们在向球幕内的观众问好(参见图 31)。对大多数观众来说,这种体验不过是一个普通的远距离视频通话。然而,从工程的角度来说,这种直播意义非凡,因为将高分辨率的实时视频不经过压缩传送到球幕的展示环境里需要很大的带宽。球幕内的实时视频直播成功地展示了 OPHC 的网络能力(大卫的访谈资料,2016 年 9 月 16 日)。

图 31 发布会上观看现场视频的观众(笑脸用于隐去工程师的真实身份)

在观众观看预先准备好的球幕展示内容之前,克里斯用演讲的方式向观众阐述期望。他告诉观众数据球幕是英国的第一个 3D 球幕,它是 OPHC 项目的一部分,通过高速网络与 OPHC 项目相连。数据球幕已经吸引了像 H&C 这样知名公司的关注。他鼓励人们来使用球幕,每小时需要花费 1000 英镑来租用它。

然而,克里斯在阐述期望时遭遇了挫折。通过对观众和数据球幕团队的访谈,可以明显看出并没有太多观众接受这个期望。在反思阐述期望为什么失败时,一位球幕团队的成员是这样评论道:

# 智慧城市的创新
## 发生在英国的故事

发布会失败是因为我们没有确定好一个故事。一天，我们对开发者说我们需要开发者来开发这个项目。而我们向他们展示的东西又都相当具有实验性。另一方面，它真的很昂贵（租用球幕的费用）。我们并没有很好地与观众相匹配。我们所说的对于企业客户来说并不具有说服力。而对开发者来说我们表达的又是你付不起。而且，OPHC 项目还没有想好如何销售球幕。

——数据球幕团队成员的访谈资料，2020 年 10 月 20 日

从上述评论中，我们可以看出影响发布会参与者接受数据球幕期望的原因有两个：一是预先安排的球幕展示内容并不足以让企业客户对投资球幕有足够的信心。另一个原因是所说的和可读行动之间的矛盾。在克里斯的演讲中，他鼓励人们租用球幕。但是，实际上球幕并是任何人都能使用的，设置高达每小时 1000 英镑的租金的行为就将许多开发者拒之门外。对于开发者来说，数据球幕的期望并不是对他们的邀请。相反，它似乎是在说，"如果你能支付得起，那么你就是受欢迎的"。（数据球幕团队成员的访谈资料，2020 年 10 月 20 日）

4. 五月数字周：吸引虚拟现实和 360 度内容开发者

数据球幕团队从发布会活动中学到了许多东西。他们进行了一系列有关项目管理的一阶学习。例如，他们学到数据球幕应该免费开放给开发者进行实验，并给开发者更多在球幕中进行实验的时间。除此之外，他们还学习到虚拟现实和 360 度内容①开发者或许是球幕最应该吸引的开发群体。因为这类群体所具备的知识与球幕的开发环境所需的知识类似，是最容易和球幕产生联系的开发者群体。为了吸引这类群体为球幕开发更多的内容，数据球幕团队还需要为他们专门开发一款转换工具。

在不断积累经验教训实现数据球幕的过程中，数据球幕团队逐渐开始意识到，将数据球幕视为城市数据可视化设备以吸引市民参与的期望将很难实现。从基础设施设计的角度来看，数据球幕并不是因为有大量从射频网状网络收集到的实时数据急需投影到球幕而建造起来的。相反，数据球幕的建设是由于一

---

① 360 度内容是一个沉浸式的球形内容，如 360 度全景视频。

## 第六章
### OPHC 项目的实施过程

个机遇，一个将已有的球幕设施、计算机科学家的想法和 OPHC 项目缺乏应用的现实联系起来的机遇。因此，OPHC 项目的基础设施并没有事先就数据球幕的目的而做出专门的设置。从市民参与的角度来看，数据球幕作为一个方便让市民进入并与城市数据可视化进行互动的公共空间受到了挑战。虽然数据球幕所在的海港城科学馆是一个公共空间，但这个公共空间并不是任何时间都可以进入的。在白天的时候，球幕被用于天文星象秀展示。因此，留给市民在球幕中观看数据的时间非常短暂。此外，并非每个位于海港城的居民都能随时随地轻易地欣赏到数据展示，因为球幕所在的科学馆坐落于海港城的市中心且需要支付一定费用才能进入。这一固定的位置和入场费也限制了居住在城市边缘和低收入的海港城居民前往观看数据。最后，数据球幕团队还发现就算人们能够前往球幕观看数据，在球幕里看到一些类似空气质量等的数据从他们头顶上飞过并不能对他们产生大的影响和实现改变他们行为的目的（数据球幕团队成员的访谈，2016 年 10 月 5 日）。但是数据球幕团队成员感受到的上述所有"不对劲"的感觉并不足以挑战 OPHC 项目的期望声明中对数据球幕最初的设想，也未能让数据球幕团队产生二阶学习。

虽然数据球幕的创新结果不是很理想，但数据球幕团队并没有认为该项目是失败的。相反，他们决定继续进行实验，并制定新的议程来吸引虚拟现实和 360 度内容的开发者。为了鼓励这类开发者为数据球幕开发内容，数据球幕团队准备清除上一阶段创新过程中发现的障碍。他们与海港城科学馆达成协议，将球幕免费开放给开发者。他们还请人开发了一款工具用来将虚拟现实和 360 度内容转换为球幕可用的内容（数据球幕团队成员的访谈资料，2016 年 10 月 5 日）。这主要是因为虚拟现实内容、360 度内容和球幕内容都使用到 Unity 开发平台。但是，球幕的投影环境与前两者不同，为了让虚拟现实和 360 度内容开发者更愿意为球幕开发内容，数据球幕团队请人开发了一款转换工具，该工具可以将虚拟现实和 360 度内容轻松地转换为球幕可用的内容。此外，数据球幕团队还特别委托海港城当地的虚拟现实公司轨道游戏为球幕设计一款试玩版游戏。选择轨道游戏的原因是该公司拥有第二屏幕技术，球幕可以被视为第一屏幕，手机屏幕则被视为第二屏幕。这个技术可以让球幕参与者使用手机作为输入设备与球幕上的内容进行互动。最后，轨道游戏设计出一款名为喷溅海港

## 智慧城市的创新
### 发生在英国的故事

城（splat harbour city）的虚拟现实试玩版游戏。观众可以在手机上下载该游戏，并在球幕中与其他观众一起试玩这款游戏（参见图32）。

图32 观众在数据球幕内试玩"喷溅海港城"的游戏

数据球幕团队把上述探索成果成功地在海港城一年一度的五月数字周中向观众展示。数据球幕团队再一次向观众阐述期望，这次阐述期望与之前相比传达的信息更加明确。向观众传达出的核心信息是数据球幕欢迎本地的开发者对球幕进行开发。正如数据球幕团队的一位成员回忆说："这次五月数字周的活动试图重构有关球幕的故事。我们对开发者说，我们希望让这个球幕供你们使用。我们已经停止谈论产品和高额的使用费。这是一个开发项目，我们希望你们来使用球幕"（数据球幕团队成员的访谈，2016年10月20日）。

然而，五月数字周仍然未能如愿吸引开发者为球幕制作内容。究其原因，数据球幕团队的一位成员评论道："那些做虚拟现实的开发人员，我们问他们是否愿意将你们做的东西转换到球幕上？他们说不愿意。所以，有时转换工具可能有所帮助，但对于开发者来说问题在于为什么他们要那样做。"（数据球幕团队成员的访谈资料，2016年10月5日）就开发者开发意愿的问题，从与轨道游戏的员工蒂姆的访谈中我们或许可以获得一些洞见：

## 第六章
### OPHC 项目的实施过程

**研究者：** 你将来会继续为数据球幕做些开发吗？

**蒂姆：** 这些项目（数据球幕）很好。但是，我们在做生意。我想知道我制造的产品，它会卖多少钱？制造它需要多少成本？制作一个试玩版游戏（喷溅海港城）是可以的。但是，如果我花费一年时间在球幕上开发一些好的产品，我怎样才能收回成本，谁又会投资呢？

——蒂姆的非正式访谈资料，2016 年 5 月 13 日

因此，就算转换工具存在，虚拟现实和 360 度内容的开发者往往会做出理性决策，不会为球幕开发内容。这与在可编程测试平台田野点里的发现类似，即海港城的本地开发者往往不太可能使用 OPHC 可编程测试平台进行测试。这些不愿意使用和背后的原因是中小企业或独立开发者为了生存都更倾向于思考短期未来。

尽管五月数字周没能按数据球幕团队所希望的那样吸引到特定开发者群体，但降低门槛的做法逐渐为球幕培育出一个意想不到的生态系统。这个生态系统的成员包括四叶软件和新闻脉动这样的大型公司，稻草屋这样的本地组织，以及许多本地艺术家和科学家。除了四叶软件为数据球幕开发了一个手势控制应用以外，其他使用者都创造性地使用球幕来达成自己的私人期望。例如，新闻脉动使用球幕来学习 360 度视频的相关知识；稻草屋使用球幕空间来进行艺术表演（参见图 33）；一位医学方面的科学家雇用球幕空间进行了一场有关大脑的虚拟现实讲座；视觉艺术家使用球幕来进行艺术表演等。四叶软件的情况比较特殊，它是一家国际知名的美国跨国科技公司，该公司派出八名工程师为球幕免费设计了一个球幕内的手势控制应用 [参见附录 8（3）]。四叶软件之所以能为球幕进行免费开发是因为它是一家大型公司，能够长期投资并通过开展慈善工作提升公司的声誉。但是，对于其他球幕的使用人员来说，他们则是为了自己的目的而使用球幕，他们赋予数据球幕新的理解解释。参与者依据自己的私人期望自由地转化球幕的使用方式的现象十分有趣，因为，这证明当地人可以创造性地使用本地资产。但对于数据球幕的期望而言，这些过多的解释灵活性可能会影响数据球幕的创新方向。正如前文中所讨论到的，过少和过多的解释灵活性对于创新来说都不是一件好事（Schot and Geels, 2008）。

# 智慧城市的创新
发生在英国的故事

图 33　人们在数据球幕内玩气球

## （三）创新机制和结果

在数据球幕的实施过程中，OPHC 项目的期望协调了数据球幕团队的行动，使得他们为了实现数据球幕而建立议程。例如，他们首先准备好了数据球幕所需的硬件条件。然后，他们为寻求数据球幕的展示内容而举办了一系列工作坊。在数据球幕的发布会上，他们还努力吸引企业客户和独立开发者。在此过程中，生态位的三个内部过程为数据球幕搭建起了一个保护空间，用于实践数据球幕的想法。正如上文提到的，数据球幕团队围绕着数据球幕建立了一个供应商网络，包括数字月亮和 WISO 等；吸引了开发者，如两个原型产品的开发者。数据球幕团队试图通过阐述期望为球幕吸引资源，但由于所说的和可读行动之间的矛盾，以及缺乏解释灵活性等原因导致阐述期望并不成功。数据球幕团队在数据球幕的创新过程中进行了很多一阶学习，这种一阶学习形成了一个积极的反馈循环，使球幕创新团队能够在创新过程中调整行动。在创新过程中，也发生过一些二阶学习，例如，数据球幕团队从创新过程中的失败发现数据球幕的最初设想可能行不通。虽然通过二阶学习使得数据球幕创新在认识上挑战了最初的设

## 第六章
OPHC 项目的实施过程

想,但从实际行动上来说,这种新的认识并没有让他们采取不一样的行动。

与可编程测试平台田野点的情况类似,OPHC 项目的期望也无法协调数据球幕团队、OPHC 工程团队和 OPHC 商业团队之间的行动。从上文的描述中我们可以发现,在整个数据球幕实施过程中,这三支团队只是在数据球幕发布会上进行了短暂的合作。在这短暂的合作时间里,三支团队由于彼此之间缺乏协调阻碍了数据球幕的创新进程。比如,数据球幕团队和 OPHC 商业团队之间因缺乏协调导致发布了人们无法承受的球幕租用价格,使得阐述期望的效果大打折扣。数据球幕团队和 OPHC 工程团队之间因缺乏协调使数据球幕进入一个"死胡同"。数据球幕田野点的最终创新成果是一个升级版的 3D 球幕和几个处于原型阶段的内容展示品,这些创新成果与 OPHC 项目的期望声明中所设想的功能和场景相差甚远。我们将数据球幕期望的效果和实际的创新效果在图 34 展示了出来。从图 34 中可以发现,实际上,只有一个高速网络将球幕与 OPHC 的基础设施连接在一起,并没有像 OPHC 项目的期望声明中所说的那样:从射频网状网络收集到城市的实时数据通过超级计算机处理后传送至球幕。为了让读者更好地理解球幕与 OPHC 基础设施之间的实际关系,笔者想用玻璃杯和水管来做一个比喻①。如果我们把球幕看作是一个玻璃杯,那么 NEXT 实验室和数据球幕之间的高速网络可以被看作是一条水管。在球幕中展示的所有原型内容都像是把不同类型的水倒进玻璃杯(球幕),让人们看到水管可以为杯子带来不同的水。而实际上,并没有真正的水从管道里流出,呈现在人们面前的装有水的杯子只是为了演示如果有水流经管道会发生什么。为了使水管里真正有水流到杯子里,即真正有数据从城市收集、处理并传输到球幕,需要在数据球幕团队和 OPHC 工程团队的开发工作之间进行协调。例如,OPHC 工程团队需要把 OPHC 项目的射频网状网络开放出来,以便人们在灯杆上安装不同类型的传感器收集城市的实时数据。收集到的数据将在海港城大学的超级计算机上进行分析,然后传输到球幕。因此,我们可以说 OPHC 项目的期望协调了每个创新团队的创新活动,但是它无法协调创新团队之间的创新活动。稍后我们将在期望的悖论部分对这个问题展开讨论。与可编程测试平台田

---

① 这个比喻受到了笔者的技术顾问葛朗台博士的启发。

# 智慧城市的创新
## 发生在英国的故事

野点发现的情况类似,尽管数据球幕的生态位实验未能实现作为城市数据可视化设备,城市数据展示和互动空间的最初期望,但数据球幕项目并未被视为一个失败。一系列负面实验结果被解释为可以在未来克服的障碍。

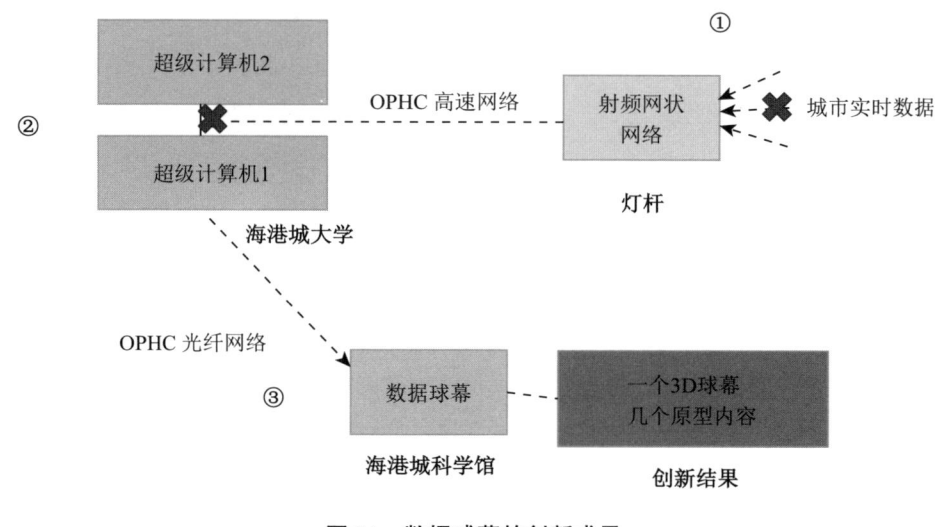

图34 数据球幕的创新成果

## 三、共创市民感知应用

### (一) 稻草屋接受OPHC项目的期望并创建了一个指导期望

#### 1. 稻草屋接受OPHC项目的期望

本节,我们将谈论与OPHC实施相关的最后一项创新活动:由稻草屋和当地社区居民共同创造一个市民感知应用。在描述创新过程之前,笔者想简单介绍稻草屋是如何踏上这场创新之旅的。稻草屋是一个位于海港城南部社区的艺术中心兼慈善机构。海港城南部社区长年面临着健康、教育和就业等问题,稻草屋根植于该城南部的社区,擅长用艺术、媒体技术和创造性的方式与社区居民共同解决社区的问题。OPHC项目的期望声明中描绘了稻草屋与市民共同创造OPHC应用的美好图景。但是,OPHC项目的期望声明只表明稻草屋可以承

# 第六章
## OPHC 项目的实施过程

担引导社区居民共创应用的角色,并没有明确指出需要创造的应用是什么(卡米拉的访谈资料,2016 年 6 月 30 日)。在过去二十年里,稻草屋与当地社区开展了一系列技术项目(斯泰因的访谈资料,2016 年 6 月 30 日)。在智慧城市全球趋势的影响下,稻草屋制定了一个探索智慧城市中市民参与内容的议程,这个议程将稻草屋引到了智慧市民这个领域。正如稻草屋的联合主管斯泰因强调的那样,"没有智慧市民你就不可能拥有真正的智慧城市"。(田野笔记,2015 年 2 月 24 日)稻草屋的两位联合主管(卡米拉和斯泰因)曾积极参加超级连接城市的竞标和谈判过程。因此,她们目睹了千兆网海港城计划如何进化成 OPHC 项目的全过程。虽然两位主管都不太确定可编程测试平台是什么,但她们仍然决定承担 OPHC 项目的期望所分配给稻草屋的角色。

机会和恐惧是影响稻草屋接受 OPHC 项目期望的主要原因。一方面,稻草屋听说 OPHC 项目把市民参与视为其主要目标之一。稻草屋在与当地社区合作方面有着丰富的经验,自然而然地将 OPHC 项目看作是一个施展自己专业知识的机会,认为自己可以为 OPHC 项目提供市民参与方面的专业知识。另一方面,OPHC 项目的形象压力(image pressure)使得稻草屋的创新者担心如果不参与其中会有不良的后果。稻草屋的创新者听说许多当地重要的机构和组织,如海港城大学、DOCK、BOX 和海港城科学馆,都已加入 OPHC 项目,并在这些机构和组织的建筑物中安装了 OPHC 的活动节点。被落下的恐惧使得稻草屋的创新者希望成为 OPHC 项目的本地合作伙伴。稻草屋的一位联合主管表达了不参与 OPHC 项目的焦虑,"你必须坐在那些桌子旁边说:'请给我一个那样的活动节点。'你们在海港城大学有一个,在 DOCK 有一个,在 BOX 有一个,在海港城科学馆有一个。好的,现在你在稻草屋里也应该有一个了。"(稻草屋联合主管的访谈资料,2016 年 6 月 30 日)稻草屋因为害怕被落下而接受 OPHC 项目的期望类似于康拉德对电子商务的观察。在研究电子商务的过程中,康拉德(Konrad,2006)发现许多公司接受了电子商务的期望并非真的能从里面获得什么特定的好处,他们只是遵循了集体期望。因为集体期望会产生形象压力,促使行为者接受集体期望。根据这个观察,康拉德认为有时行动者接受某个期望并非因为他们能从中获益,而是受到集体期望造成的形象压力的影响。由于海港城内的一些关键行动者接受了 OPHC 项目的期望,

# 智慧城市的创新
## 发生在英国的故事

使得 OPHC 项目的期望成为海港城当地的一个集体期望,这个集体期望无疑给稻草屋的创新者带来了形象压力。这种形象压力让稻草屋的创新者因为害怕落后而接受 OPHC 项目的期望,并希望成为 OPHC 项目的本地合作伙伴和在稻草屋内也安装一个活动节点。

2. 创建一个用于指导探索的期望:共享的市民感知

当稻草屋接受了 OPHC 项目的期望后,需要建立议程和采取行动来实现 OPHC 项目的期望所赋予它的角色。卡米拉开始思考什么样的技术能够轻松地吸引市民参与共同创造一个适用于 OPHC 基础设施的应用。她将目光放到了比较常见且容易上手的传感器技术上,设想着与市民共同开发一个市民感知应用。在一个国际城市生活实验室的会议上,卡米拉遇到了来自西班牙巴塞罗那的博士生玛丽亚,玛丽亚正在做与市民参与相关的研究。经过一番交谈后,卡米拉邀请玛丽亚来海港城帮助稻草屋开发市民感知应用。玛丽亚接受了这个邀请,并为稻草屋制定出市民感知项目的计划书。

为了建立一个有特色的市民感知项目,稻草屋需要为市民感知项目建立一个用于指导探索的期望。这个期望应该具备能吸引当地社区居民参与的价值观。受到玛丽亚研究的启发,稻草屋将共享(commons)的理念作为市民感知项目的核心价值观。尽管当前没有就共享是什么达成一个有共识的定义,稻草屋将共享定义为人们基于共同协议所创建的资源,这些资源也将用于公共利益(市民感知项目的宣传册,2016 年)。维基百科(wikipedia)经常被当作一个例子来解释什么是共享(田野笔记,2016 年 3 月 5 日)。正如玛丽亚在一场活动上解释的那样,"这就像维基百科,一个人建立基础结构,九个人编辑它。然后,你得到九十个人使用它。所有的这些人对生态系统都至关重要"。(田野笔记,2016 年 4 月 19 日)稻草屋采纳了共享的想法,并将共享作为市民感知项目期望的核心价值观。因此市民感知项目的期望被称为"共享的市民感知",即希望来自不同背景的人们能够聚集在一起,为公共利益共同创造一些东西。

(二)创造市民感知应用

在共享的市民感知的期望的指导下,稻草屋开始展开行动与社区居民共同

## 第六章
OPHC 项目的实施过程

创造市民感知应用。稻草屋的几名员工组成了市民感知团队，团队成员包括卡米拉、施泰因、朱迪、露西和其他一些稻草屋的员工。与数据球幕一样，市民感知项目也是在海港城产生的一个新事物，它也需要建立一个保护空间（生态位）来支持这个期望。不过，这个生态位与数据球幕的生态位略有不同，因为它是由一个根植于社区的慈善机构所创建的。格林等（Grin et al.，2010）认为，生态位不仅可以由政策制定者促成，还可以由社会团体促成。市民感知项目是由社区慈善机构自下而上创建的生态位。与大型企业或政策制定者促成的生态位相比，这种生态位的内部过程中具有一些不同的特点。我们将在后文中对这些特点进行讨论。

### 1. 寻找问题和建立社会网络

2015 年冬季，市民感知团队开始寻找海港城当地人关心且能被传感器技术解决的问题。市民感知团队展开了一场广泛的、城市范围的调研。市民感知团队穿梭于海港城中的理发店、洗衣房和社区中心等地与人交谈，寻找普通民众急需解决的问题。最终，他们找出了三个可以通过感知技术解决的本地问题：生物多样性和健康、高街的使用和室内潮湿问题。

接着，市民感知团队开始围绕市民感知项目建立社会网络。建立社会网络对于形成市民感知的生态位来说十分重要，因为社会网络中的行动者可以为项目提供必要的资源（如金钱、人员和专业知识等）以支持期望的实现。建立社会网络对于社会性生态位（social niche）（Verheul and Vergragt，1995）的形成尤为重要，因为与大型企业或政策制定者促成的生态位不同，社会性生态位更多地依赖志愿者带来的各种技能和资源（Seyfang et al.，2014）。在市民感知项目中，市民感知团队通过组织社交活动和工作坊的形式来培育及拓展项目的社会网络。在这些社交活动和工作坊中，市民感知团队运用了许多艺术性的方法来帮助识别参与者的技能和资源。例如，在 2016 年 1 月的一个社交活动中，朱迪设计了一个巨大的像眼球一样的图，并将这个图挂在稻草屋入口大厅的一面墙上（参见图 35）。朱迪用不同的颜色和文字把圆形的图划分成不同的区域。图上的不同位置代表不同的共创工作内容（如参加工作坊、参加开发工作、提供资源等）以及参与者能投入的时间。当参与者走进稻草屋时，他们

# 智慧城市的创新
## 发生在英国的故事

被要求在粉色的便利贴上写下相应的信息并贴在图上。这些粉色便利贴能够快速地帮助市民感知团队识别参与者中的技能和资源，并为项目的发展建立起一个拥有所需技能的社会网络。

图35　使用大型墙图来确定当地社区内可用的资源

### 1. 阐述期望和学习

2016年春季，市民感知团队在稻草屋里举办了一场工作坊，目的是将上一阶段收集到的三个可以通过感知技术解决的本地问题细化下来，并围绕着这些问题建立盟友关系。这场工作坊吸引了海港城不同领域的60名参与者。为了更好地为项目吸引必要的支持，在工作坊开始时，朱迪、露西和玛丽亚试图通过演讲的方式来阐述市民感知的期望。以下是她们演讲的摘录：

那么，我们为什么聚集在这里呢？我想出发点是，我相信人们在如何设计和想象我们的城市方面其实扮演着非常少的角色。目前，真正的危险在于智慧城市呈现出一种指挥与控制愿景。能源、水可以被私营企业掌控。真正留给人的主观能动性和想象的空间并不多。因此，我们提出共享

## 第六章
### OPHC 项目的实施过程

的市民感知策略，我们真的必须采取自下而上的方法，为智慧城市考虑需要什么样的工具？人们在他们的社区层面关心哪些问题？……在共享的精神指导下，这个项目（市民感知项目）的很大一部分是创造参与式城市的共享，市民产生的数据成为城市的共享的有益的东西。

——田野笔记，2016 年 3 月 5 日

从田野笔记中我们可以看出，当阐述市民感知的期望时，市民感知团队介绍了主流智慧城市建设经常受到批评的部分，即由大型企业主导，贯穿着指挥和控制（command and control）的思想，几乎没有为群众的想象力留下空间。作为一种替代方案，市民感知项目提出了一种共享式的智慧城市建设方案，目的是与本地社区共同创造智慧应用。将共享作为期望的核心价值，从两方面来说有利于阐述市民感知项目的期望。首先，将共享作为期望的核心价值对于由社会团体建立的生态位是十分重要的。正如维赫尔和韦格拉特（Verheul and Vergragt, 1995）的研究所显示的那样，由社会组织建立的自下而上的生态位始终包含一些价值观。他们称这些为社会性生态位。社会性生态位可能并不是基于未来的盈利能力，相反，他们的期望是追求其他价值。例如，在维赫尔和韦格拉特（Verheul and Vergragt, 1995）的研究中，他们发现环境意识是他们研究中期望的核心价值，这种价值有助于激励行动者参与该项目。同样的，市民感知是一个自下而上的社会生态位。将共享的价值纳入市民感知项目的期望中，表明稻草屋在市民感知项目中追求了一种社会价值目标，这有利于为市民感知项目结识更多的盟友。其次，将共享价值引入期望有利于将期望道德化。正如伯克豪特（Berkhout, 2006）所指出的那样，"未来的愿景往往会道德化"。人们经常使用积极的道德价值观或者描绘不这样做的负面后果来说服人们接受所提出的愿景。这在市民感知项目中体现得尤为明显。从上文展示的田野笔记中我们可以看出，市民感知团队谈论到了当前主流智慧城市建设的负面后果，然后提供了一个替代方案——共享的市民感知。

由于"共享"带有道德价值，这对于市民感知团队清晰地表述期望非常重要。起初，工作坊的参与者很难理解共享的概念。通过市民感知团队反复阐述之后，该期望被一些参与者所逐渐接受，正如一个工作坊参与者回忆

# 智慧城市的创新
## 发生在英国的故事

说:"一开始我没有理解（共享的概念），但是随着我对它认识越多，它听起来越具有吸引力。我喜欢它的主要原因是因为它考虑到了人们的角色。例如，他们将这种共享式分解开来。人们类似于数据贡献者，这是一个个人的角色。我发现，我记不得名字，那个人负责建立网络，那个人负责资金筹集。起初，我没有理解它，但在这个过程中，我明白了。"（扎克的访谈资料，2016年10月3日）因此，总体来说，在市民感知生态位中，阐述期望是十分成功的，并为市民感知项目吸引来了许多参与者。

在阐述期望之后，市民感知团队还鼓励参与者表达他们对数据和项目建设的想法。然后，参与者被分成三个组讨论从上一阶段探索中收集到的三个可以通过感知技术解决的本地问题：生物多样性和健康、高街的使用、室内潮湿问题（参见图36）。在这个过程中可以观察到很多一阶学习。市民感知团队更好地了解了参与者的想法，这有助于他们将问题细化下来。他们根据工作坊现场记录的笔记和观察发现室内潮湿问题相较于其他两个问题来说获得了更多人的关注。因此，他们决定缩小探索焦点，只针对室内潮湿问题开发一款应用。

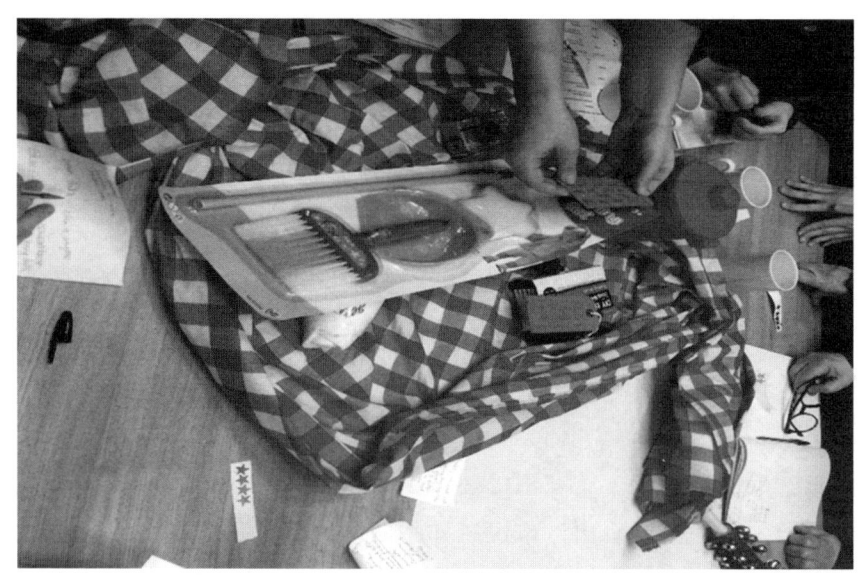

图36　工作坊参与者讨论室内潮湿问题

2. 设计一个应对室内潮湿问题的应用

在探索焦点之后，市民感知团队于2016年夏天举办了一个工作坊。这个

## 第六章
### OPHC 项目的实施过程

工作坊的目的是在开发应用前更好地了解室内潮湿问题，以及项目所需的数据和工具。由于在之前的工作坊就室内潮湿问题已经形成了较为广泛的社会网络，该社会网络延续到了这次工作坊，参与工作坊的人员包括面临室内潮湿问题的市民、数据分析师、房东和程序员等。在工作坊里，参与者讨论了潮湿的问题、相关的传感器技术、场景和可能的设计（参见图37）。最终，经过参与者的讨论确定了两种与室内潮湿问题相关的数据：室内的温度数据和湿度数据。为了收集这两种数据，工作坊参与者决定选用温度传感器和湿度传感器这两类传感器来开发一个应用（参见图38）。

**Data Jam: Tackling damp!** （数据竞赛：解决潮湿问题！）
Our goal for today is to discover as many ways as possible that data can be visualized, layered or mapped to help move towards solutions & galvenise action around this problem.
（我们今天的目标是尽可能多地发现数据可视化、分层或制图的方式，以帮助解决这个问题并激发行动。）

**GROUPS:**
- Where are the damp homes in the city? How big is the problem? （城市中有潮湿问题的房屋在哪里？问题有多严重？）
- What impact is the damp having on people? What are the links with health, well-being, inequality etc? （潮湿对人们有什么影响？与健康、幸福感、不平等等方面有什么联系？）
- What factors might play a part in the problem? (weather, building history/type, environment- flooding, shading etc). （问题可以涉及哪些因素？（天气、建筑历史/类型、环境-洪水、遮蔽等？））

Things to consider in each group:
- data protection (anonimising postcodes / photos etc)
- how could the data help trigger advice affect long term change?

［每个小组需考虑的事项：数据保护（对邮政编码/照片等进行匿名处理）数据如何帮助触发建议，以影响长期变化？］

**DATA:**（数据）
The beginnings of a new data set made up of self reported, geo-located damp homes
https://docs.google.com/spreadsheets/d/1y25JcEF9epkvFZ14pkzNWVNs_E_31MnJvEgVVuSRaT4/edit?usp=sharing
（由自报告潮湿房屋地理位置组成的新数据集的开端）

BCC Health Data (e.g. for finding background levels of health in an area):
https://opendata.bristol.gov.uk/category/Health
［BCC健康数据（例如，用于查找某一区域健康水平）］

BCC Community Data (e.g. for community cohesion in an area?):
https://opendata.bristol.gov.uk/category/Community
［BCC社区数据（例如，用于某一区域的社会凝聚力）］

Land Registry house price data (e.g. see if Damp Houses affects cheap houses more?):
http://landregistry.data.gov.uk/
［土地登记房价数据（例如，查看潮湿房屋是否对低价房影响更多？）］

ONS data will likely be valuable: http://web.ons.gov.uk/ons/datasets-and-tables/index.html.
（ONS数据可能很有价值）
E.g:
Private rental prices: http://web.ons.gov.uk/ons/rel/hpi/index-of-private-housing-rental-prices/january-2016-results/rft-1.xls
（私人租金）
People registered to vote: http://web.ons.gov.uk/ons/rel/pop-estimate/electoral-statistics-for-uk/2015/rft-1.xls
（注册选民）

图37　工作坊里的问题讨论清单

# 智慧城市的创新
## 发生在英国的故事

**图38　工作坊中展示的传感器盒子**

经过一系列有关潮湿问题的讨论和学习后，市民感知团队又在稻草屋举办了一个专门的应用开发工作坊。而参加工作坊的人员中只有数据分析师约翰带来了一个原型产品。约翰在设计原型产品时受到了之前一系列市民感知工作坊讨论的启发。他向其他的工作坊参与者展示了他的原型产品。约翰的原型产品很快在没有任何竞争的情况下被市民感知项目采纳。这时工作坊里发生了一件有趣的事，而这件事意外地决定了这个原型产品的外观和名称。当约翰把他的树莓派（raspberry pi）[①]和树莓派的盒子放在桌子上时（参见图39），一个工作坊的参与者不小心在盒子上贴了两个纸眼睛，这让盒子看起来像一只蟾蜍。参与者们一致认为蟾蜍的样子非常适合作为一个监测潮湿问题的传感设备的外形，因为"蟾蜍通常生活在潮湿的环境中"。（约翰的访谈，2016年9月13日）工作坊结束后，稻草屋的设计师按照工作坊讨论的结果，为约翰的原型产品设计了一个蟾蜍的外观。最后，这个蟾蜍外形的传感装置成为市民感知项目的创新成果（参见图39）。

---

[①] 树莓派（raspberry pi）是英国树莓派基金会开发的只有信用卡大小的微型单板计算机，是为学习计算机编程教育而设计的，目的是以低价硬件及自由软件促进学校的基本计算机科学教育。

# 第六章

OPHC 项目的实施过程

 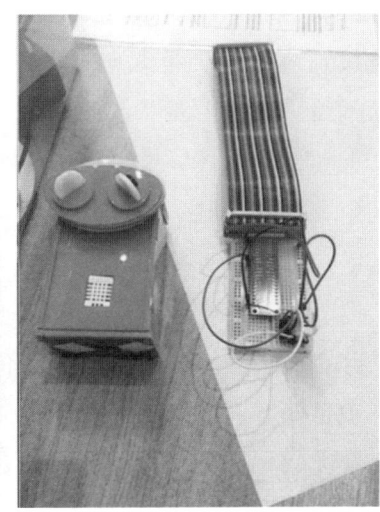

**图39** 约翰的传感器盒和树莓派（左）、蟾蜍外形的传感装置（右）

### 3. 寻找测试蟾蜍外形的传感装置的机会

配置好传感装置之后，市民感知团队下一步的工作是寻找愿意接受把传感装置放在家里两周进行测试的业主。为了找到这些饱受室内潮湿问题困扰又愿意接受测试的业主，稻草屋将目光投向了自己的社会网络。经过了多年的经营，稻草屋在海港城中建立了强大的社会网络，这个网络使得该组织将特定技能和知识的人聚集在一起变得很容易（Martiskainen，2016：13）。最终，稻草屋联系到之前的合作伙伴之一，一家当地的能源公司，来帮助寻找当地社区内有室内潮湿问题又愿意测试的家庭。能源公司的员工迈克尔拥有在社会住房领域30多年的工作经验，当迈克尔听说市民感知项目时，他很快地接受了该项目的期望。通过迈克尔的社会网络，稻草屋很快地找到了愿意将蟾蜍外形的传感装置放在家里测试的五个家庭。

由于蟾蜍外形的传感装置并没有与互联网相连接，所以两周后约翰不得不亲自到五个参与测试的家里将数据以手动的方式上传。约翰面临的问题是，如果将来有更多居民在家里使用蟾蜍外形的传感装置，挨家挨户手动上传数据是不可能的。因此，蟾蜍外形的传感装置必须和互联网相连，以便自动上传数据。Wi-Fi 是将蟾蜍外形的传感装置连接到互联网的一种方式，但是海

## 智慧城市的创新
发生在英国的故事

港城东部约有 30% 的住宅里没有 Wi-Fi。由于大量的住宅缺乏 Wi-Fi 使得约翰将目光放到射频网状网络上，射频网状网络是一种使用无线电频率发送数据的通信网络。所以，约翰心想如果在蟾蜍外形的传感装置内安装射频网状网络卡，即使在没有 Wi-Fi 的家庭中使用，蟾蜍外形的传感装置也可以将数据传送到射频网状网络。这样一来就可以让传感装置在海港城内几乎所有地区使用。

自从稻草屋成为 OPHC 项目的本地合作伙伴以来，稻草屋一直有使用可编程测试平台的想法。在市民感知项目开始之初，稻草屋认为市民感知项目能够为 OPHC 项目创造一个应用。下面是一位稻草屋联合主管对使用 OPHC 基础设施的一些看法：

**研究者**：在您启动市民感知项目时，是否有过使用 OPHC 基础设施的想法？

**斯泰因**：我想是的，我们已经开始使用数据球幕……对我们来说，问题是我们如何使用它（OPHC），而不是将会发生什么。我们被告知它（OPHC 的可编程测试平台）将会在那里。那么它在社区环境中的应用应该是什么样子的呢？它意味着什么呢？

——斯泰因的访谈资料，2016 年 6 月 30 日

然而，稻草屋和市民感知团队不知道他们这次创新之旅会产生出什么样的应用，也不知道产生出的应用将如何使用 OPHC 的可编程测试平台。在市民感知项目刚开始时，稻草屋与海港城政府举行了会议。海港城政府关心的是市民感知项目如何利用政府现有的基础设施？鉴于 OPHC 是海港城政府和海港城大学建立的合营企业，OPHC 的可编程测试平台自然地被纳入海港城政府基础设施的名单。对于稻草屋来说，问题是"什么样的事情需要为人们提供大量传感器，射频网状网络如何支持它？将采取什么样的许可证和协议"。（朱迪的访谈资料，2016 年 7 月 9 日）这些问题在工作坊上被朱迪多次提出。然而，在蟾蜍外形的传感装置放置在居民家中收集数据之前，如何使用 OPHC 的可编程测试平台对于稻草屋和市民感知团队来说依然十分模糊。

# 第六章
## OPHC 项目的实施过程

在海港城寻找适合蟾蜍外形的传感装置使用的射频网状网络时,约翰想到了 OPHC 项目的射频网状网络。根据 OPHC 官方网站公布的消息,OPHC 项目的射频网状网络将于 2016 年 4 月对外开放。约翰对使用 OPHC 项目的射频网状网络抱有很高的期待,因为他听说有大约 2 万英镑的奖金提供给使用 OPHC 项目射频网状网络的公司(约翰的访谈资料,2016 年 9 月 13 日)。但直到 2016 年的夏季,约翰依然没有听到任何有关射频网状网络开放的消息。为了进一步确认射频网状网络的开放日期,约翰联系了克里斯。通过克里斯,他得知射频网状网络将在 2016 年 8 月份进行安装。得知此消息后,约翰立马开始着手草拟连接蟾蜍外形的传感装置到 OPHC 项目射频网状网络的计划。笔者仍然清晰地记得约翰在酒吧里向笔者展示他的计划时,那种神采奕奕的表情。约翰认为蟾蜍外形的传感装置最快可以在 2016 年秋季就连接到 OPHC 项目的射频网状网络上。然而,约翰的美梦很快破碎了,因为不久之后约翰就听说克里斯从 OPHC 项目辞职,OPHC 项目的射频网状网络的开放日期再一次变得不确定。

为什么 OPHC 项目的射频网状网络的开放日期一再被延迟呢?这主要是由于射频网状网络的提供商金秋公司对自身的技术非常保护,不愿意将其技术公开给 OPHC 项目进行重新配置,以达到射频网状网络可编程的目的。金秋公司的射频网状网络当前能做的就是远程控制街上的路灯。但是,根据 OPHC 项目的期望,射频网状网络应该成为一个可编程网络,允许用户安装任何他们想要的传感器。为了在金秋公司的解决方案和 OPHC 项目的期望之间找到一个妥协的方法,OPHC 工程团队想出了一个建立物联网路由器的想法。物联网路由器的一端连接着射频网状网络,另外一端则可供人们在上面添加各种传感器(田野笔记,2016 年 9 月 14 日)。在笔者田野工作的最后阶段,射频网状网络依然没有开放,OPHC 工程团队还处于对物联网路由器进行测试的阶段。

## (三)创新结果和缺乏协调的问题

在市民感知应用的创新过程中,市民感知团队成功地向当地社区居民阐述

# 智慧城市的创新
## 发生在英国的故事

了项目的期望，这为市民感知项目吸引了许多的关注和支持，围绕该项目形成了一个社会网络。工作坊中的学习帮助市民感知团队将探索方向缩小到室内潮湿问题上，并通过约翰的个人实验以及稻草屋员工的设计，一个蟾蜍外形的传感装置作为生态位实验的结果被创造了出来。蟾蜍外形的传感装置既是将市民感知项目与OPHC项目连接起来的潜在桥梁，又是触发两者紧张关系的因素。因为就算稻草屋努力实现OPHC项目的期望，为其创造了一个应用，也无法使用OPHC的基础设施。

为什么蟾蜍外形的传感装置不能使用OPHC的基础设施？从表面上看，是因为金秋公司不愿意将其技术公开给OPHC工程团队来进行重新配置。但更深层次的原因是，OPHC工程团队主导的可编程基础设施的创新活动与市民感知团队主导的创新活动之间缺乏协调。正如我们在本章第一节中所看到的那样，OPHC工程团队围绕着可编程测试平台展开了一系列实验。他们为测试平台的开发制定了议程，并不断更新议程，想让OPHC的可编程测试平台一直处于最先进的状态。然而，人们对OPHC的实际工程进程并不了解，只能通过OPHC商业团队公布的营销议程来了解。营销议程主要通过官方网站在公共领域传播。根据OPHC的营销议程，物联网网状网（射频网状网络的另一个名称）应该在2016年4月推出。OPHC的营销议程是在OPHC项目发布之初制定的。从某种程度上来说，这是项目初期OPHC商业团队设想的OPHC平台能够提供的营销产品。而上文中协调约翰行为的是OPHC的营销议程，而非OPHC的工程议程。约翰了解射频网状网络开放时间的方式要么是通过阅读OPHC官方网址上的营销议程获得，要么是通过和OPHC商业团队的克里斯聊天所获得。但是，OPHC混乱的工程过程和不断发展的工程议程从未反映在营销议程中。为了更清晰地展现这种缺乏协调的问题，图40用视觉的方式加以呈现。从图40中我们可以看出，OPHC的工程议程和OPHC的营销议程之间没有连接或沟通渠道。因此，协调稻草屋创新活动的是OPHC的营销议程而非OPHC的工程议程。这也是为什么蟾蜍外形的传感装置比OPHC的可编程测试平台开发得更快的原因，也是蟾蜍外形的传感装置无法连接到OPHC的基础设施的主要原因。蟾蜍外形的传感装置不能使用可编程测试平台的射频网状网络，这让稻草

# 第六章
## OPHC 项目的实施过程

屋和 OPHC 项目的其他本地合作伙伴失望,我们将在第七章对这一问题展开进一步的讨论。

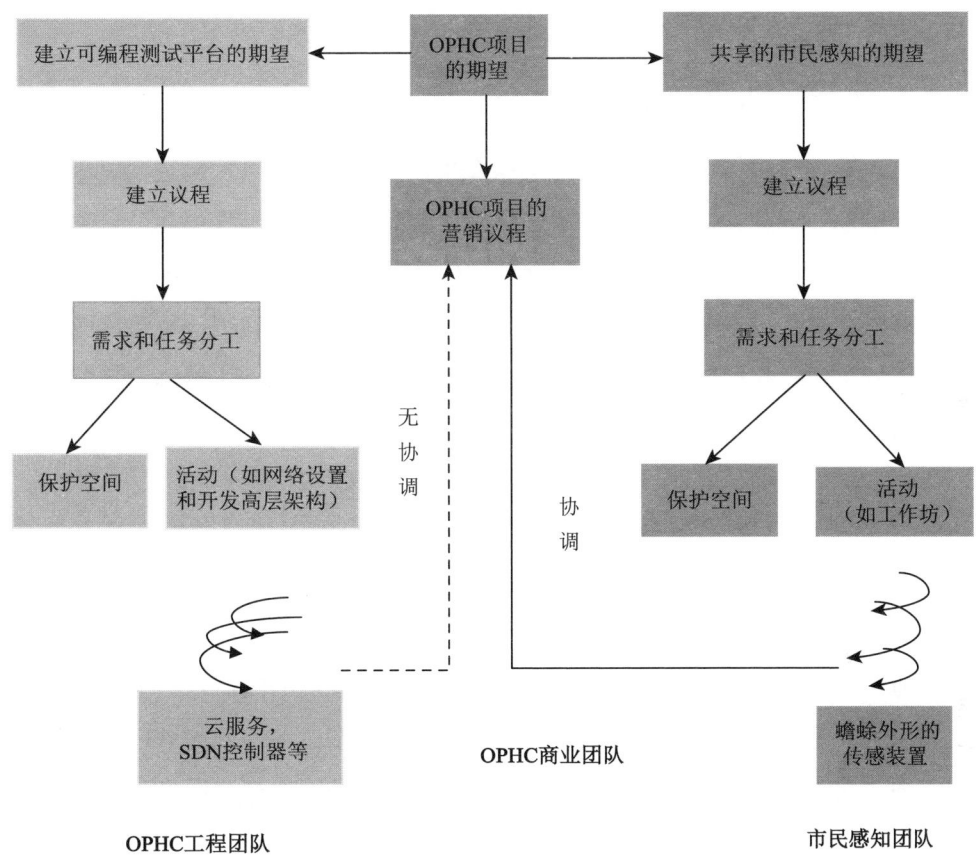

图 40　市民感知创新和 OPHC 可编程测试平台创新之间缺乏协调

本章研究了 OPHC 项目的期望在现实中实施的过程。OPHC 项目的实施主要体现在海港城内三个平行田野点内的创新活动。笔者使用相关的概念工具对每个田野点内的创新活动进行了分析。接下来,笔者将综合三个田野点内的创新活动,总结 OPHC 项目实施过程中的四个关键特征,包括子生态位实验、期望的作用、市民参与所面临的挑战以及"不可能"的失败。

## 四、讨论

### （一）三个平行的子生态位实验

从上述经验数据中，我们可以发现 OPHC 项目的实施过程发生在三个并行田野点里——可编程测试平台、数据球幕和市民感知。可编程测试平台和数据球幕是 OPHC 项目的期望声明中明确谈到的基础设施和应用。市民感知项目则是稻草屋在接受了 OPHC 的期望为其分配的角色后，为了实现这种角色而开展的新项目。如果我们将 OPHC 项目看作是一个本地的智慧城市生态位的话，那么上述三个田野点内的创新活动可以被看作是在 OPHC 生态位中三个子生态位（sub-niche）的创新活动。这些子生态位是由不同的创新者（OPHC 工程团队、OPHC 商业团队、数据球幕团队和市民感知团队）围绕新想法形成的保护空间。笔者将它们称之为子生态位，是因为它们都是 OPHC 生态位中的一部分，且受到 OPHC 生态位的保护。

为了实验这三个新想法并吸引资源，三个子生态位的发展过程中都能找到生态位的三个内部过程：阐述期望、建立社会网络和学习。例如，创新者都尝试着阐述期望以吸引更多的关注，试图在新想法周围建立社会网络，并进行多层次的学习。这些生态位的内部过程有助于培育三个子生态位中的创新，也有助于创新者的探索，但并非所有子生态位的内部过程都得到了适当的实施。这里，我们将生态位的三个内部过程在三个子生态位发展中的作用总结如下：

在数据球幕和市民感知的子生态位里，我们能非常容易地发现创新者通过阐述期望来吸引支持。比如，在市民感知的子生态位里，带有道德色彩的共享的市民感知的期望为项目吸引到了许多开发人员和当地居民。然而，并非所有阐述期望都达到了吸引支持的效果。在数据球幕的子生态位里，阐述期望在不同的阶段都遭受了挫折。究其原因有两个：一是所说的和可读行动之间的矛盾，如知识产权的归属问题和每小时 1000 英镑的球幕租金费。由于创新者所说的和可读行动之间存在矛盾，使得人们对创新者传达的信息感到困惑，决定

# 第六章
OPHC 项目的实施过程

不接受创新者所阐述的期望。另一个原因是解释灵活性问题。如上所述,有时期望过于固定,人们无法将期望转化为自己的期望;有时期望过于灵活,以至让期望失去了指导创新方向的功能。

建立社会网络在所有子生态位的发展过程都可以被发现。创新者试图围绕着期望建立不同类型的行动者网络。例如,在可编程测试平台的子生态位里,OPHC 工程团队和 OPHC 商业团队将技术组件供应商及用户(如工程师和大型企业)围绕着可编程测试平台进行结盟。在数据球幕的子生态位里,数据球幕团队围绕城市数据可视化设备、城市数据展示和互动空间形成一个社会网络,该网络包括技术供应商、内容开发者和一个著名的发动机公司 H&C。在市民感知的子生态位里,市民感知团队围绕共享的市民感知的期望建立了一个社会网络,这个社会网络包括面临室内潮湿问题的居民、技术开发人员和数据专家。然而,并非所有的社会行动者都愿意加入上述谈及的社会网络。例如,在可编程测试平台的子生态位中,非工程类研究人员、中小企业和普通开发者都没能加入可编程测试平台的社会网络。在数据球幕的子生态位中,中小企业和内容开发者也没有加入数据球幕的社会网络。

在三个子生态位的发展过程中,学习这一生态位的内在过程之一也可以被识别出来,尤其是一阶学习。一阶学习是一种累积知识以达到预先设定目标的学习类型。例如,在可编程基础设施的子生态位里,通过观察用户与基础设施之间的互动,OPHC 工程团队能够了解用户的需求。OPHC 商业团队学会了在与大型企业合作的过程中如何处理版权问题。在数据球幕的子生态位里,数据球幕团队围绕着球幕积累了许多知识,例如球幕所需的技术配置、适用于球幕环境展示的内容和管理技能等。在三个子生态位的创新过程中较少发现二阶学习。如在可编程测试平台的子生态位里,OPHC 商业团队通过学习挑战了初始项目模式,在数据球幕的子生态位里也一度出现了二阶学习,但是这种新的认知却没有推动数据球幕团队采取不一样的行动。

## (二)期望协调创新的悖论

在第五章我们谈到 OPHC 项目的期望是一个前瞻性结构,这个前瞻性结构

# 智慧城市的创新

## 发生在英国的故事

创建了任务分工，并为不同的人和物分配了角色。如前瞻性结构明确说明了可编程测试平台应该是什么样子的，数据球幕应该做什么，稻草屋应如何协助OPHC项目吸引市民的参与，以及OPHC项目的商业模式和营销议程是什么。在本章的讨论中，我们可以进一步看到这个前瞻性结构是如何协调三个子生态位中的四个不同创新团队（OPHC工程团队、OPHC商业团队、数据球幕团队和市民感知团队）的创新工作的。这些创新团队都接受了前瞻性结构所分配给他们的角色，制定了相应的议程和任务分工来履行赋予他们的角色。从这个角度上来说，OPHC项目的期望有效地协调了每个子生态位内创新团队各自的行动。

然而，OPHC项目的期望声明不足以协调不同创新团队之间的行动。在实际的创新过程中，我们从上述的描述中可以发现不同的创新团队之间缺乏协调。四个创新团队各自进行着相当孤独的创新之旅，他们之间缺乏互动，而这种互动的缺乏为实现OPHC项目的期望制造了阻碍。例如，在可编程测试平台的子生态位里，由于OPHC商业团队与OPHC工程团队之间缺乏协调，导致OPHC商业团队不断吸纳新的用户给OPHC工程团队带来了极大的工作压力，最终导致OPHC工程团队不得不暂停工程开发工作。在数据球幕的子生态位里，由于OPHC商业团队与数据球幕团队之间缺乏协调，导致阐述期望的效果受到影响。同时，OPHC工程团队与数据球幕团队之间又由于缺乏协调，使得球幕走进一个"死胡同"，无法实现OPHC项目的期望。在市民感知的子生态位里，OPHC商业团队和OPHC工程团队之间由于缺乏协调使得市民感知团队形成了"错误"的期望，这个"错误"的期望最终让稻草屋的创新者感到失望，也影响了OPHC项目与本地合作伙伴之间的信任关系。OPHC工程团队和市民感知团队之间的缺乏协调也意味着市民感知应用程序（蟾蜍外形的传感装置）不能像计划中的那样使用OPHC可编程测试平台的射频网状网络。

为什么OPHC项目的期望只能协调每个子生态位内创新团队单独的创新活动，不能协调子生态位内部不同创新团队之间的创新活动，以及不同子生态位创新团队之间的创新活动呢？导致这种期望的悖论有其历史根源。正如我们在第五章中所看到的，OPHC项目的期望并非由愿景家或先知从无到有创造出来的。相反，它是在OPHC项目混乱产生历史的最后阶段，由克里斯将各阶段的期望和本地各类期望整合起来所形成的。OPHC项目的期望中既包括之前未实

## 第六章
### OPHC 项目的实施过程

现的旧议程，又有新添加的议程。海港城本地创新者接受 OPHC 项目的期望所分配给他们的角色仅仅是延续他们之前就擅长做的事，并没有和他人形成真正意义上的共同议程，这样的结果就是每个子生态位的创新团队只关注自己的任务。例如，OPHC 工程团队不断根据最新技术修改高层架构，他们专注于使可编程基础设施保持着最先进的状态，而不是考虑如何与 OPHC 的应用开发者（数据球幕和市民感知团队）合作。数据球幕团队的成员来自海港城政府和海港城科学馆，一方面，他们升级球幕，以满足科学馆的需求。另一方面，他们专注于吸收本地开发者为球幕开发内容。吸收本地开发者对海港城政府来说很重要，这可以证明 OPHC 项目有利于为本地创新者制造更多的就业机会。市民感知项目的创新者主要来自稻草屋，作为一个艺术中心兼慈善机构，稻草屋擅长与社区居民一起合作开发应用。因此，稻草屋在整个过程中的优先事项是探索智慧城市背景下市民参与的方法，而不是确保创造的应用可以使用 OPHC 的可编程测试平台。因此，就算创建出一个将不同的创新者捆绑在一起的 OPHC 项目的期望也并不能保证不同子生态位内的创新者会自然地相互协调。为了使像 OPHC 项目这样的系统性创新能真正运作起来，不同的创新团队之间需要建立共同议程。否则，如我们所见，每个创新团队只专注于自己擅长的事情，最终在整个系统性创新中产生了不同的创新速度。

值得一提的是，OPHC 项目的组织结构也没能为不同创新团队在子生态位内和子生态位之间的行动提供足够的协调机制。OPHC 项目是海港城市政府和海港城大学的合营企业。OPHC 项目的董事会有四名成员，其中两名成员来自海港城大学，另外两名成员来自海港城政府。然而，没有一个机制将四名董事会成员联系在一起（OPHC 董事会成员的访谈资料，2016 年 5 月 10 日）。在 OPHC 项目的董事会下面虽然设置了四名管理者（首席技术设计官、总经理、首席会计师和总监），但是他们当中没有人具有行政权力。OPHC 项目天真地相信把每个人联系在一起就会产生一种让事情自然而然发生的魔力。现实的情况是，没有人能协调 OPHC 项目的整体创新过程。在每个子生态位里，创新活动是由不同的创新团队所推动的，不同的创新团队之间并不了解彼此的工作内容和进度。因此，要解决 OPHC 项目创新过程缺乏协调的问题，需要一个系统生态位行动者或系统管理人员来监督和协调不同创新团队在子生态位内及子生态位之间的创新活动。

### （三）市民参与所面临的挑战

OPHC 项目一直声称将市民置于该项目的核心位置。为此 OPHC 项目将总体目标设定为建立一个可编程测试平台和围绕着该平台产生的用户生态系统。在描述 OPHC 项目的用户生态系统时，OPHC 项目的期望明确指出市民、开发者和中小型企业可以使用可编程测试平台测试智慧城市产品和服务。除此之外，OPHC 项目首先推出的两个应用就和市民有关。一个是 OPHC 项目的第一个应用——数据球幕。该应用为对于普通市民提供了一个城市数据展示和互动空间；为本地开发者提供了一个球幕展示内容开发的工作机会。另一个市民感知应用是给予没有太多技术知识的市民与稻草屋共创一个可解决当地实际问题的应用的机会。这些有关市民参与的美好想象在实践中又是怎样的呢？上文的经验数据已经捕捉到市民参与 OPHC 项目实际实施过程中的片段。下面，我们将就每个子生态位中的市民参与情况做个简要的总结。

在可编程测试平台的子生态位里，工程师和大型企业是测试平台的主要用户群体。中小企业和独立开发者很难如 OPHC 项目的期望中所设想的那样使用 OPHC 的可编程测试平台。尽管这类群体比普通市民具有更高的技能水平，但他们仍然很难真正地去使用该平台。中小企业、独立开发者与 OPHC 的可编程测试平台之间的距离是无法立即解决的问题，因为这不仅涉及工程问题，如缺乏中间件，还涉及其他问题。比如，中小企业没有可进行测试产品；中小企业和独立开发者倾向于考虑短期未来，无法承担实验所需的时间和资金成本。

在数据球幕的子生态位里，数据球幕的创新未能实现将数据球幕作为城市数据可视化设备的期望，没有来自城市的实时数据展示在球幕中供人们观看。即使在未来这种期望得以实现了，数据球幕作为向市民展示城市实时数据和供市民与数据互动的空间这种想法仍然面临诸多挑战。诸如球幕并不是一个免费进入的公共场所，不是每个海港城的市民都能不费吹灰之力就到球幕里来观看数据可视化展示。此外，正如数据球幕团队意识到的那样，让人们看到自己城市的数据并不会对他们的行为产生很大影响，这完全没有达到创新者所希望的

# 第六章
## OPHC 项目的实施过程

教育目的。对于本地的开发者群体来说,数据球幕看似一个可以为他们提供工作的机会,但实际上真正能利用这种机会的开发者少之又少。在数据球幕的创新过程中,我们可以看到数据球幕团队不断调整内容以吸引本地开发者参与,例如,用奖金的方式鼓励开发者为球幕制作原型产品;降低进行球幕实验的门槛;还为开发者定制了一款转换工具使得虚拟现实和360度内容能更加容易地转换为球幕内容。然而,在现实中,开发者并不愿意为球幕开发展示内容。一方面是因为阐述期望的不足,另一方面是开发者倾向于着眼短期的未来,更喜欢从事能够带来即时收益的业务,而不是花长时间为数据球幕开发展示内容。

在市民感知的子生态位中,稻草屋被视作连接缺乏技术知识的市民和OPHC可编程测试平台之间的中间人。然而,正如上文所述,虽然在市民感知团队的引导下,当地社区居民协力产出了一个应对室内潮湿问题的应用——蟾蜍外形的传感装置,但因市民感知团队和OPHC工程团队之间缺乏协调,而该装置无法连接到OPHC可编程测试平台的射频网状网络之上。

由此可见,尽管OPHC项目的期望为海港城的市民设定了多种角色,但在现实中,市民、独立开发者和中小企业在OPHC项目的智慧城市创新过程中起到的作用非常有限。OPHC测试平台最终只为工程类研究人员和大型公司服务。

## (四)一个并非失败的失败

在田野工作期间,三个子生态位的创新都没能实现OPHC项目的期望。正如我们所看到的,OPHC项目的可编程测试平台仍然无法正常工作;射频网状网络没有按计划开放;没有中间件供开发者无障碍地使用OPHC可编程测试平台;数据球幕无法作为一个城市实时数据可视化设备发挥作用,因为它既没有与超级计算机连接,也没有实时的城市数据从射频网状网络那里收集而来;虽然市民感知项目产生了一个具体的创新成果,但该成果并不能连接到OPHC可编程测试平台的射频网状网络上。

上述一系列负面的创新结果并未使OPHC项目立即宣告失败。一部分原因是在创新的早期,很难判断一个创新是否已经达到了预期或者仅仅是一个骗

# 智慧城市的创新
## 发生在英国的故事

局。尽管无法达成最初的目标,但每个子生态位中都产生了一些创新结果。例如,OPHC 工程团队配置好了可编程测试平台的物理基础设施,并开发了高层架构的部分内容;数据球幕团队整合了数据球幕所需的硬件条件并探索了一些展示内容;稻草屋与当地社区居民共同创造出了一个市民感知应用(蟾蜍外形的传感装置)。这些创新结果并没有从根本上违背 OPHC 项目的期望声明中所描述的情境。

范伦特(Van Lente,1993)认为,期望具有一种双重的认识论。期望的认识论状态与行动者的活动之间存在两个可能的方向。当一个期望被认为是强有力的、有前景的和可行的时候,行动者可能会参照它进行行动。在极端的情况下(如摩尔定律),他们实现了这个期望,期望变成了自我实现的预言。当一个期望是薄弱的,实验结果是负面的时候,行为者可能不准备按照它行动。但是,负面的实验结果不会立即影响项目的确定性,这是因为创新者对负面创新结果具有解释灵活性(Konrad,2006)。解释灵活性是指解释创新结果的灵活性(参见第四章)。创新者可以将负面的创新结果解释为可以被克服的问题,或者这次虽然失败了,下次将会成功。

因此,尽管三个子生态位的创新都没有成功,OPHC 项目也并不像它的名字所说的那样"开放",但是创新者可以运用解释灵活性来解释负面的创新结果。在可编程测试平台的子生态位里,OPHC 工程团队认为,如果他们拥有更多的工程师并与管理层有更好的沟通,他们就可以交付可编程测试平台。在数据球幕的子生态位里,尽管数据球幕团队确实注意到该项目的原始假设可能难以实现,但并没有使他们立即放弃创新并终止该项目。相反,他们不断尝试通过调整计划(如试图与虚拟现实和 360 度内容开发者结盟)、创建新议程和吸收新的参与者(如委托轨道游戏开发试玩版游戏),即使调整后的计划再次遇到困难,数据球幕团队仍然没有将该项目视为失败,数据球幕团队再次运用解释灵活性来对创新结果进行解释。例如,尽管由于 A、B、C……的原因未达到最初的目标,但该项目目前只是处于低潮期,如果满足 X、Y、Z……的条件,那么该项目仍然具有前景。数据球幕并没有失败,只是被推迟了。在市民感知的子生态位中,稻草屋与当地社区居民成功地创造出一个应用。该应用因为无法连接 OPHC 可编程测试平台的射频网状网络,所以不能说是一个 OPHC

# 第六章
## OPHC 项目的实施过程

项目的应用。但稻草屋认为导致这种状态的原因是 OPHC 项目没能及时开放其射频网状网络，市民感知项目本身并没有失败。如果 OPHC 项目的射频网状网络开放，他们仍然可以将蟾蜍外形的传感装置变成一个 OPHC 项目的应用。

直到本研究的田野工作结束时，三个子生态位的实验仍在继续进行。就像康拉德（Konrad，2006）所指出的那样，只要 OPHC 的期望仍然具有前景，它将继续为未来的实验提供一个保护空间。创新者将使用解释灵活性来为当下的失败辩解，这种保护将一直持续，直到期望崩溃。期望的崩溃会使创新者将相同的创新结果解释为负面结果。

## 五、本章小结

本章展示了 OPHC 项目在海港城的实施过程。当前的许多智慧城市项目是以自上而下的方式实施的，并且有层级组织结构对其进行协调。OPHC 项目的实施过程是在三个平行的子生态位（可编程测试平台、数据球幕和市民感知）中同步进行的，由松散的网络和期望进行协调。在每个子生态位里，有不同的创新团队负责该生态位中的实验。

运用期望的力量这一概念工具，我们可以看到 OPHC 项目的期望为创新过程提供了保护和协调。然而，协调功能仅限于协调每个创新团队单独的创新活动，并不能协调不同创新团队在子生态位内和子生态位之间的行动。借助生态位内部过程的概念工具，我们可以看出每个子生态位中的创新团队都试图阐述期望、围绕期望吸纳盟友、配置期望的物理特征、进行有关期望的实验和学习。最终，尽管每个子生态位中都产生了一些创新结果，但它们都未能达到 OPHC 项目的期望中所描述的内容。研究还表明，市民在 OPHC 项目的实施过程中起到非常有限的作用。

尽管如此，我们很难说 OPHC 项目的创新是失败的。这主要有四点原因：一是在创新的早期阶段很难评估什么是失败。二是所有的子生态位里的实验都产生了一些尚未从根本上违背 OPHC 项目的期望的创新成果。三是解释灵活性可以被用来解释负面的创新结果。四是 OPHC 项目的期望为负面的实验结果和失败提供了保护空间。只要 OPHC 项目的期望仍然有前景，它将继续为生态位

# 智慧城市的创新
### 发生在英国的故事

的实验提供保护空间。由此，我们可以得出结论：OPHC 项目的实施过程是由网络和期望进行松散协调的三个平行的子生态位实验，其中市民的参与是有限的。除了在海港城进行的三个平行的子生态位实验以外，OPHC 项目的创新者还企图将 OPHC 项目传播到全世界。在下一章中，我们将着重探讨 OPHC 项目的扩散。

# 第七章
# OPHC 项目的扩散过程

**图 41** 研究中使用的观察笔记本、
研究日记本、反思日记本和理论笔记本等

今天我采访了一位来自稻草屋的行动者。她表达了对 OPHC 射频网状网络没有如期开放的失望,认为 OPHC 是一个"数字虚构"。然而,就在几天前,一个中国科技公司将海港城评为英国的智慧城市领袖,并且稻草

## 智慧城市的创新
### 发生在英国的故事

屋是海港城获奖的关键原因之一。我震惊地发现这种矛盾。

——笔者的研究日记，2016年6月30日

**图42 三角洲城和海港城智慧城市会议的现场**

我对操作系统的发展方向很清楚，那是将一切整合起来。他们（OPHC）所谈的操作系统实际上是网络控制系统。城市操作系统这个名字让我感到混淆，我不知道它是硬件还是软件。我问他是否可以控制或定义传感器。他总是谈论Wi-Fi。说实话，Wi-Fi在项目中使用很少，我对此不是很感兴趣……我想他或许会知道Li-Fi技术……我在医院和监狱中的项目正在寻找Li-Fi解决方案。在一栋建筑中，有许多独立的信号，例如温度、空调、灯光和建筑管理等。我们现在使用的协议很难定义。我以为他们（OPHC）可以定义所有的信号。我问他们能定义传感器吗？但他

# 第七章
OPHC 项目的扩散过程

一直在谈操作系统和 Wi-Fi。

——三角洲城高级工程师的访谈资料，2016 年 3 月 18 日

# 成员列表 III

## 纵向扩散

克里斯（Chris），2014 年 7 月至 2016 年 6 月担任 OPHC 项目的总经理。

大卫（David），OPHC 工程团队的负责人。

领航者咨询（Navigator Consulting），一家独立咨询公司，受朱雀通信委托发布智慧城市报告。

佩吉（Peggy），数据球幕团队的成员。

鲁比（Ruby），海港城政府的高级公务员。

苏珊（Susan），OPHC 项目首席技术设计官、海港城大学光网络教授、NEXT 实验室主任。

垂直扩散团队，负责向全球智慧城市生态位扩散 OPHC 项目的团队，成员包括克里斯、鲁比、佩吉、大卫和苏珊等人。

## 横向扩散

安迪（Andy），海港城大学政策学院的教授。

陈元，三角洲城 A 政府部门的高级工程师。

马主任，三角洲城 A 政府部门的公务员。

格林（Green），赛尔达公司的员工。

水平扩散团队，负责向三角洲城推广 OPHC 项目的团队，成员包括克里斯、格林和鲁比等人。

老赵，三角洲城的高级工程师。

李立，一名参与网络研讨会的中英文翻译人员。

鲁璐，一名三角洲城超级计算中心的员工。

# 智慧城市的创新
## 发生在英国的故事

**玛丽（Mary）**，一名海港城政府的公务员。
**斯泰因（Stein）**，稻草屋的联合主管。

## 机构和组织

**A 政府部门**，三角洲城主管信息技术发展工作的政府部门，是海港城和三角洲城智慧城市项目中的中方代表。
**B 政府部门**，三角洲城主管卫生医疗的政府部门。
**C 政府部门**，三角洲城主管对外事务的政府部门。
**朱雀通信**，一家国际知名的中国通信基础设施和智能终端提供商。
**数据交换公司**，三角洲城的一家大数据公司。

**FCO（Foreign and Commonwealth Office）**，英国外交和联邦事务部。
**海港城大学（Harbour City University）**，一所位于海港城的著名大学，是 OPHC 合营企业的合伙人之一，也是 OPHC 项目本地合作伙伴之一。
**赛尔达公司**，一家由 NEXT 实验室和海港城大学建立的拆分公司。
**三角洲超级计算中心**，位于三角洲城的超级计算中心。
**三角洲城软件所**，一家位于三角洲城的软件应用研究中心。
**独角兽**，一家位于三角洲城的电信公司。

## 城市

**三角洲城（Delta City）**，一座位于中国的城市，是海港城的姐妹城市。
**海港城（Harbour City）**，一座位于英国英格兰的中等规模的城市。
**高原城（Plateau City）**，一座位于英国英格兰中部的城市，是三角洲城的姐妹城市。

除了 OPHC 项目在海港城的实施以外，本书还关注到 OPHC 项目创新过程中的扩散现象。OPHC 项目的扩散与典型的技术扩散有所不同，技术扩散通常是在技术达到可扩张的规模并准备好移动时才开始，而 OPHC 项目的扩散则发

## 第七章
### OPHC 项目的扩散过程

生在创新之初并贯穿整个创新过程，本章旨在探索这种扩散现象。在田野工作期间，OPHC 项目的扩散存在垂直扩散和水平扩散两个方向。垂直扩散指的是将 OPHC 项目的期望传播到全球智慧城市领域，而水平扩散则指的是将 OPHC 项目的期望传播到另一个城市。

本章将首先探究垂直扩散的过程。支持这部分探究的数据主要来源于文档，并得到参与（式）观察数据的支持。基于战略生态位管理理论（SNM），笔者将垂直扩散过程概念化为：将本地智慧城市生态位的经验聚合到全球智慧城市生态位的过程。这一部分的分析还会用到期望的表演性，特别是其中显著角色（salient role）等概念工具来理解扩散期望的方法。其次，探究 OPHC 项目的水平扩散过程，即海港城与三角洲城智慧城市项目的交流过程。作为一名来自中国的研究人员，笔者热衷于跟随这个与中国文化背景相关的水平扩散过程，这一节的经验数据主要从参与（式）观察和访谈中获得。

本章的最后一部分总结了两个扩散方向的特点。这部分采用并发展了来自战略生态位管理和期望社会学的概念工具，用于理解两个扩散方向中出现的两个重要主题。这两个重要主题，一是发展了概念工具炒作和失望循环（hype and disappointment cycle）来理解 OPHC 项目日趋高涨的国际名声与激增的本地失望情绪之间的矛盾。二是采用博西玛（Boschma，2005）的四种类型的邻近性（地理邻近性、认知邻近性、组织邻近性、社会邻近性）和笔者创造的期望邻近性（expectation proximity）这一概念工具来解释将 OPHC 项目的期望扩散到三角洲城所面临的挑战。

## 一、纵向扩散

### （一）将 OPHC 项目的经验聚合至全球智慧城市生态位

自从笔者开始研究 OPHC 项目以来，每天早上的第一件事便是查看有关 OPHC 项目的新闻。因为无法时刻跟随 OPHC 项目的主要行动者到世界各地，

# 智慧城市的创新
发生在英国的故事

观察他们如何宣传 OPHC 项目，网络新闻就为笔者了解这些无法参与的事件，提供了一个观察窗口。渐渐地，笔者注意到 OPHC 项目的几位行动者，如克里斯、鲁比、苏珊、佩吉、理查德和大卫，都经常参加在英国及其他国家（如印度、中国、巴西）举办的智慧城市会议。例如，在 2015 年 3 月至 2016 年 10 月期间，上述行动者参加了许多智慧城市的会议，如连接城市会议（2016 年 3 月，英国）、智慧城市论坛（2015 年 9 月，中国）、智慧城市景观会议（2015 年 9 月，印度）、创新城市会议（2015 年 11 月，巴西）。他们还参加了一些与可编程测试平台技术相关的会议，会议内容涉及的技术包括 5G 技术、宽带、物联网、可穿戴技术和与医疗健康有关的技术。为什么 OPHC 项目的关键行动者经常去参加智慧城市有关的会议呢？举办这些会议的目的是什么？OPHC 项目的主要行动者通过参加这些会议想实现的目标是什么呢？

基于战略生态位管理中的本地生态位（local niche）和全球生态位（global niche）的概念工具，笔者将参加智慧城市相关会议的事件看作是一个把 OPHC 项目的期望和经验聚合到全球智慧城市生态位的一种方式。根据战略生态位管理学者的研究，生态位的发展发生在两个平行的层面——本地生态位和全球生态位（Deuten, 2003; Geels and Deuten, 2006）。本地生态位是新事物的所在地，全球生态位则是关于该新事物逐渐形成的新兴领域。全球生态位在新事物产生之初并不十分稳定，因为游戏规则尚未形成。聚合是将本地生态位和全球生态位联系起来的过程。聚合是从本地生态位中提炼有价值的本地经验教训，并将这些经验教训传播到全球生态位的过程。逐渐地，在全球生态位层面上规则将慢慢形成，全球生态位也将变得越来越稳定。

如果我们将 OPHC 项目视作一个本地的智慧城市生态位，那么 OPHC 项目的关键行动者参加的各类智慧城市会议则可被视为聚合的基础设施（aggregation infrastructure）。这种聚合的基础设施可以让 OPHC 项目这样的本地智慧城市生态位将其经验传播到全球智慧城市生态位中去。全球智慧城市生态位指的是全球范围内新兴的正在逐渐形成的智慧城市领域。目前，该领域仍处于形成阶段，就智慧城市是什么还存在争议，没有形成统一的定义和行业标准。图 43 中展示了本地智慧城市生态位和全球智慧城市生态位之间的互动关系。由于从扩散的方向看是自下往上的，因此我们将这种扩散称之为垂直扩散。从图

# 第七章
## OPHC 项目的扩散过程

中,我们可以发现 OPHC 项目是一个本地智慧城市生态位,OPHC 项目的创新者将 OPHC 项目的期望中有价值的部分聚合到全球智慧城市生态位层面上。由于全球智慧城市生态位尚处于不稳定状态,图中使用虚线来表示其正在形成的不稳定状态。值得注意的是,战略生态位管理指出,除了项目创新者之外,(系统的)中介行动者(intermediary actor)① 是另外一群将本地智慧城市经验传播到全球智慧城市生态位的人群。在研究的过程中发现五种(系统的)中介者行动者,他们分别是标准组织、英国政府机构、社区组织、行业协会和研究机构。这些中介行动者在一定程度上将 OPHC 项目有价值的内容聚合到全球智慧城市生态位中。由于数据收集的限制,笔者无法详细地跟踪这类聚合活动,本节主要关注 OPHC 项目的创新者的聚合活动。如果读者对中介者/系统中介者感兴趣,请参阅附录 8(4)。

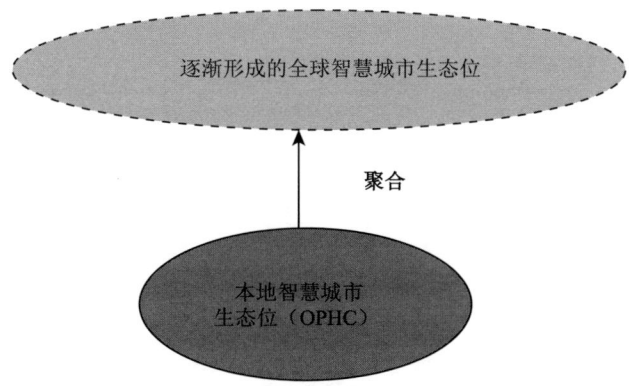

图 43　OPHC 项目垂直扩散的示意图

### (二)夸大 OPHC 项目的期望以吸引关注

由于 OPHC 项目还是一个处于期望阶段的智慧城市项目。因此,阐述期望成了创新者将 OPHC 项目的期望中有价值的部分聚合到全球智慧城市生态位中

---

① 他们被称为中介行动者(intermediary actor),在本地生态位和全球生态位之间扮演角色。他们监测多个本地项目并帮助传播本地知识的行动者(Schot and Geels, 2008)。范伦特(Van Lente et al., 2003)认为系统中介行为者(systematic intermediary actor)是在网络级别上工作的中介者行动者。相关信息参见第四章。

## 智慧城市的创新
发生在英国的故事

的主要方式。OPHC 项目的期望向全球智慧城市生态位传达的有价值的信息包括可编程测试平台、市民参与和可玩性城市等。克里斯常常飞往世界各地，担任 OPHC 项目的发言人。鲁比、苏珊和其他 OPHC 项目的行动者偶尔也会担任发言人。笔者将这些向全球智慧城市生态位介绍 OPHC 项目的行动者统统称为垂直扩散团队的成员。尽管这些行动者拥有不同的背景，但当他们谈论 OPHC 项目的期望时，涉及非常多类似的内容，诸如为什么建设 OPHC？可编程测试平台是什么？谁是可编程测试平台的潜在用户？OPHC 项目的目标是什么？在演讲中，他们经常使用数据球幕、稻草屋的市民感知项目和 DOCK 的可玩性城市作为例子，以展示 OPHC 项目可能的应用场景以及对市民参与问题的考虑。但是实际上，正如我们在第六章中谈到的那样，数据球幕仍处于实验阶段，市民感知和可玩性城市根本没有使用到 OPHC 项目的可编程测试平台。范伦特（Van Lente，1993）指出，在创新的早期阶段，期望通常会被夸大以吸引关注。因此，垂直扩散团队在阐述 OPHC 项目的期望时把那些尚未实现的例子谈论得就像它们是真实的一样，这样做的目的是帮助 OPHC 项目吸引更多的关注。

此外，一些修辞技巧也被用于夸大 OPHC 项目的期望。比如，"第一"这个词多次在 OPHC 项目相关的演讲中被提及。下面是一些来源于 OPHC 项目的讲座、公开演讲和演示幻灯片中的例子。

> 我们是第一个开放的 NFV 测试平台。这是我们第一次提议在智慧城市中使用 SDN 和 NFV。
>
> ——SDN 研讨会上的演讲，2015 年 3 月

> 我们正在建设世界上第一个开放可编程城市。这是一个开创性的项目，旨在提供一个平台，促进创新和提高生活质量的应用的开发。
>
> ——海港城新闻，2015 年 3 月 5 日

> 升级后拥有 100 个座位的球幕将配备两台由 17 台计算机驱动的 4K 分辨率投影仪，以提供一个 120Hz 的 3D 宇宙模型。据称，这将把该设施转

# 第七章
## OPHC 项目的扩散过程

变为英国的第一个 3D 球幕。

——海港城本地新闻，2015 年 10 月 10 日

我们正在海港城创建一个 5G 测试平台；我们可能是英国和欧洲第一个这样做的地方。

——物联网活动上的发言，田野笔记，2015 年 5 月

从上面的引语中，我们可以发现，在 OPHC 项目的话语中多次使用到"第一"这个词。例如，"第一个开放的 NFV 测试平台"、"第一次提议在智慧城市中使用 SDN 和 NFV"、"世界上第一个开放可编程城市"、"英国第一个 3D 球幕"、以及"英国和欧洲第一个这样做的地方"。为什么在传达 OPHC 项目的期望时使用了那么多"第一"作为修饰词呢？为了理解"第一"在传达 OPHC 项目的期望时的作用，笔者运用了显著角色（salient role）这一概念工具。范伦特和里普（Van Lente and Rip, 1998）指出了期望的表演性，即期望不仅仅是描述性的，它们还能做些什么。期望的其中一个功能就是帮助引起关注和吸引资源（更多内容参见第四章）。在阐述期望时，范伦特（Van Lente, 1993）发现，在创新的早期阶段，期望总起着显著角色的作用。在这个阶段，有前景的技术还没形成统一的标准和规定，来自不同地方的创新者倾向于互相竞争让自己成为一个显著点，以引起他人的关注。这一点在技术和科学创新中显得尤为明显。兰德尔·柯林斯（Randall Collins, 1975）生动地描述了科学家如何寻求显著性，他把科学看作是一个开放的平原。科学家则是站在平原上大声喊叫的行动者，他们大叫着"听我说！听我说！"。正如范伦特（Van Lente, 1993:224）引用柯林斯的话："争夺显著性的斗争不仅局限于技术领域，它在科学领域也有类似的现象，科学家希望能找到加入他们方向的人"（Collins, 1975:480）。

为了更好地了解期望的显著角色是如何运作的，我们有必要简单回顾一下博弈论的产生。1960 年代，托马斯·谢林（Thomas Schelling）进行了一项非常著名的实验。他要求人们在没有相互沟通的情况下在纽约市会面，尽管有许多可能的会面的地点，但大多数参与者都选择了中央车站作为见面地点，因为

中央车站是当时纽约最显著的交通枢纽。这个案例帮助托马斯·谢林提出了协调博弈（coordination game）的概念。简单来说，协调博弈指的是当人们不知道该去哪里的情况下，他们会做"A"，因为他们认为其他人也会做"A"；他们会做"B"，因为他们认为其他人都会做"B"。受到协调博弈概念的启发，范伦特（Van Lente，1993）认为，创新者有时会试图使他们的期望成为类似于中央车站的东西，即最高、最显著的地方。一个人们在不知道会面地点的情况下会去的地方。为了成为一个显著点，新技术的期望往往会被行动者夸大。因为创新者想树立一个显著角色供他人关注和追随（Berkhout，2006）。范伦特（Van Lente，1993）用一个跳伞者的例子来描述期望的显著作用。当一组跳伞者在遇到强风无法找到彼此时，一个人在不知道其他人的选择的情况下会做出怎样的选择？他们可能会猜测其他人会做什么。在范伦特的例子中，最可能的答案是教堂塔，因为教堂塔是每个人都能看到的最高点，而最高点是每个人都有可能去的地方。因此，每个跳伞者都可能合理地期待其他人会去教堂塔。

在了解了显著角色是如何发挥作用之后，我们可以看到"第一"的修饰词被用于OPHC项目话语中的目的是帮助OPHC项目在当前智慧城市运动中树立显著地位。在当前全球的智慧城市运动中，没有一个标准的智慧城市建设方式，每个城市和它的行动者都提出了自己的智慧城市方案。许多智慧城市行动者还表现出要在当前智慧城市运动中成为领导者的雄心壮志，OPHC项目也不例外。为了吸引更多的关注、资源、盟友和支持，使用"第一"的修辞手段有利于帮助OPHC项目在当前的智慧城市运动中建立起供他人关注和追随的显著地位。

## （三）日趋高涨的国际名声与激增的本地失望情绪

夸大OPHC项目的期望确实帮助OPHC项目在全球智慧城市生态位中吸引到了大量关注。通过聚合活动，OPHC项目的全球声誉在很大程度上得到了提升。在撰写本研究时（2017年2月），通过谷歌搜索引擎搜索OPHC，获得了75700条相关内容。鲁比描述了OPHC项目从不可见到可见的变化：

## 第七章
### OPHC 项目的扩散过程

> 很长一段时间,我们让事情保持在雷达之下。为了让事情起步,这是必要的。当你处于雷达之上时,你变得非常地引人注目。每个人都在关注你的行动。这很难具有创造性并且需要承担风险……现在我们非常地引人注目。每个人都在关注我们和我们所做的事情。
>
> ——鲁比的访谈资料,2016 年 5 月 19 日

OPHC 项目获得了两项备受赞誉的智慧城市奖项是其受到全球智慧城市生态位认可的标志。2016 年夏季,数字论坛①为 OPHC 项目颁发了智慧城市创新奖。OPHC 项目获奖的主要原因是其在市民生活、城市内提供服务的成本和创新适用于世界其他城市等方面的积极影响(数字论坛,2016 年 5 月)。在 OPHC 项目获得智慧城市创新奖一周后,一家国际知名的中国通信基础设施和智能终端提供商朱雀通信又为 OPHC 项目颁发了英国智慧城市领袖奖。该奖项是基于领航者咨询公司②的研究报告所颁发的奖项,这份研究表明 OPHC 项目在开放数据可访问性、能源创新和社区参与方面展示出了独特的思维(领航者咨询公司的研究报告,2016 年 5 月)。从 OPHC 项目赢得两个智慧城市奖项的原因,我们可以看出 OPHC 项目的期望中对于全球智慧城市生态位最具价值的部分是可编程测试平台、可玩性城市和市民参与等。这些内容为当前全球智慧城市全球生态位带来了新的思考方式和启发,因为它们展现出了一种与以企业为主导或者以监控为核心的智慧城市完全不同的建设理念。逐渐地,OPHC 项目获得的声誉和奖项使它在当前的智慧城市运动中确立了领先者的地位。OPHC 项目的一位董事在访谈中谈及了这种领先者的地位:

> 在这个领域成为世界领先者确实具有真正的价值。首席技术设计官显然是一位全球领先的学者。显然,很多人认为我们在海港城所做的是前沿

---

① 数字论坛是一个行业协会中介机构,它主办全球范围的智慧城市会议,吸引世界各地的智慧城市相关方参加并分享他们的经验。
② 领航者咨询公司是一家中介机构,其受雇于其他机构对比不同地方的智慧城市经验,并得出一些总体性的结论。它向朱雀通信提交了一份关于英国智慧城市指数的研究报告,并认为 OPHC 项目是英国智慧城市的领导者。

# 智慧城市的创新

## 发生在英国的故事

的。对海港城这座城市而言,被全球知晓确实具有真正的价值。

——OPHC 董事会成员的访谈,2016 年 5 月 10 日

当 OPHC 项目在全球范围内获得两项重要的智慧城市奖项时,一个有趣的现象发生了。海港城里 OPHC 项目的本地合作伙伴却感受到了巨大的失望。本章开头的引语表达了这种失望。当 OPHC 项目对外宣传期望时,本地合作伙伴的项目都被当作 OPHC 项目的应用案例来进行宣传。例如,市民参与和可玩性城市的元素被纳入 OPHC 项目的期望中,提高了 OPHC 项目的全球知名度。这些元素无疑是 OPHC 项目为全球智慧城市生态位贡献的宝贵经验教训。然而,在现实中,没有一个本地合作伙伴实际上在使用 OPHC 的可编程测试平台。正如我们在第六章中所呈现的,稻草屋接受了 OPHC 项目的期望,扮演着促进 OPHC 项目中市民参与部分的角色,并与当地居民共同开发了蟾蜍外形的传感装置。稻草屋非常期待能将该装置连接到 OPHC 项目的可编程测试平台的射频网状网络上进行测试。根据 OPHC 的营销议程,射频网状网络很快将对外开放。正如一名市民感知团队成员在访谈中强调的那样,"他们好像在说基础设施(OPHC 项目的可编程测试平台)已经在那里等着人们使用"(市民感知团队成员的访谈资料,2016 年 6 月 30 日)。但是,实际上射频网状网络的开通时间一次又一次地被延迟,最终导致稻草屋与市民共创的应用无法使用 OPHC 的射频网状网络。这让稻草屋感到十分失望。无法连接使用 OPHC 项目的可编程测试平台也同样发生在 OPHC 项目的其他几个本地合作伙伴(如 DOCK)身上。例如,在介绍 OPHC 项目可能的应用时,DOCK 的可玩性城市项目常常被当作一个例子。然而,DOCK 中没有任何项目在使用 OPHC 项目的可编程测试平台,DOCK 仅仅收到来自 OPHC 项目的几个数据包(DOCK 首席执行官的访谈资料,2016 年 6 月 15 日)。因此,尽管 OPHC 项目在国际上获得了两个智慧城市奖项,但它在海港城当地却受到了批评。人们认为 OPHC 项目所做出的承诺实际上只是一个空洞的承诺。这种空洞的承诺无疑损害了 OPHC 项目与本地合作伙伴之间的信任关系,OPHC 项目的一名董事在访谈中反映了这种信任危机:

# 第七章
## OPHC 项目的扩散过程

> OPHC 正受到批评,因为实际上 OPHC 并没有实现任何关于实验的承诺。某些本地合作伙伴正在批评我们……人们说有很多承诺,但是他们没有参与和发展这些想法。
>
> ——OPHC 董事会成员的访谈资料,2016 年 5 月 10 日

为了改变这种现状,OPHC 项目的本地合作伙伴 DOCK、稻草屋、BOX 和海港城科学馆聚集在一起,于 2016 年秋季组建了一个合作伙伴委员会。合作伙伴委员会的目标是加强本地合作伙伴与 OPHC 项目之间的联系,使 OPHC 项目真正能为本地合作伙伴提供价值(鲁弗斯的访谈资料,2016 年 8 月 23 日)。

## 二、水平扩散

### (一)将 OPHC 项目扩散到另一个本地生态位

在 OPHC 项目向全球智慧城市生态位扩散的同时,OPHC 项目也试图向另一个城市扩散,这座城市就是三角洲城。如果我们将 OPHC 项目扩散到全球智慧城市生态位看作是本地智慧城市生态位与全球智慧城市生态位之间的聚合过程,那么,将 OPHC 项目扩散到三角洲城可以被视为一个智慧城市生态位向另一个智慧城市生态位的扩散。图 44 展示了这种扩散,因为扩散的方向是在水平方向上进行的,我们称之为水平扩散。接下来,我们将探讨 OPHC 项目水平扩散的过程。

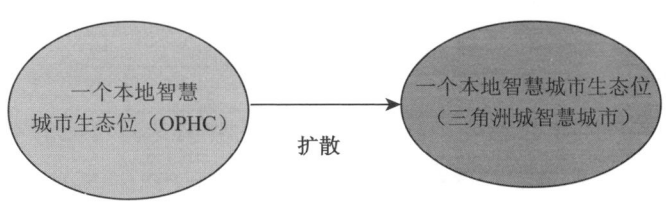

图 44　OPHC 项目水平扩散的示意图

# 智慧城市的创新
## 发生在英国的故事

就像将OPHC项目扩散至全球智慧城市生态位一样，阐述期望是将OPHC项目扩散到三角洲城的主要方法。为了更好地理解这种水平方向上的扩散现象，笔者将目光转向生态位的空间发展文献（Coenen et al.，2010）。由于OPHC项目的水平扩散是将智慧城市项目从一个城市扩散到另一个城市，因此博西玛（Boschma，2005）的邻近性（proximity）概念在这里十分有用。科恩等（Coenen et al.，2010）将博西玛的五种邻近性嵌入生态位概念，用于理解生态位的空间发展（更多内容参见第四章）。本研究中，我们采用博西玛的概念工具邻近性来理解OPHC项目的水平扩散。通过数据收集和分析的迭代，笔者特别关注以下四种邻近性：地理邻近性（geographic proximity），指的是行动者之间的地理距离。认知邻近性（cognitive proximity），指的是行动者共享的知识背景，使沟通、理解、吸收和成功处理新信息成为可能。社会邻近性（social proximity），指的是行动者在微观层面上基于友谊、亲属关系和经验的社交关系。组织邻近性（organisational proximity）指的是无论在组织内部还是组织之间，在组织安排中共享的关系。具体地说，邻近性涉及在组织之间和组织内部进行知识交流与学习的控制程度及自主程度。此外，将OPHC项目扩散到另一个国家的地方涉及博西玛邻近性模型中没有涵盖的元素，即在另一个文化背景中对技术的期望。因此，借鉴范伦特（Van Lente，1993）的期望层次（宏观、中观、微观），笔者进一步发展了博西玛的邻近性概念，认为期望邻近性（expectation proximity）是影响生态位空间发展的另一个因素。

### （二）水平扩散的背景信息

在讨论OPHC项目扩散到三角洲城之前，我们有必要了解水平扩散的背景信息。比如，OPHC项目想要扩散的是什么？为什么选择扩散的对象是中国的三角洲城？支持扩散的基础条件或渠道是什么？在OPHC项目的期望声明中，我们可以看到它想象世界上其他城市可以使用OPHC的可编程测试平台来测试智慧城市应用。以下两则引文揭示了这一想法：

## 第七章
### OPHC 项目的扩散过程

像三角洲城（中国的城市）或纽约这样的城市将能够在海港城的网络上有效地模拟自己的网络流量。这意味着海港城的工程师可以帮助国际机构预测连接他们的大都市所需的容量。

——《海港城邮报》，2015 年 3 月

我们对三角洲城说，让网络有一天看起来像三角洲城一样。你们可以来这里（海港城）尝试在三角洲城中发生的事情。把我们 OPHC 作为三角洲城的测试平台。他们喜欢这个想法。

——克里斯在公共活动中讲话，2015 年 5 月

支持这种扩散的技术是第五章谈到的网络模拟器。简单来说，网络模拟器是由 NEXT 实验室开发的一款软件，可以复制海港城真实网络中的物理节点，并在虚拟空间中模拟出所需的任意数量的虚拟节点。通过这些虚拟节点，其他城市可以通过网络模拟器配置所需的任何网络拓扑结构，并且在模拟的环境中远程测试其产品（《海港城邮报》，2015 年 3 月 11 日）。上述两个引文都提到了中国的三角洲城，这并不是偶然。截至 2016 年，海港城和三角洲城作为姐妹城市已经走过了十五个年头了。2012 年，两个城市的市长在中国北京签署了关于可持续城市化的备忘录，其中就有一个关于智慧城市的协议（田野笔记，2015 年 7 月 11 日）。在备忘录的框架下，两个城市就智慧城市的发展展开了对话。2015 年，三角洲城 A 政府部门的首席工程师陈元访问了海港城，他在访问期间听说了 OPHC 项目。陈元对 OPHC 项目的整体方案感到印象深刻，并表达了三角洲城与 OPHC 项目学习和合作的潜力。从那时起，OPHC 项目将陈元的评论解释为"三角洲城是 OPHC 项目的潜在合作伙伴"（海港城政府新闻，2015 年 3 月 10 日）。这也就是为什么在上述引文中，当海港城创新者谈及 OPHC 项目的海外扩散时会用三角洲城作为例子的原因。

# 智慧城市的创新
## 发生在英国的故事

随后,一个名为(中国—欧盟)海港城与三角洲城智慧城市项目(简称"海港城与三角洲城智慧城市项目")的出现为探索将 OPHC 项目扩散到三角洲城提供了可能性。海港城与三角洲城智慧城市项目是一项由英国外交和联邦事务部(Foreign and Commonwealth Office,简称"FCO")资助的为期一年的项目,该项目旨在促进中英双方城市之间就智慧城市展开互动,并探索合作的可能性。该项目的负责人是玛丽。2014 年,玛丽带着她的汉语语言技能和在英国驻华领事馆工作的丰富经验加入了海港城政府。通过她在三角洲城英国领事馆工作的前同事,玛丽迅速地在三角洲城众多政府部门中找到了一个合适的官方合作伙伴——三角洲城的政府部门 A。政府部门 A 是三角洲城主管信息技术发展工作的政府部门。与三角洲城其他开展智慧城市建设的政府部门相比,政府部门 A 的工作内容与 OPHC 项目有更多的相似之处,因为两者都涉及网络基础设施和数据。

如果我们说与智慧城市相关的会议是支持 OPHC 项目垂直扩散的基础条件,那么海港城与三角洲城智慧城市项目则是支持 OPHC 项目水平扩散的基础条件。玛丽负责为该项目制定议程。由于海港城和三角洲城之间相距千里,减少物理距离障碍的一种方式是派遣代表团进行交流访问。玛丽从她中国工作的前同事那里知晓了中国公务员海外访问的新规定,访问时间不能超过五天(田野笔记,2015 年 7 月 11 日)。最后,玛丽决定先举办三场网络研讨会帮助双方细化共同的兴趣点,然后再安排海港城的代表团访问三角洲城(田野笔记,2016 年 3 月 17 日)。玛丽从海港城的许多人那里听说过笔者的名字,鉴于笔者是一名正在研究海港城智慧城市的中国博士研究生,玛丽非常快地联系到了笔者,并欢迎笔者观察整个项目。由于笔者的研究重点是探索 OPHC 项目扩散到三角洲城的过程,并非海港城与三角洲城智慧城市项目中所有的活动都与本研究有关。图 45 列出了海港城与三角洲城智慧城市项目的关键事件,并标注出和本研究最相关的事件,包括两次网络研讨会和代表团访问的第一、二、五天。

# 第七章
## OPHC 项目的扩散过程

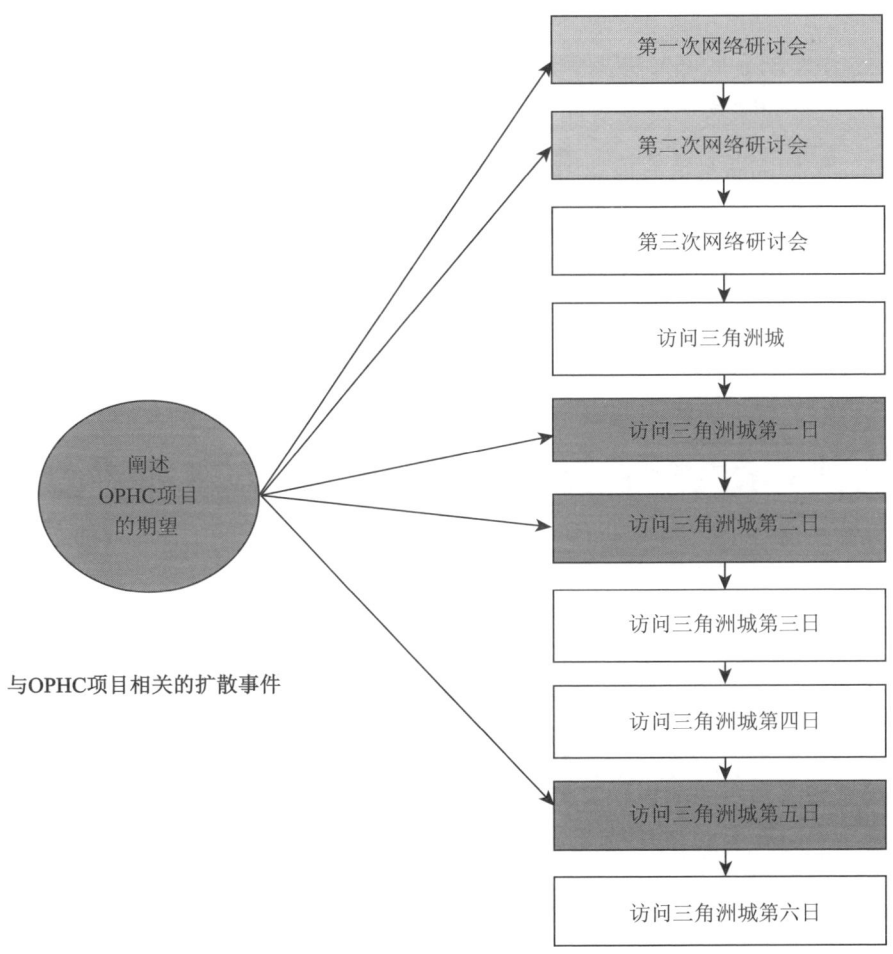

图 45 （中国—欧盟）海港城与三角洲城智慧城市项目及与本研究有关的事件

## （三）将 OPHC 项目扩散到三角洲城的智慧城市生态位

### 1. 第一次网络研讨会：初遇三角洲城的智慧城市生态位

海港城与三角洲城智慧城市项目的第一次网络研讨会在 2015 年 7 月举行。对于海港城的会议参与者来说，这是一个在清晨举行的会议，而对于三角洲城的参与者来说则是在下班回家吃晚饭前召开的一次会议。这次网络研讨会的目的是促进双方了解彼此的期望、组织结构和社会网络。海港城方面的参与者包

· 193 ·

# 智慧城市的创新

## 发生在英国的故事

括玛丽、两名公务员（鲁比和理查德）、OPHC 项目的总经理克里斯、稻草屋的联合主管斯泰因和海港城大学政策学院的教授安迪。他们围坐在 BOX 的一间会议室的桌子旁，桌子对面有一台巨大的电视屏幕。玛丽拨通了数字会议系统，三角洲城的参与者立马出现在屏幕上，他们是 A 政府部门的马主任和他的几位同事、来自三角洲城超级计算中心的员工鲁璐以及翻译人员李立。

作为海港城政府的代表，鲁比负责介绍海港城的各种智慧城市项目，如智慧能源、智慧交通和智慧基础建设等。在鲁比的介绍中，OPHC 项目作为海港城智慧城市的旗舰项目被简单提及。鲁比介绍完之后，马主任开始介绍三角洲城 A 政府部门主导的智慧城市建设情况。该智慧城市项目由政府自上而下地发起，其背后的关键官方文件是《构建三角洲城市智慧城市的实施计划》（2012）。作为信息技术领域的主管部门，三角洲城 A 政府部门负责领导该智慧城市项目。与 OPHC 项目相同的是，三角洲城 A 政府部门的智慧城市项目也将试图回应日益加快的城市化进程。但是，与 OPHC 项目不同的是，三角洲城 A 政府部门的智慧城市项目将智慧城市视作"强化核心竞争力"的方式（田野笔记，2015 年 7 月）。A 政府部门的智慧城市项目也有一个期望。马主任用树作为比喻解释了该智慧城市期望：超级计算机、网络和移动基站等智慧城市基础设施是树的根部；智慧城市的核心技术和智能产业（如电子商务）是树干和树枝；智慧城市应用则被视为树的叶子，如电子政务应用程序线上政务大厅、公共服务应用未来医院和城市管理应用智能交通等。与 OPHC 项目类似，三角洲城 A 政府部门的智慧城市项目也在其周围聚集了一群行动者，包括三角洲城负责卫生医疗的 B 政府部门、数据交换公司、三角洲城软件所、智慧城市创新研究中心、三角洲城超级计算中心和许多与智慧城市相关的公司。在双方阐述完各自的期望后，玛丽安排了大约 30 分钟的问答时间。海港城的参与者渴望了解 A 政府部门在三角洲政府结构中的位置，因为他们想确保他们联系到了正确的人。而三角洲城的参与者则询问了更多与智慧城市相关的问题，如数据隐私、机器人实验室和孵化器等。

在这个阶段，很难了解到三角洲城的与会者对 OPHC 项目的想法。但是基于笔者对双方在网络研讨会中的观察发现，有两个因素影响着阐述 OPHC 项目的期望。首先，三角洲城的与会者并没有与 OPHC 项目类似的知识背景。博西

# 第七章

OPHC 项目的扩散过程

玛（Boschma，2005）称这种交流中的知识差距为认知邻近性。例如，在会议上，三角洲城的与会者没有注意到 OPHC 项目中最具创新的部分，即一个城市规模的可编程测试平台。为了理解这个想法，三角洲城的与会者需要拥有软件定义网络的相关背景知识。尽管三角洲城的一些与会者具有工程背景，但他们不是通信网络方面的专家，因此他们没能关注到 OPHC 项目在网络方面的创新。另一个影响因素是三角洲城的与会者有自己偏好的技术。在网络研讨会上，当海港城参与者提到某些技术（如机器人技术）时，三角洲城的与会者显得十分感兴趣。这种对技术的不同兴趣点反映了不同时期不同文化对技术的不同期望，我们将在后面的小节中回到这一点上展开讨论。

2. 第二次网络研讨会：阐述期望所遇到的挑战

2015 年 8 月，海港城与三角洲城智慧城市项目举办了第二场网络研讨会。这场网络研讨会的主题是数字基础设施。这为 OPHC 项目提供了一个向 A 政府部门传播其期望的舞台。鲁比、理查德、玛丽和克里斯坐在 BOX 的同一间会议室里。但是网络研讨会并没能按照约定的时间准时开始，因为数字会议系统遇到了一些网络连接的问题。海港城的会议参与者为此感到十分愉快，因为他们认为不良的网络连接恰好是三角洲城网络容量较差的一个表现。对于一个拥有 1600 万人口的城市来说，在高峰时期管理城市的网络可能是一件很困难的事。在海港城的与会者看来，这展示出一种迹象，即三角洲城或许需要 OPHC 项目的网络解决方案。经过一番调试后，三角洲城的会议参加者才出现在屏幕上。与会者中有一些熟悉的面孔，例如马主任和他的同事，以及翻译人员李立。会议中还出现了一些新面孔，比如，三角洲城软件所和三角洲城超级计算机中心的工作人员。

在相互问候完毕后，克里斯第一个发言。他有 15 分钟时间介绍 OPHC 项目的期望，他像往常一样开始介绍可编程测试平台的组成部分，包括覆盖全城的光纤网络、Wi-Fi 网络和射频网状网络等。然后，他介绍了围绕着可编程测试平台的用户生态系统。接下来，他介绍了两个应用实例：一个装有传感器的看护房屋和 IP 摄像头在自然环境下的使用，这两个实例对笔者来说都是第一次听说，此前笔者并没有听说过 OPHC 项目有任何真正的应用。克里斯最后通

# 智慧城市的创新
## 发生在英国的故事

过强调有前景的 SDN 解决方案结束了他的演讲。然而，克里斯阐述期望的效果并不理想。一个原因是技术干扰，不稳定的网络连接使克里斯的演示幻灯片出现了延迟的情况，这导致克里斯在阐述 OPHC 项目的期望时没有同步支撑的视觉内容（田野笔记，2015 年 7 月 8 日）。因此，三角洲城的会议参加者很难全面理解 OPHC 项目的特别之处。另一个原因是克里斯和翻译李立之间缺乏认知邻近性。在两种语言的参会者进行交流时需要一位翻译人员，翻译李立在会议中扮演着将一方的信息传达给另一方的中介的角色。但是，李立并不了解 OPHC 项目的技术细节，这导致她在翻译 OPHC 项目相关的技术术语时遭遇到了困难。正如李立在网络研讨会中明确承认的那样，她认为 OPHC 项目的技术组成部分太过于复杂，难以翻译。因此，她跳过了所有与技术相关的元素，只翻译了两个使用案例（田野笔记，2015 年 7 月 8 日），这导致 OPHC 项目的大量技术方面的内容在翻译过程中被遗漏。

第二位发言的人是来自于三角洲软件所的年轻工程师。她非常自豪地介绍了一款获得国际奖项的智慧路灯解决方案。尽管存在网络连接不佳和英语口音等问题，海港城的会议参与者仍然能够理解这款智慧路灯解决方案的理念。这是一个可供人们在智能手机上使用的应用程序，人们可以用这个应用程序调节街灯的亮度，以达到节能的目的。三角洲城软件所也将该系统称为操作系统（OS）。为什么三角洲城与会方选择介绍这款应用而非在之前网络研讨会中谈及的未来医院和智慧交通的应用呢？在与马主任的非正式访谈后，有关这个选择的更多细节被揭示了出来。马主任在之前的网络研讨会中听说 OPHC 项目中涉及很多城市里的灯杆，他认为这是一个将三角洲城软件所的智慧路灯解决方案卖给 OPHC 项目的好机会（与马主任的非正式访谈资料，2016 年 3 月）。然而，这个选择体现出了会议双方对于"灯杆"和"操作系统"的不同理解。在 OPHC 项目的语境中灯杆不仅仅为了提供智慧照明，它主要承载着 OPHC 项目的射频网状网络。"操作系统"一词指的是一种网络操作系统，可以实现城市里异质网络（如光纤网络、无线网络和射频网状网络）的重新配置。而在三角洲城软件所的语境中操作系统是一种协调物联网设备（如传感器）的系统。简言之，三角洲城软件所理解的操作系统可以被理解为 OPHC 项目的射频网状网络概念的一部分。由于会议双方对于智慧城市中"灯杆"和"操作系

# 第七章
## OPHC 项目的扩散过程

统"的不同理解使得阐述 OPHC 项目的期望变得困难。

### 3. 访问三角洲城的第一日

六个月后,在 2016 年 3 月的一个清晨,一架飞机抵达了三角洲城的机场。笔者获准跟随海港城代表团访问三角洲城。作为回报,笔者同意为访问提供一些中英文翻译方面的协助工作。笔者在海港城代表团访问三角洲城的前一晚飞往三角洲城。作为协助工作的一部分,笔者负责到机场接机。当看到飞机降落在机场时,笔者脑海里浮现出塞雷斯(Serres)的观察:

> 飞机运载着信件、电话、代理人、代表等:我使用"通信"(communication)这个词不仅涵盖航空运输也涵盖了邮政运输。当人、飞机和电子信号通过空气传输时,它们都是有效的信息和信使(Serres,1995:8)。

降落在三角城机场的飞机,像是一个钢铁天使,运载着带有血与肉的"天使"——海港城的代表团,他们有关于智慧城市的信息要传递给三角洲城的听众。在这个集合了政府、高校和企业成员的代表团里,与 OPHC 相关的代表团成员有两名,分别是 OPHC 项目的总经理克里斯和城市操作系统(city OS)的提供方赛尔达①的员工格林。克里斯负责阐述 OPHC 项目的期望,而格林则专注于推广 SDN 控制器。

尽管受到时差的影响,但代表团在到达海港城的当天下午就开始了访问工作。海港城的代表团被分为商务组和政府组两组。商务组参观了一家名为独角兽的电信公司,而政府组,包括海港城政府和海港城大学的成员,他们与三角洲政府负责对外事务的 C 政府部门进行了会谈。克里斯和格林加入商务组,并参观了独角兽公司。这次访问对于代表团来说意义重大,因为独角兽公司是中国重要的电信公司,对 SDN 技术也十分了解。笔者主要负责协助政府组方面的访问,所以并没有直接观察到克里斯和格林是如何推广 OPHC 项目和 SDN

---

① 城市操作系统(City OS)最初是由 NEXT 实验室开发。然后,NEXT 实验室和海港城大学创建了一个名为赛尔达的拆分公司来推广城市操作系统的解决方案。

# 智慧城市的创新
## 发生在英国的故事

解决方案的。不过,之后的访谈表明,他们将 OPHC 项目的解决方案推销给独角兽公司时遭遇到了困难,因为独角兽公司已经有了自己的 SDN 发展愿景和 SDN 控制器(OPHC 工程团队负责人的访谈资料,2016 年 9 月 14 日)。

与此同时,我跟随着另一个代表团组去了三角洲城政府。海港城代表团的成员惊讶地发现,三角洲城在全球有 31 个姐妹城市①,而海港城只是这些众多姐妹城市中的一个。此外,他们还发现海港城的邻居城市高原城与三角洲城也有着密切的联系,虽然这两座城市成为姐妹城市的时间比海港城与三角洲城成为姐妹城市的时间稍短,但高原城显然已经赢得了三角洲城官方的信任,并且这种友谊已经为高原城带来了许多研究资金。当晚,代表团与海港城 C 政府部门的工作人员共进晚餐。在餐桌上,一位三角洲城方面参与晚宴的人向笔者询问有关 OPHC 项目的事。她说她并不清楚 OPHC 项目是什么,也不确定这个项目的可行性。她还解释了为什么三角洲城的官方十分信任高原城,因为高原城大学的副校长每年都会访问三角洲城,并带来很多与三角洲城合作的研究项目。高原城大学这种长期的承诺获得了三角洲城官方的信任,并愿意与之合作(研究日记,2016 年 3 月 17 日)。高原城在三角洲城的成功反映了博西玛(Boschma,2005)社会邻近性的论点。社会邻近性是指基于友谊、亲属关系和经验的微观社会关系。博西玛认为,如果社会邻近性太少,双方将难以彼此沟通和交换战术性知识,因为在彼此交换资源和知识之前,需要行动者之间的信任(Coenen et al.,2010)。显而易见的是,高原城通过过去长期的承诺赢得了三角洲城官方的信任,高原城与三角洲城之间也拥有了较多的社会邻近性。

4. 访问三角洲城的第二日上午

第二天早上,代表团成员们一大早就在酒店享用了美味的中式自助早餐。这将是漫长的一天。上午,他们将参加在酒店举行的智慧城市会议,下午则将与三角洲城本地的公司进行一对一的商务会谈。笔者在酒店的电梯里遇见了格林,他说当天下午将非常忙碌,因为他要会见约 15 家公司。

会议于上午 9 点准时在下榻的酒店开始,与会者包括 A 政府部门和 70 家

---

① 姐妹城市(sister city)指的是国际上缔结了友好关系的城市。

# 第七章
## OPHC 项目的扩散过程

当地智慧城市公司的代表。作为开场，鲁比在简单介绍了海港城的各种智慧城市项目后将话筒递到了克里斯手里。克里斯拥有 15 分钟时间向观众介绍 OPHC 项目。在演讲前，为了快速地向不了解海港城的观众提供一些项目的背景信息，克里斯向观众播放了一段 OPHC 项目的宣传视频。视频中谈到了全球城市化进程的加快、可编程城市的概念、有前景的软件定义网络技术以及 OPHC 智慧城市项目对数据和市民的重视。视频采用了带有科幻风格的背景音乐，在现场营造出一种未来主义的氛围。视频播放结束后，克里斯开始介绍 OPHC 项目的期望。与在其他场合的演讲一样，OPHC 项目的期望被夸大了用以吸引关注。例如，当克里斯谈及尚未实现的项目时，他表达得如同这些项目已经实现了。在演讲中，克里斯采用了许多"第一"的修饰词来帮助 OPHC 项目在当前的智慧城市运动中树立显著角色（田野笔记，2016 年 3 月 18 日）。为了了解听众对 OPHC 项目的态度，笔者在会议的茶歇期间对一些三角洲城的参会人员进行了非正式访谈。访谈结果表明，三角洲城的参会人员与 OPHC 项目的创新人员之间缺乏认知邻近性。他们参与会议的目的是为了寻找与自身期望相关的元素。例如，一些参与者来自当地的公交公司，这些参与者更多地希望了解智慧交通管理方面的信息；一些参与者是风险投资公司的员工，他们想在会议上寻找有前景的中小企业进行投资；一些参与人员来自技术孵化器公司，他们想向成功的孵化器企业学习；还有一些参与者来自国际知识产权服务公司，他们希望通过参与国际性的智慧城市会议寻找潜在的合作伙伴，并成为智慧城市全球业务的中介人。由于三角洲城的参会人员与 OPHC 项目的创新人员之间缺乏认知邻近性，导致这些参会者很难理解克里斯所描述的 OPHC 项目所带来的一幅变革性的未来图景。人们的私人期望指引着他们在会议中寻找特定的信息，而不是去理解 OPHC 的期望。

在三角洲城方面，马主任介绍了 A 政府部门的智慧城市期望。和第一次网络研讨会一样，他在介绍 A 政府部门的智慧城市期望之前，谈及了许多来自国家层面的战略。以下是他演讲的一部分：

> 2016 年是"十三五"规划的第一年。国家正在深化实施一些战略，例如，丝绸之路经济带和 21 世纪海上丝绸之路、自由贸易区、中国制造

# 智慧城市的创新

## 发生在英国的故事

2025、国家大数据战略等。这些战略都给三角洲城带来了巨大的经济效益。在"十三五"规划期间，三角洲城提出了几个战略愿景，其中包括进一步加快产业升级，建设国家航运和物流中心，建设现代金融服务体系，建设国家城市创新中心。

——马主任在智慧城市会议上的演讲资料，2016年3月

在介绍A政府部门的智慧城市期望之前谈及许多国家层面的战略的行为表明，有两个因素影响着A政府部门发展智慧城市和对OPHC项目的期望是否接纳的决策。第一个因素是A政府部门所处的组织层级结构。从垂直的角度来看，三角洲城A政府部门必须遵循国家层面上级部委的指导；从水平的角度来看，A政府部门必须与三角洲城的其他政府部门相协调。因此，A政府部门具有很高的组织邻近性，其在组织内部和组织之间具有高度的依赖性。这就是为什么在A政府部门阐述其期望时，经常引用市政府的官方文件和国家战略以表明A政府部门与它们保持一致。从这个角度来说，A政府部门作为一个地方政府部门，由其自主设计智慧城市项目的机会受到限制。在后续的讨论部分，我们将回到这一点上进行讨论。

影响A政府部门决策的第二个因素是中国背景下与智慧城市有关的期望的层次。正如我们在上面的引文中所看到的那样，马主任提到了一系列国家战略，如丝绸之路经济带和21世纪海上丝绸之路、自由贸易区、中国制造2025、国家大数据战略等。这些国家战略反映了智慧城市有关的两个国家层面的期望：产业升级和商业机会。一方面快速的工业化和市场化在过去40年间给中国社会带来了快速的经济发展，特别是在三角洲城地区。然而，劳动密集型工厂无法保证未来持续的增长。因此，升级现有产业被视为突破增长瓶颈的一种方式。而另一方面建设自由贸易区和丝绸之路经济带则是增强与其他国家经济联系以增加中国商品出口的商业机会。从中我们可以看到，不同的文化在不同的历史时期对于智慧城市具有不同的宏观期望。在某些文化中占主导地位的特定技术不仅反映全球趋势，还反映了与该文化最深层次的希望和恐惧之间的联系。这些中国社会里有关智慧城市的宏观期望影响了中观层面技术的选择，以及微观层面上智慧城市的期望（Van Lente，1993）。例如，中国国家层

# 第七章
## OPHC 项目的扩散过程

面上对智慧城市的宏观期望影响着 A 政府部门在微观层面上制定的智慧城市期望。A 政府部门的相关负责人不可避免地会关注一些技术而非另外一些技术。如在第一次网络研讨会上，A 政府部门的参会人员对机器人技术抱有浓厚的兴趣，因为该项技术符合中国产业升级的宏观期望。

### 5. 访问三角洲城的第二日下午

访问三角洲城第二日下午，三角洲城的企业有机会与海港城的企业进行一对一的会谈。许多三角洲城的公司报名与克里斯和格林会谈。为了了解这些企业在会谈后对 OPHC 项目和 SDN 控制器的想法，笔者对这些企业的参会人员进行了非正式访谈。访谈结果表明，由于认知邻近性和企业的自身期望，使得这些参会的企业很难接受 OPHC 项目的期望。访谈显示，大多数参会企业与 OPHC 项目缺乏相近的知识背景，认知差距使得这些企业难以将他们的业务与 OPHC 项目联系起来。更有趣的是，在访谈中，虽然一些参与者对网络有一定的认识，但是他们仍没有接受 OPHC 项目的期望。朱雀通信就是一个很好的例子。朱雀通信是一家基础设施和智能终端提供商，致力于在中国开发软件定义网络和网络融合，因此该公司与 OPHC 项目分享了类似技术的期望。朱雀通信的工作人员分别与 OPHC 项目和赛尔达公司进行了交谈，虽然商谈双方具有较多的认知邻近性，但由于软件定义网络是一个新兴的领域，没有统一的标准和知识产权保护，所以双方对深入讨论技术细节等内容都保持着谨慎态度。就像一位三角洲城的参会者所评论的那样：

> 正如你所看到的，朱雀通信派了几个人参加了这次的活动。他们（朱雀通信）也从事网络业务，汇集各种数据并进行管理。他们（朱雀通信与 OPHC、赛尔达公司）是竞争对手，所以他们（朱雀通信与 OPHC、赛尔达公司）之间没有进一步交流。
>
> ——三角洲城一位高级工程师的访谈资料，2016 年 3 月 18 日

对于上述现象，博西玛（Boschma，2005：64）提供了一种解释，他认为认知邻近性太多或太少都不利于沟通。一定程度的认知距离是必要的，因为这

# 智慧城市的创新
## 发生在英国的故事

种距离可能会激发新奇性。然而,如果认知距离太近,会增加意外溢出的风险。正如我们所看到的,在没有建立信任关系的情况下,两家公司之间的相似兴趣实际上成为二者交流的障碍。双方都考虑到自己的知识产权,并不愿意更加开放地交流。

人们的私人期望则是影响阐述 OPHC 项目期望的另一个原因。例如,有些参与者具有一定的网络知识并且与 OPHC 项目并不存在竞争关系。然而,由于这些参与者有强烈的私人期望,这些私人期望预设了他们在寻找特定技术解决方案时的优先事项,导致他们很难认同 OPHC 项目的期望。一个很好的例子是当地的高级工程师老赵。老赵了解网络融合的趋势,但他过于专注于为自己的项目寻找特定的技术组件。本章的开头引语中体现了这一点。

工程师老赵了解最新的通信网络发展的一些情况,与 OPHC 项目的创新者有一定程度的认知邻近性。然而,老赵的私人期望让他狭窄地关注于解决建筑物中定义所有传感器的方法,并不关心 OPHC 项目的期望中所推广的 Wi-Fi 网络和城市操作系统。

### 6. 访问三角洲城的第三日早上

在访问的最后一天,海港城代表团参观了三角洲城的超级计算中心,并与 A 政府部门和其他一些有智慧城市项目的三角洲城政府部门进行了一场长达 3 个小时的会谈。克里斯再次阐述 OPHC 项目的期望,其演讲的内容与几天前所述相似。来自海港城两所大学的三位教授还介绍了他们各自在智慧城市方面的研究,包括高性能网络、大数据分析和无人驾驶汽车。在三角洲城方面,演讲的主题包括超级计算机、电子健康、智慧路灯和数据交换。

我们可以从马主任在会议结束时所作的最终陈述中找到一些关于三角洲城方面对 OPHC 项目态度的线索。马主任明确表示希望与海港城和 OPHC 项目合作的领域有三个:首先,他仍然认为三角洲城软件所的智慧路灯解决方案与 OPHC 项目可以展开进一步的合作。其次,他认为三角洲城的数据交换公司可以学习和借鉴海港城大学在数据分析方面的专业知识。最后,他对无人驾驶汽车表示感兴趣。马主任的选择反映了笔者上面提到的一系列问题。马主任在选择将哪些技术纳入其智慧城市项目时,受其所处的层级组织结构具有紧密的组

# 第七章
OPHC 项目的扩散过程

织关系的影响。他的决策也必须符合中国社会里有关智慧城的宏观期望,例如,选择智慧路灯解决方案响应了中国社会里对智慧城市增加商业机会的期望。提高数据交换公司的数据分析能力与国家的大数据战略产生了共鸣;对无人驾驶汽车的兴趣遵循中国制造 2025 的战略,反映了对人工智能日益增长的兴趣。对数据和人工智能的关注,反映了中国社会宏观层面的期望,对中观层面技术的选择,以及微观层面智慧城市生态位里行动者的决策的影响。

代表团访问的行程结束后,海港城与三角洲城智慧城市项目告一段落。安迪撰写了一份报告,向英国 FCO 反馈访问的情况。2016 年 4 月,代表团成员回到海港城后再次聚集在一起,对访问进行了反思。他们对本次访问抱有复杂的感受:一方面,他们对三角洲城的发展和超级计算机设施表示印象深刻。另一方面,他们意识到说服三角洲城政府当局和企业接受 OPHC 的期望比他们想象中要困难得多。这背后有多种原因,例如,对技术的不同理解、双方缺乏承诺以及中国方面的与智慧城市相关的宏观期望等。然而,OPHC 项目向三角洲城的扩散并不被认为是失败的,海港城的创新者向世界另一端的城市传播了 OPHC 项目和海港城的名字。此外,海港城创新者也没有认为这种扩散是失败的,因为他们在这个过程中学到了一些东西,认识到未来应该更加专注于双方的沟通和承诺。

## 三、讨论

本章研究了 OPHC 项目的扩散过程。具体来说,它研究了两个方向上的扩散:向全球智慧城市生态位的扩散和向特定城市的扩散。本节总结了两个方向扩散过程中的特征,如扩散的目的、方法和结果,并进一步分析两个扩散方向中出现的问题:高涨的国际声誉与激增的本地失望之间的矛盾以及将 OPHC 项目扩散到三角洲城所面临的挑战。

### (一) 扩散的特征

基于战略生态位管理理论,笔者将垂直扩散视作一个将本地智慧城市生态

# 智慧城市的创新
## 发生在英国的故事

位的经验聚合到全球智慧城市生态位的过程,并将水平扩散视作一种本地生态位的期望传播到另一个本地生态位的过程。智慧城市是一个新兴的全球现象,在全球智慧城市生态位层面并没有形成一个稳定的规则和标准。在本地层面上,有许多本地智慧城市生态位,像 OPHC 项目和三角洲城 A 政府部门主导的智慧城市项目都属于本地的智慧城市生态位,这些本地的智慧城市生态位试图将其最佳的想法、实践和经验聚合到全球生态位层面。比如,OPHC 项目成功地将其可编程测试平台、市民参与和可玩性城市的理念传播到全球智慧城市生态位中;三角洲城的智慧路灯解决方案曾成功获得国际奖项。通过聚合,这些本地的智慧城市项目希望成为世界智慧城市领域的领袖,将自己的项目合法化为最佳实践供其他城市学习。除了本地智慧城市生态位将其最佳实践聚合到全球智慧城市生态位之外,本地的智慧城市生态位并不是被动地接受外部的智慧城市期望。相反,这些本地的智慧城市生态位寻求将其期望扩散给彼此。差了这一点我们可以在海港城与三角洲城之间的智慧城市交流中发现。交流双方都试图直接向对方推销他们的期望和智慧城市应用(如 SDN 控制器和智慧路灯解决方案)。

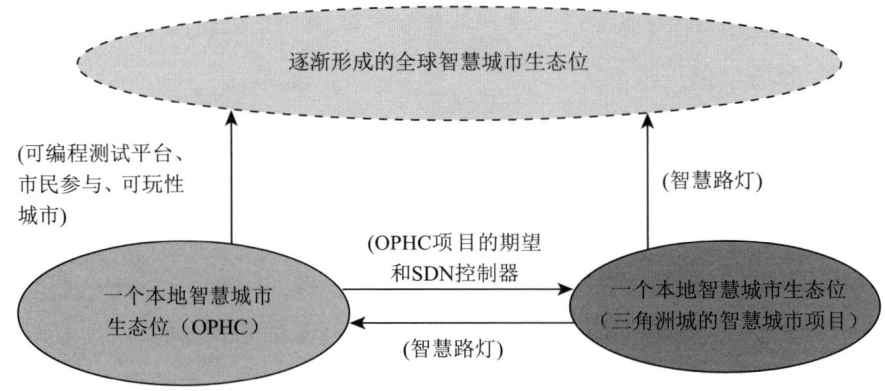

图46 OPHC 项目两个扩散方向的示意图

在两个扩散方向上,OPHC 扩散的主要内容是 OPHC 的期望而非单个技术产品(如智能应用)。这一部分原因是 OPHC 项目仍处于期望阶段,另一部分原因是 OPHC 项目是一个系统型创新,涉及一系列相互连接的技术元素和社会

# 第七章
## OPHC项目的扩散过程

基础设施。尽管OPHC项目的某些部分可以作为产品销售，如SDN控制器，但整个项目很难作为产品进行销售。将OPHC项目扩散到全球智慧城市生态位的目的是为了吸引全球关注并帮助OPHC项目获取潜在的支持。将OPHC项目扩散到三角洲城的目的是让海港城的官方和企业认同OPHC的期望，以便他们可以选择OPHC项目的可编程测试平台测试他们的产品，或者购买SDN解决方案来构建类似于OPHC项目的可编程网络。

两个方向上的扩散所采用的方法都是通过演讲来阐述OPHC项目的期望。如上所述，OPHC项目的期望通过不同的基础条件或渠道来表达的。在全球层面上，垂直扩散团队（如克里斯、苏珊、鲁比）通过许多智慧城市会议阐述OPHC项目的期望。而对于向三角洲城的扩散，水平扩散团队通过海港城与三角洲城智慧城市项目这个交流渠道，在网络研讨会和代表团访问期间反复阐述OPHC项目的期望。为了吸引关注并在当前智慧城市运动中确立OPHC项目的领先地位，在阐述OPHC项目的期望时，创新者经常夸大OPHC项目的期望。比如，在阐述OPHC项目的期望时常常将尚未实现的内容描述得像已经实现了一样，"第一"的修饰词也被广泛地运用到几乎所有与OPHC相关的演讲中。

总体而言，将OPHC项目扩散到全球智慧城市生态位的行动非常成功，它帮助OPHC项目吸引了许多来自全球智慧城市生态位层面上行动者的关注。他们认为OPHC项目对当前的智慧城市运动具有启示意义，特别是其市民参与和可玩性城市等元素。他们还给予OPHC项目两个享有盛誉的智慧城市奖项。然而，有趣的是，尽管在全球智慧城市生态位层面，OPHC项目被认为是一个领先的、值得学习的榜样，但是它却给海港城的当地居民带来了失望。

## （二）炒作在不同层次上的不同速度

将OPHC项目扩散到全球智慧城市生态位取得了成功，但是OPHC项目日趋高涨的国际声望与海港城本地合作伙伴日益激增的失望情绪形成了鲜明对比。这种矛盾是期望悖论的另一个例子，即OPHC项目的期望既有助于吸引关注，又可能造成失望。期望社会学者（Borup et al., 2006）研究了类似的现象，并将这种期望的时间模式称为炒作和失望循环（hype and disappointment

# 智慧城市的创新
## 发生在英国的故事

cycle)(Brown,2003)。他们发现,创新者在创新之初往往会夸大期望,以吸引关注和动员资源。然而,如果在现实中期望的实施并未达到承诺时,日益高涨的期望将会变成炒作,这将引发失望情绪,并损害项目的声誉和已获得的信任。将炒作和失望循环应用于本案例,我们会更加理解为什么海港城本地合作伙伴在 OPHC 项目的创新之初会因为加入 OPHC 项目而感到兴奋,以及为什么后来他们会感到失望。OPHC 项目对期望的夸大有助于为该项目吸引本地合作伙伴的关注,但当 OPHC 项目未能兑现其承诺时,OPHC 项目的期望很快地变成了炒作。本地合作伙伴的一位成员表达了这种失望:"它(OPHC)是一个数字虚构。"(OPHC 本地合作伙伴成员的访谈资料,2016 年 6 月 30 日)

然而,在本研究中展现出的炒作模式与范伦特等(Van Lente et al.,2013)的观察相呼应,即炒作模式可以在不同层次上加以观察,微观层面(项目层面)、中观层面(领域层面)和宏观层面(社会层面)。正如我们上面所看到的,在微观层面(项目层面),OPHC 项目的炒作很快地就转化为失望,而在领域层面(全球智慧城市生态位)则没有那么快地变成失望。除了范伦特的观察以外,笔者认为不同层次上的期望变成炒作的速度是不同的,这由 OPHC 项目的期望所嵌入的环境所决定。在项目层面上,OPHC 项目的期望位于一个具有明确期望的社会网络中,夸大的 OPHC 项目的期望很快地为其吸引了许多本地行动者的支持,这些本地行动者与 OPHC 项目有较近的距离,他们对 OPHC 项目具有十分明确的期望。当 OPHC 项目的某些方面没有如期望的那样实现时,他们便立刻感到失望。例如,海港城的稻草屋接受了 OPHC 项目的期望,并采取行动实现 OPHC 项目的期望赋予其的角色。随着时间的推移,OPHC 项目的射频网状网络并没有按计划开放,稻草屋未能如期望的那样,将蟾蜍外形的传感装置接入 OPHC 项目的射频网状网络。为此稻草屋对 OPHC 项目感到非常失望。但在全球智慧城市生态位层面上,OPHC 项目面对的智慧城市行动者对其没有抱有明确的期望。全球智慧城市生态位仍处于形成阶段,因此 OPHC 项目期望的实现与否并不被视为优先事项。全球智慧城市生态位层面上的行动者并不关注 OPHC 项目是否按照它的期望在现实中实施。他们更专注的是为智慧城市寻找新的典型案例,并从不同的本地智慧城市项目中学到有价值的经验教训。因此,在全球智慧城市生态位层面上,夸大的 OPHC 项目的期

# 第七章
## OPHC 项目的扩散过程

望获得了全球智慧城市行动者的认可。尚未实现的 OPHC 项目的期望被视为一个有前景的智慧城市项目，因为 OPHC 项目的期望对如何让城市变得智慧贡献了许多有益的思考。因此，在全球智慧城市生态位层面上，OPHC 项目将继续被视为一个有前景的智慧城市项目，直到全球智慧城市生态位的环境发生变化并对 OPHC 项目产生更加明确的期望时，这种情况才会发生改变。

### （三）不同邻近性对水平扩散的影响

OPHC 项目的水平扩散比 OPHC 项目的垂直扩散遇到更多的挑战。如上文所示，尽管 OPHC 项目的水平扩散团队不断地向三角洲城的官方和企业阐述 OPHC 项目的期望，但是他们并没有接受 OPHC 项目的期望。为了更好地理解 OPHC 项目水平扩散所遇到挑战，我们将用博西玛（Boschma）的四种邻近性来理解 OPHC 项目水平扩散中所遇到的挑战，并使用范伦特的期望的层次来理解水平扩散中出现的各种类型的期望。

让水平扩散变得困难的第一个影响因素是地理邻近性。由于海港城和三角洲城之间有数千英里的距离。用博西玛的术语来说，两个城市的行动者之间缺乏地理邻近性，这导致的直接结果是，双方之间的沟通必须依赖技术作为沟通媒介渠道（网络研讨会），或派遣代表团进行实地访问。受到时间和公务员出访规定等现实因素的影响，双方无法进行频繁的代表团访问，而网络研讨会在沟通方面又遇到了许多问题，例如，在第二次网络研讨会中由于不稳定的网络连接使得克里斯的演示幻灯片出现了延迟，导致三角洲城的会议参与者无法清楚地看到克里斯的演示幻灯片上的内容。此外，通过技术作为媒介渠道进行沟通无法像正常面对面沟通那样能视频繁地打断和在任何时间提问。如上所述，三角洲城和海港城的会议参与者实际上对"灯杆"和"城市操作系统"持有不同的理解，要对两个术语达成一致的认识，需要双方在交流过程中对自己的理解做出澄清。而技术作为媒介沟通本质上无法提供中断、修复、反馈和学习方面的支持（Coenen et al.，2010），因此在网络研讨会期间，双方的参会人员几乎没有机会在任意时间点中断对方的谈话、互相提问和澄清彼此的概念。

让水平扩散变得困难的第二个影响因素是认知邻近性。要使双方有效的沟

# 智慧城市的创新

## 发生在英国的故事

通成为可能，需要一定程度的共享背景知识，缺乏认知邻近性在双方沟通过程中一再成为问题。首先，正如我们所看到的，三角洲城的会议参与者与 OPHC 项目的创新人员之间缺乏认知邻近性。从两次网络研讨会和代表团访问的第二天及第五天都能发现这一问题。从三角洲城会议参与者的反馈中，我们可以看出他们没有正确理解 OPHC 项目的期望。在他们的思维方式里，一定程度上来说物联网等同于智慧城市。产生这样的想法并非无中生，因为物联网的理念在今天的智慧城市建设中非常普遍，三角洲城的会议参与者只是遵循这一趋势。然而，这种认知模式影响了他们对 OPHC 项目的理解，例如，由于他们将 OPHC 项目视为一个城市范围的物联网网络，导致他们在两次网络研讨会中，都选择与物联网有关的智慧路灯应用来进行交流。在整个交流的过程中，三角洲城的会议参与者都没有将注意力放在具有变革性的可编程测试平台上。其次，翻译人员和 OPHC 项目的创新人员之间也缺乏认知邻近性。正如我们在上文所看到的，翻译李立由于没有 SDN 技术的相关背景知识，使她在翻译的过程中直接跳过了 OPHC 项目的所有的技术细节。最后，三角洲城的企业与 OPHC 项目之间也普遍缺乏认知邻近性。正如我们在代表团第二日的访问中对参会企业进行访谈所发现的那样，这些企业大多数并不理解 SDN 和可编程测试平台的理念。

过多的认知邻近性也会影响沟通。诸如，朱雀通信与 OPHC 项目有较多的认知邻近性，但这并没有使双方的沟通变得更加容易。朱雀通信也是 SDN 的推广者，OPHC 项目和赛尔达公司不想向竞争对手详细说明技术细节。为了使有较多认知邻近性的双方进行更加深入的沟通，需要在双方之间建立更多的社会邻近性或信任。实际上，就算双方有恰当距离的认知邻近性也不能保证顺利的沟通，因为人们的行为受其私人期望的驱动，就像工程师老赵的例子那样。尽管老赵对 SDN 和网络操作系统有一定的了解，但他对它们并不感兴趣，因为老赵过于专注于为自己的业务寻找解决方案。

让水平扩散变得困难的第三个影响因素是组织邻近性。根据博西玛的说法，组织邻近性指的是无论在组织内部还是组织之间，在组织安排中共享的关系。组织邻近性影响了知识交换和处理的控制及自主程度。过高的组织邻近性存在缺乏采纳新思想的灵活性，因为在层级结构的组织中不会奖励新思想，并

# 第七章
## OPHC 项目的扩散过程

且难以在组织内和组织间进行互动学习，一个高组织邻近性的例子是层级结构的公司和网络。而过低的组织邻近性可能会增加机会主义的危险。因此博西玛推崇一种松耦合网络的组织邻近性，这种组织邻近性的一个典型例子是合营企业和网络。笔者认为三角洲城 A 政府部门和 OPHC 之间没有相似的组织邻近性，A 政府部门是一个三角洲城的政府部门，所属一个严格的层级结构。相反，OPHC 是海港城大学和海港城政府的合营企业，它是一个在地方上的松耦合网络。三角洲城 A 政府部门和 OPHC 之间的互动可以被视为两种不同类型组织邻近性之间的互动，即高组织邻近性和松耦合网络邻近性之间的互动。A 政府部门具有高组织邻近性，具有较少的灵活性来选择它想要的创新路径。因此，当 OPHC 项目的期望展现在三角洲城 A 政府部门的工作人员面前展示时，他们仅具有较低的自由度去学习、理解和采纳 OPHC 项目的期望。

让水平扩散变得困难的第四个影响因素是社会邻近性。社会邻近性是指行动者在微观层面基于友谊、亲属关系和经验的社会关系。博西玛认为过高的社会邻近性会产生锁定效应和导致"目光短浅"，它可能会使社会网络的成员固守既定的做事方式，最终对他们自己的创新和学习能力产生不利影响。相反，过低的社会邻近性会使双方难以相互沟通和交换战术性知识，因为在行动者彼此承诺任何资源和知识之前需要建立起信任感（Coenen et al., 2010）。上文提到，朱雀通信和 OPHC 之间因缺乏社会邻近性，导致双方难以进行更加开放的对话。缺乏社会邻近性也是 OPHC 和三角洲城官方之间存在的一个问题，尽管海港城和三角洲城有十多年姐妹城市的友谊，但这些互动主要存在于政府之间，而不是在两个智慧城市生态位之间。此外，两个城市的市长经常更换，因此当原来的人离开后，个人联系也就中断了。在国际合作中，双方需要建立信任关系，才会承诺资源，这需要时间的积淀。高原城提供了一个反例，高原城也是三角洲城的姐妹城市，由于长期致力于与三角洲城建立较高的社会邻近性，高原城成功地从三角洲城获得了大量的研究资金。

除了博西玛的概念工具邻近性之外，笔者认为还有另一种邻近性影响了扩散过程，即期望邻近性。正如我们在上文阐述的，OPHC 项目在扩散过程中在另一个文化背景中遇到了不同的期望。范伦特曾对期望进行了分类，将这些期望分为三个不同的层次。OPHC 项目在三角洲城遇到了许多微观层面的期望，包括企业的微观期望（例如老赵期望找到 Li-fi① 解决方案）和 A 政府部门的智慧城市期望。同时，OPHC 项目还在中国间接遇到了许多中观层面和国家层面的期望，例如中观层面技术领域的期望（如人工智能和大数据），以及宏观层面与智慧城市有关的期望（如产业升级和商业机会）。微观层面的期望指导创新者和企业寻找特定的技术。因此，OPHC 项目与三角洲城的这些微观层面的期望之间的邻近性将直接影响 OPHC 项目的扩散。宏观层面与智慧城市有关的期望也对 OPHC 项目的扩散过程产生了间接影响，这主要体现其影响中观和微观层面的技术选择。正如我们所看到的，在中国社会的背景下凸显了某些技术与中国文化中最深层次的希望和恐惧有关，例如，人工智能技术被中国政府优先考虑，因为这种技术被认为可以帮助中国进行产业升级，这项技术被列入中国的宏观议程"中国制造 2025"中。

　　中国社会与智慧城市有关的宏观期望也影响了地方政府和公务员对技术的选择。例如，在第一次网络研讨会中，听完 OPHC 项目的期望后，A 政府部门选择了解机器人实验室而不是 OPHC 项目的可编程测试平台。另一个例子发生在海港城代表团访问的第五天。当克里斯阐述完 OPHC 项目的期望后，A 政府部门的回应不是关于可编程测试平台，而是关于无人驾驶汽车合作的建议。从以上两个例子中不难发现，中国社会中与智慧城市有关的宏观期望产业升级的宏观期望将机器人技术合法化为对中国未来有帮助的技术，而该宏观期望又影响了中观和微观层面的技术选择。因此，为了成功地扩散 OPHC 项目的期望，还需要 OPHC 项目的期望与中国与智慧城市有关的宏观期望之间存在某种邻近性。OPHC 项目与这些宏观期望的关联越密切，OPHC 项目与三角洲城中微观层面智慧城市的期望相匹配的可能性就会越大。

## 四、本章小结

　　本章研究了 OPHC 项目创新过程中的扩散现象。一方面，OPHC 项目的创新者寻求将 OPHC 项目垂直传播到全球智慧城市生态位，并成为其他城市学习

---

① Li-fi 一般指可见光无线通信。

# 第七章
## OPHC 项目的扩散过程

的榜样。另一方面，OPHC 项目的创新者希望将 OPHC 项目水平扩散到中国的一个本地智慧城市生态位。这两个方向的扩散都依赖于阐述期望来进行传播。从结果上看，我们可以发现垂直方向的扩散非常成功，因为新兴的智慧城市领域欢迎来自本地智慧城市生态位的新想法和经验，OPHC 项目的期望为新兴的全球智慧城市生态位带来了新鲜的思想食粮。然而，在本地层面上，相同的期望已经过了让本地合作伙伴感到兴奋的阶段，转变成了炒作。这主要是因为炒作在不同层次上有不同的速度，在本地层面上，人们已经接受了 OPHC 项目的期望，并期望它尽快实现而在全球层面上却没有这种期待。在水平扩散方面，尽管 OPHC 项目的关键行动者反复向三角洲城的官方和企业阐述 OPHC 项目的期望，但是他们却很难接受该期望。如上分析，地理、认知、组织、社会邻近性都会对水平扩散造成影响，除此之外，笔者提出一种新的邻近性，即期望邻近性也影响着 OPHC 项目的水平扩散。

# 第八章

# 结论

## 一、介绍

  本书对智慧城市项目 OPHC 的创新过程，即该项目的产生、实施和扩散，进行了深入的研究。由于研究时间的限制，本书只能捕捉到这个智慧城市创新的早期阶段。当笔者结束田野工作时，OPHC 项目正处于它的低谷期。导致这种低谷期的一部分原因是 OPHC 项目没有实现它期望中做出的承诺，因而失去了本地合作伙伴的信任。另一部分原因是 2016 年的外部政治动荡如英国脱欧和海港城市长选举等给 OPHC 项目带来了一系列负面影响。例如，我们在故事中遇到的许多创新者在 2016 年底就离开了 OPHC 项目，OPHC 项目为了进行重组，不得不重新招募新的团队成员。然而，没过多久，这些新招进来的成员又被其他人所取代。值得指出的是，即使早期的创新者离开了 OPHC 项目，在实践中 OPHC 的一些元素尚未被实现或被发现是不可取的，但 OPHC 项目的期望依然得以保持。OPHC 的故事还在继续，它未来的创新方向取决于不断进行的动态谈判。

  回顾 OPHC 项目的整个早期创新过程，我们很难用一句话来总结这个混乱和流动的过程。其中，有两个总体观点值得强调。首先，智慧城市创新不仅仅是技术的实施，而是一种不断演变的配置。智慧城市项目的期望在演化过程中发挥着复杂且矛盾的作用，例如吸引关注、协调行动和提供保护等。演化结果可能与项目最初的承诺不同，正如我们在 OPHC 项目中所看到的那

# 第八章
## 结论

样,许多技术方面的投资实现起来比预期的时间长或者未能实现;市民参与在创新过程中受到限制;可编程测试平台也没能顺利地推销给其他城市。然而,OPHC 智慧城市创新的故事远比上述提到的这些例子更为有趣。OPHC 项目的创新过程在原计划之外产生了其他效果。例如,本地层面上,OPHC 项目的创新过程产生了许多物质方面的成果,如高速宽带、升级后的 3D 球幕和蟾蜍外形的传感装置等。OPHC 项目还创造了一定的就业机会,成功地动员了一些本地的行动者,如稻草屋。在全球层面上,OPHC 项目提升了海港城在国际上的声誉,并成功地在智慧城市领域为自己确立了领先地位。

基于这个多元的结果,第二个观点变得更加容易理解,即我们很难对一个智慧城市的创新作出评估。对于像智慧城市这样的系统性创新,很难判断项目遇到的困难是暂时的还是炒作。正如我们从上文所读到的,虽然 OPHC 项目未能实现其最初的承诺,但它产生了其他的结果。项目层面上的负面结果和创新者的更替也没有挑战整个项目的基本假设,OPHC 项目的创新者可以使用解释灵活性来解释负面的创新结果,OPHC 项目的期望将继续为未来的实验提供保护。OPHC 项目的创新者将创建新的议程和开展新的实验,这可能会产生新的问题。如果创新结果再次是负面的,创新者还可以再次应用解释灵活性。这个循环将继续并重复多次。如果最终产生了显著的创新成果,那么智慧城市项目的期望将成为自我实现的预言。否则,只有在全球层面出现新的城市概念替代智慧城市或当期望不再具有吸引力时,这个循环才会停止。这时,先前的负面创新结果将被重新解释为失败。

下面我们将首先综合前面的观察结果,回答本研究的三个预示性问题,包括:揭示创新过程本身的情况;讨论 OPHC 项目的期望在创新过程中发挥着复杂且矛盾作用;反思市民在 OPHC 项目的创新过程中是如何被想象的,以及他们的实际参与和排斥情况。然后,讨论本书的一些局限性,指出未来经验探索和理论发展的方向。最后,总结对技术创新的一些思考,并指出本书的贡献。

## 二、对预示性研究问题的回应

### (一) 问题1：OPHC项目的创新过程是什么？

OPHC项目的诞生与我们通常在学术文献和流行文献中所读到的智慧城市项目的产生方式有所不同。智慧城市项目通常要么是由跨国技术公司或政府通过自上而下的方式创建，例如松岛和里约热内卢的智慧城市项目；要么是根据智慧城市的趋势对城市中已有的倡议进行重新标记，如都灵的智慧城市项目。OPHC项目的诞生呈现出一个更为复杂的局面，OPHC项目诞生于一个提供了许多先决条件的本地背景下，这些先决条件包括人类行动者（如创新者网络）、非人类行动者（如SDN、超级计算机、球幕），以及许多期望（如将球幕连接到超级计算机，建立实验性研究测试平台）。一群当地创新者组成的社会网络不断基于这些先决条件创建不同的配置，以应对超级连接城市竞赛等外部的创新机会。然而，创新者的能动性既受到这些配置所嵌入的更广泛的结构的限制，也受到这些结构的启发。OPHC项目是由人类行动者、非人类行动者和期望组成的一种在本地生态位的选择环境中幸存下来的配置。这个OPHC的配置随后被创新者颇具创造性地与全球智慧城市趋势智慧城市联系了起来。接着，OPHC的创新者通过与技术、应用、本地合作伙伴和大型企业的结盟丰富了该配置，并创建了一个前瞻性结构（OPHC项目的期望）将其塑造成一个颇具前景的智慧城市项目。

在经过一个独特的诞生过程之后，OPHC项目提出了一个开放式创新的模型。该模型旨在提供一个城市规模的可编程测试平台，以便一个生态系统的用户群（如学术研究群体、商业群体、本地合作伙伴、市民和其他城市）可以在平台上测试他们的智慧城市解决方案。这个创新模型一方面受到当前智慧城市批判文献的影响，认为智慧城市项目的受益者是大型跨国企业和本地政府，留给本地群众创造和受益的空间非常的小（Townsend，2013；Holland，2014）。OPHC项目的创新者想要建立一个完全不同的智慧城市项目，一个对

# 第八章
## 结论

每个市民都有利的智慧城市。另一方面受到海港城自身特点的影响。海港城是一个颇具创业精神和市民精神的城市。在海港城内有 DOCK 这种拥有众多创意人才的机构，有 BOX 这类拥有众多中小企业的机构，有连接市民的艺术和慈善机构稻草屋。因此，OPHC 项目的创新者看到了这个开放式创新的模型在海港城中可能奏效的潜力。

OPHC 项目的实现过程发生在两个层面。在本地层面海港城内不同的创新团队（OPHC 工程团队、OPHC 商业团队、数据球幕团队和市民感知团队）创建了三个子生态位，每个子生态位都涉及 OPHC 项目的不同方面，如可编程测试平台、OPHC 项目的第一个应用数据球幕和市民共创的应用。在 OPHC 项目的期望的指导下，创新者通过阐述期望、建立社会网络和学习，试图在每个子生态位中创建一个行动者网络并进行相关的实验。最终，虽然每个子生态位内都产生了一些创新结果，但是这些子生态位都没有完全实现 OPHC 项目的期望中所赋予它们的角色。在海港城之外，OPHC 项目的创新者试图将尚未实现的 OPHC 项目的期望扩散至全球，并希望获得全球的关注和支持。清晰表述期望是扩散 OPHC 项目的期望的主要方式，这产生了多元的结果。在垂直扩散方向上，期望的表演性帮助 OPHC 项目在全球智慧城市生态位中树立起了领先地位。在水平扩散方向上，由于缺乏多种邻近性（地理、认知、组织、社交和期望），使得 OPHC 项目向三角洲城的扩散过程中遇到了困难。值得注意的是，当 OPHC 项目成为全球智慧城市的成功案例时，海港城的本地合作伙伴却经历了一个由激动，到行动，再到失望的周期。

总体来说，在真正的创新过程中，围绕着可编程测试平台建立一个自然形成的用户生态系统的设想被打破了。这主要归于两个原因：缺乏共同利益和缺乏协调。就缺乏共同利益这一点我们从上文可以发现，不同的人、组织和文化都有自己的期望，当他们与 OPHC 项目之间无法找到共同利益时，他们倾向于不接受 OPHC 项目的期望分配给他们的角色。这一点在海港城的中小型企业中表现得比较明显，这些中小企业不想通过 OPHC 项目的可编程测试平台进行测试，也不想为数据球幕开发展示内容。同样的，这点也体现在水平扩散中，三角洲城的官方和企业不愿意接受 OPHC 项目的期望。而对于那些接受了 OPHC 项目的期望的人来说，缺乏协调是用户生态系统的设想被打破的主要原因。正如我们在第六章中所看到的那样，当人们接受 OPHC 项目的期望所分配给他们的角色时，往往会根据自己的期望来诠释 OPHC 项目。例如，OPHC 工程团队过于关注保持基础设施的先进性，而不是确保基础设施能够按时交付给像稻草屋这种以市民参与为目标的参与者使用。在数据球幕的案例中，存在许多不同的利益——科学馆升级设施的愿望；海港城政府希望创造就业机会并获得资金支持的愿望。因此，尽管不同类型的参与者都接受了 OPHC 项目的期望，但 OPHC 项目既没有权威，也没有能力对整个项目实施强制且清晰的协调计划，这导致整个项目在实施过程中，不同的子生态位创新之间缺乏沟通，在系统性创新中产生了不同的创新速度。

## （二）问题2：一个智慧城市项目的期望在创新过程中发挥着什么样的作用？

总体而言，当前的智慧城市研究常常忽略了期望这一要素。对期望的处理往往存在二元论的倾向，认为期望是与智慧城市创新过程无关的静态元素。当前许多智慧城市研究要么关注于批判主流智慧城市的期望（Holland，2008；Vanolo，2013），要么探索市民的智慧城市期望（Thomas et al.，2016）。本研究基于一种对期望的非二元论的态度，探索期望在智慧城市创新过程中的实际作用。

在本书介绍的创新过程中，我们可以发现许多不同类型的期望。例如，在 OPHC 项目的期望之前就有一系列期望，包括为海港城所有人提供免费无线网的期望，建设一个实验性研究测试平台的期望，将球幕连接到超级计算机的期望，等等。还有与 OPHC 项目相关的子生态位的期望，如构建可编程测试平台、数据球幕和共享的市民感知。此外，还存在许多共存的期望，如本地开发者对数据球幕的期望，以及中国与智慧城市相关的宏观期望。在这些期望中，OPHC 项目的期望是本研究关注的重点。基于上述分析，笔者认为 OPHC 项目的期望在 OPHC 项目的产生、实施和扩散过程中发挥着复杂且矛盾的作用。

第一，OPHC 项目的期望有助于整理过去并展望未来。在 OPHC 项目的产生过程中（第五章），OPHC 的期望被创建出来，用于整理 OPHC 项目复杂的

# 第八章
## 结论

诞生过程。OPHC 的期望将之前的各类期望、行动者和技术整合成一个连贯的故事，它简化了 OPHC 项目的产生过程，并将高度不同的利益捆绑在一个看似连贯的倡议中。OPHC 项目的期望不仅描述了 OPHC 项目中已经存在的内容，而且还为许多群体，例如中小企业、市民和其他城市等，以及未来的技术组件，如数据球幕、射频网状网络、城市操作系统、网络模拟器等编排了角色。这个剧本构成了一个前瞻性结构，该结构既展望了未来，又试图将某种特定的未来动员到现在。

第二，OPHC 项目的期望成功动员了一些行动者，但它未能动员另外一些行动者。前瞻性结构中剧本赋予的角色对于一些行动者是具有吸引力的。OPHC 项目的期望成功地动员了这类行动者采取相应的行动。在第六章和第七章中，我们可以找到许多这类行动者的例子，例如，稻草屋，他们承担了 OPHC 项目赋予它的与市民共创应用的角色；一些工程师和公司（如 JEP）找到了使用 OPHC 可编程测试平台的方法。然而，OPHC 项目的期望未能动员另外一些行动者，OPHC 项目的期望对于动员这部分行动者是失败的，因为这类行动者（如市民）对 OPHC 项目的期望分配给他们的角色并不感兴趣；OPHC 项目的期望一定程度上误解了行动者（如海港城中小企业）的真实需求；部分参与者不能理解 OPHC 项目的期望，他们对智慧城市的概念和目的有不同的看法（如三角洲城的情况）。除此之外，OPHC 项目的期望还未能动员一些非人行动者，如数据球幕的布局限制了期望的实现。

第三，OPHC 项目的期望协调了每个子生态位中创新团队独立的创新活动，但没有协调不同创新团队在子生态位内和子生态位之间的创新活动。正如我们在第六章中所看到的，与 OPHC 项目相关的创新活动主要在三个平行的子生态位中进行：一个是基础设施的创新，另外两个是应用的创新。OPHC 项目的期望通过创建任务分工有助于协调每个生态位内创新团队独立的创新。每个生态位中的创新团队接受 OPHC 项目的期望分配给他们的任务，随即制定相应的议程和采取实际的行动。然而，OPHC 的期望并没有协调不同创新团队在子生态位内和子生态位之间的创新活动。如上文所述，OPHC 工程团队、OPHC 商业团队、数据球幕团队和市民感知团队各自都进行了广泛且独立的创新之旅，但他们之间没有制定相互达成共识的议程。由于创新团队之间缺乏协调，

# 智慧城市的创新
发生在英国的故事

对实现 OPHC 项目的期望产生了负面的影响，例如，不断增加的企业测试用户引起 OPHC 工程团队的挫败感；OPHC 商业团队制定的营销议程影响了数据球幕子生态位内阐述期望的效果；数据球幕应用没能使用 OPHC 可编程测试平台的射频网状网络；市民感知应用的开发速度比可编程测试平台的开发速度快；等等。

第四，OPHC 项目的期望既通过提供受保护的空间来培育创新，又由于过度保护而妨碍创新。OPHC 项目的期望为子生态位的实验提供了持续的保护，它通过提供资金和持续的叙事，使得行动者即使面对负面实验结果的情况下，仍能为该期望提供合理性的辩护。负面的实验结果和挫折常常被解释为通往未来成功的暂时失败。然而，过度的保护抑制了创新者证伪他们之前的假设，限制了他们进行开放的协商和看到在实际中那些真正行之有效的方案。正如我们在数据球幕案例中所看到的那样，实验已经表明使球幕成为交互式数据可视化设备是一项挑战。实际上，最好的做法是将升级后的球幕用于与 OPHC 无关的其他目的。然而，OPHC 项目的期望仍然保护了这个不足的想法和不良的设计。在这种情况下，对生态位的保护需要被打破，并承认失败以实现未来真正意义上的成功。

第五，OPHC 项目的期望既吸引了关注，也引起了失望。OPHC 项目的期望在许多场合被表达了出来。为了吸引关注，这种表述有时甚至被夸大了。因此，OPHC 的期望成功吸引了本地和全球行动者的关注。例如，海港城的一些人和组织海港城本地开发者和稻草屋感受到激励并参与其中。OPHC 项目的期望还吸引了来自商业和国际智慧城市同人的关注，这可以在持续结盟商业伙伴和获得两个著名全球智慧城市奖项上得到证明。然而，OPHC 项目的期望也变成了炒作，并引发了失望。当 OPHC 项目的期望没有实现它的承诺时，就会引发失望。例如，稻草屋一开始对 OPHC 项目的期望感到兴奋，但当射频网状网络未如承诺那样开放时，这种期望变成了失望。当言行不一致时，也会引发失望。例如，在数据球幕创新中，期望的表演性被用来激励许多开发人员参与球幕的开发工作，但由于实际行动（如版权安排和每小时 1000 英镑的租金）与期望的内容相矛盾，使得许多潜在的开发人员对于球幕的开发工作望而却步。

本研究建议在理论化智慧城市创新时应考虑到期望的作用。在智慧城市创新的早期阶段，期望显然扮演着复杂且矛盾的角色。在 OPHC 项目的创新过程

# 第八章
## 结论

中，OPHC项目的创新既培育了创新，又阻碍了创新。创新者应意识到期望的力量，并在管理智慧城市创新时考虑到期望元素，比如明智地利用期望来促进创新而不是阻碍它。本研究主要关注研究OPHC项目的期望在创新过程中的作用，在这个过程中还有其他共存的期望值得未来研究进一步探讨。

### （三）问题3：市民在OPHC项目的创新过程中是如何被想象和实践的？

当前的许多智慧城市项目在宣传时往往强调技术元素对于建设智慧城市的重要性。在这些智慧项目中，市民往往被视为用户，而非积极的行动者。许多研究已经指出了在智慧城市建设中缺少市民参与的问题（Hemment and Townsend，2013；Townsend，2013）。如考利等（Cowley et al.，2018）从英国的六个城市中总结出了四种模态的公共性。然而，我们仍然缺乏对实际智慧城市创新过程中市民参与的详细了解，本书有助于填补这一空白。我们分析了市民在OPHC项目中被分配的角色类型，以及市民实际扮演这些角色的程度。本研究的关键发现是，在OPHC项目的创新过程中，市民只发挥了有限作用，需要做出更有意识的努力使市民真正成为智慧城市项目的一部分。

OPHC项目是探究智慧城市市民参与问题一个特别有趣的案例。OPHC项目明确将自己定位为不同于其他以技术为中心的智慧城市项目，声称市民参与是OPHC项目的核心原则。OPHC项目的期望中有三处提及市民的角色。第一个是可编程测试平台，OPHC项目的期望设想海港城的每个人（包括普通市民）都可以用可编程测试平台进行实验。第二个是OPHC项目的第一个应用——数据球幕，OPHC项目想象数据球幕可以成为市民观看城市数据并与城市数据互动的空间，还可为本地开发人员创造更多的工作机会。第三个是稻草屋与本地社区居民共创一个OPHC项目的应用。这三处反映了智慧城市项目中市民的三种角色。第一个角色类似于考利（Cowley et al.，2018）等人所称的公共创业意识（entrepreneurial sense of public），这种角色希望市民通过对数字基础设施的创造性使用来创造服务和经济价值。这里的市民主要指具有某些技术知识的中小企业和开发人员。普通市民则有两种其他的角色，一种是与稻草屋合作，共同生产应用。这类似于考利等人所称的公民公共性（civic publicness）（Cowley et al.，2018）。另一个角色是互动观众，这个想法在数据球幕案例中得到了展示。这个角色类似于安德鲁·巴里对技术社会中市民的讨论（Barry，2001）。

第六章提供了关于三种角色在现实中如何被实践的详细图景。总的来说，OPHC 项目创新中赋予市民的三种角色并没有得到充分实现。第一种角色在可编程测试平台和数据球幕的创新过程中受到挑战。受到挑战的原因有三点：一是中小企业和开发人员使用测试平台所必需的中间件的缺乏。二是并不是每个人都准备好了参与实验。例如，BOX 里中小企业的技术成熟度不足，还没有达到需要测试的阶段；海港城的独立开发人员无法承担资金成本在球幕上进行实验。三是中小企业和开发人员提出的想法由于物理和经济方面的阻碍被证明是不适用的。第二个角色由于可编程测试平台的开发和应用开发之间缺乏协调而受到挑战。正如我们在市民感知案例中所看到的那样，射频网状网络没有及时开放供蟾蜍外形的传感装置使用。第三个角色也很难实现。如球幕根本没有与 OPHC 可编程测试平台相协调，部分原因是创新者意识到对于市民来说在球幕内查看实时城市数据并不能造成什么影响，也不会达到所希冀的教育目的。

总体而言，市民在 OPHC 项目的创新过程中发挥着有限的作用。尽管该项目强调了市民参与的重要性，并为市民设计了三种角色。但是，在 OPHC 项目的创新过程中市民参与仍然是一种修辞手段，仅仅是口头上的支持而已。为了使智慧城市创新能真正包容市民，需要努力将市民实际配置到创新过程中。例如，为了实现这一目标，需要改变基本的工程决策。共同创造不应仅仅是为了探索方法论，还需要采取更加协调的方法。

## 三、未来的研究方向

回顾这项研究的过程，笔者认为这份研究可以从以下方面进行改进。首先，一个研究人员进行智慧城市的民族志研究的目标过于宏大。OPHC 项目是一个多维度的系统性创新，尽管笔者尽力跟踪创新过程，但笔者想收集的一些数据却无法获得。如果笔者现在再对研究进行重新的设计，笔者会承认一个研

# 第八章
## 结论

究人员对于研究像 OPHC 这样的大型项目的限制，并寻求与其他研究人员合作的机会。第二，这项研究缺乏比较角度。尽管比较研究不是本研究的目的，但与英国或国际其他智慧城市创新进行比较研究将会非常有益。例如，可以将 OPHC 项目与巴塞罗那的智慧城市项目进行比较，因为它们都有关于开放创新的设计；或者，还可以把 OPHC 项目与其他英国智慧城市的创新过程进行比较研究；再或者，将 OPHC 项目与中国的智慧城市创新过程进行比较研究也是非常有趣的尝试。第三，这项研究采用了社会—技术视角的转型研究来理解创新过程。作为一名研究人员，笔者与创新过程保持了一定的距离，但也可以采用转型管理的方法，与 OPHC 项目的创新者进行更紧密地合作，让研究成为智慧城市创新的一部分。尽管如此，这项研究开启了许多值得研究的话题。下面将具体讨论未来的理论和经验研究方向。

### （一）未来的理论研究

智慧城市是一个新兴的研究领域，缺乏稳健的理论框架。为了找到适合这项研究的理论框架，笔者经历了一个迭代—归纳的过程，选择、测试、修改和组装概念工具。最初的理论框架是将行动者—网络理论（ANT）、安德鲁·巴里的概念、期望社会学和未来社会学中的概念工具整合产生的，这个框架回应了研究的关键问题：过程、期望与市民。然而，持续的经验研究工作揭示了这个最初的理论框架的缺陷，例如，行动者—网络理论可以用于发现创新过程中的结盟机制，但不太适合解释其他因素，如 OPHC 项目面临的结构限制、不同的实验和学习过程以及域外交流的过程；安德鲁·巴里关于技术区域和技术社会中市民的概念也不适用于 OPHC 项目的案例，OPHC 项目尚不成熟，无法形成统一的标准并提供互动式的市民参与技术。为了修改最初的框架，使其更好地解释 OPHC 项目的案例，笔者转向社会—技术视角的转型研究。社会—技术视角的转型研究、科学与技术研究（ANT）、期望社会学三者都有一些相似的根源，社会—技术视角转型研究的概念工具——多层远景（MLP）和战略生态位管理（SNM）非常适用于这项研究，并保留了期望社会学来补充转型研究对期望的理解。最终，笔者从社会—技术视角的转型研究和期望社会学出发，

# 智慧城市的创新
### 发生在英国的故事

创造性地重新配置了概念工具，创造出一个理论视角，用于这项研究。这个框架对于理解 OPHC 项目的创新过程和期望的作用都非常有用。然而，这两种方法的概念工具都是从历史案例中创建出来的。将它们应用于实时案例时产生了一些新的见解，可以进一步探索，具体如下：

1. 未来的转型研究

这项研究的经验数据可以为转型研究做出贡献。在本研究中，笔者运用多层远景和战略生态位管理来理解经验数据，例如，第五章采用了 MLP 来理解 OPHC 项目的产生，第六章中使用 SNM 来理解三个子生态位的创新过程，并在第七章中使用 SNM 来理解三角洲城的案例。虽然本研究只观察了早期的转型过程，难以判断 OPHC 项目的整个转型过程，但经验观察仍然有助于理解微观创新过程及其与体制层面的互动。经验数据表明，概念工具可以在以下三个方面进一步发展：

首先，未来需要更多的研究来了解一个本地生态位与多个体制之间的相互作用。OPHC 项目是一个本地智慧城市生态位，该生态位希望改变多个体制，包括城市管理体制和通信行业体制。未来的研究可以探讨一个本地生态位是如何转变多个体制的过程，这一探索的结果可能会丰富对转型轨迹的理解。

其次，未来的研究可以关注生态位和子生态位之间的关系。在 OPHC 的案例中，在 OPHC 生态位下有三个平行的创新活动，笔者称之为子生态位。研究表明，生态位也可以有子结构，即子生态位。未来的研究可以探索创新生态位内的结构，例如，两个子生态位之间的关系或生态位和子生态位之间的关系。现在许多创新都呈现出系统性创新的趋势，势必要处理多个子创新系统（子生态位）的协调问题，了解这些关系将变得越来越有必要。

最后，未来需要更多的研究来理解生态位在空间发展中的期望邻近性。在研究生态位扩散时，我们运用了博西玛的四种不同类型的邻近性来理解在另一个文化背景下清晰表述期望的效果。然而，博西玛的邻近性是基于一个单一文化背景（如荷兰）的经验数据所创建起来的，本书的多元文化背景丰富了博西玛的邻近性概念，认为期望邻近性是影响阐述期望的一个因素。对于这个因素，我们可以做进一步的探索。

# 第八章
## 结论

### 2. 未来的期望社会学研究

本书主要借鉴了期望社会学的概念工具，以理解期望在OPHC创新过程中扮演的角色。这对于揭示期望在创新过程中发挥的复杂作用非常有帮助。然而，将概念工具应用于实时案例时产生了新的见解，这些见解可以进一步探讨。

第一，本研究的经验数据可以丰富炒作和失望循环这个概念工具。首先，本研究提供了丰富的数据，显示了炒作和失望循环（hype and disappointment cycle）可以在不同的层面发挥作用。范伦特等（Van Lente et al.，2013）发现炒作可以存在不同的层面，他们的研究是基于对某项技术10年以上的公共话语的研究得出的结论。本研究提供了一个近距离的视角，证明炒作可以以不同的速度在不同的层面出现。基于研究的时间框架，未能捕捉到当海港城本地人感到失望时，随之而来的后续发展会怎样。范伦特等（Van Lente et al.，2013）建议，失望在不同层面上的不同步可能会促进对期望进行有建设性的重塑。换句话说，失望在当地层面上比在全球层面上出现得更快可能是一个好的迹象，它可以刺激项目层面的创新者在失望之后进行一些有益的恢复。未来的研究可以沿着这条线索探究下去。其次，在创新环境中，对项目产生明确的期望是影响炒作模式的另一个因素。正如第七章中所呈现的，海港城层面上OPHC项目拥有明确的期望，这种明确的期望一旦无法满足，就立刻令本地合作伙伴和开发商感到失望。而在全球创新环境中，这种明确的期望并不存在，因此，全球的行动者并没有经历失望。

第二，不同的文化在不同的时期对技术有不同的宏观议程，这影响了它们在中观和微观层面的技术选择。在三角洲城的案例中，笔者应用范伦特的期望层次来区分OPHC项目在三角洲城遇到的三个层次（宏观、中观和微观）的期望。在这种情况下，作为一个微观期望，OPHC项目与另一个文化背景中不同层次的期望进行了互动，认为缺乏期望邻近性是影响OPHC项目扩散到三角洲城的其中一个原因。未来需要进一步研究不同文化背景下期望的层次，这有助于我们理解诞生于一个文化中的期望怎样才能更容易地被另一个文化所接受。

第三，我们还需要进一步研究期望的非物质性或流动性。期望社会学看待未来的方式是过去未来（past futures）和现在未来（present futures）。这种未来的思考方式可能忽略了未来的其他维度，如非物质性的、潜在的、内在的以及隐形的未来。本研究的经验数据表明，期望是流动的，可以存在于非物质状态中。例如，OPHC项目的期望建立在海港城的一系列现有期望之上的，一个期望可以与另一个期望合并或添加以在现实中生存。有时，一个期望可以在思想空间中存在很长时间，这种潜在的未来可能性在条件成熟时将变得具体。例如，连接球幕和超级计算机的期望已经在海港城存在了很长的时间，直到OPHC项目出现，才将其实现。研究非物质期望并追踪其物质化过程可以丰富期望社会学对未来的理解。

第四，未来的研究还需要关注集体期望与其他共存的私人/集体期望之间协商的过程。大多数关于期望的社会学研究主要关注探索集体或共享的期望，并很少关注集体期望与其他共存期望之间的相互作用（Berkhout，2006）。本研究主要关注了OPHC项目的期望，但是本研究中还存在其他许多共存的期望。例如，在数据球幕田野点，我们看到有很多关于如何利用新升级后的球幕的私人期望。进一步研究可以调查集体/共享期望与其他期望之间的持续协商过程，它有助于加深我们理解所谓的期望民主化的问题。

## （二）未来的经验研究

本书的经验研究主要关注创新的过程、期望和市民参与。在研究过程中，笔者注意到一些其他方面，虽然这些不是本研究的主要主题，但仍可以做进一步探讨。这里，笔者提出了四个未来经验研究的方向。

首先，智慧城市创新中的性别问题是一个值得进一步探讨的问题。在OPHC项目中，我们可以看到一个明显男性主导的景观。除了首席技术设计官苏珊、稻草屋的两位联合主管、一些海港城政府的工作人员和OPHC商业团队的一名成员以外，其他创新者均为男性。就此，我们可以展开进一步的实证研究，以了解性别如何塑造智慧城市项目的期望，以及如何影响智慧城市的创新过程。

其次，本书关注了创新过程中的非人类行动者。正如我们在前面章节中所

# 第八章
## 结论

看到的，创新过程中有许多非人类行动者，包括 H-Net、射频网状网络、球幕、超级计算机和蟾蜍外形的传感装置。在某种程度上，它们都有能力塑造创新的过程，例如，H-Net 是 OPHC 项目的物质基础，为想象 OPHC 项目提供了物质条件。如果没有 H-Net，从头铺设所有的光纤，OPHC 项目的建设成本将变得非常昂贵。我们简要探讨了这些非人类行动者在创新过程中的角色，但需要更多经验研究来探索非人类行动者如何对期望赋予它们的角色做出反应的。

再次，本研究提供了一个探索实验城市的良好机会。OPHC 项目的核心理念是为人们提供一个实验测试平台，以探索未来城市的技术解决方案。这个想法与伊万、卡尔沃宁和莱文（Evan、Karvonen and Raven，2016）所谓的实验型的城市知识生产方式相呼应。这种新的知识生产方式不同于传统的城市知识生产，它具有强烈的自然科学色彩。例如，我们可以在实验研究测试平台的理念中看到强烈的实证语言，如抽样、扩大和复制。马尔滕·哈耶尔（Maarten Hajer）认为，实验形式的知识生产改变了认识论，即"分析和指导"的认识论已经被"变异和选择"的认识论所取代。在本地应用演绎逻辑的方式已经让位于一种更加归纳的认识方式（Evan et al.，2016）。有关实验城市和城市实验的文献越来越多（Gross and Krohn，2005；Gross and Hoffmann-Riem，2005；Bulkeley and Castán Broto，2012；Karvonen and van Heur，2013；Evans and Karvonen，2013；McLean et al.，2016）。到目前为止，还没有经验数据表明 OPHC 项目的可编程测试平台会产生关于城市的某些知识。如果他们未来确实做到了，OPHC 项目将是一个探索城市实验方式知识生产的良好起点。

最后，OPHC 项目是探索开放创新模式的良好案例。OPHC 项目希望建立一个可编程测试平台，让一个系统生态圈的用户都能从中受益。它还关注市民，希望市民成为其创新模式的一部分。OPHC 项目与一些早期的开放创新的研究相呼应，例如，奥亚萨洛·J 和特赫蒂宁（Ojasalo J and Tähtinen，2016）探索了一个介于城市和外部参与者之间的城市创新平台。一些研究探讨了公共、私人和民众（PPP）的开放创新模式（Paskaleva，2011；Ojasalo J and Kauppinen，2016）。汉斯·沙弗斯［Hans Schaffers et al.，2011（a）；Hans Schaffers et al.，2011（b）］探索了一种融合未来互联网技术和市民合作的开放创新模式。OPHC 项目是丰富我们对这种开放创新模式理解的良好案例，特别是基础设施的中介角色，以及公共、私人和民众（PPP）伙伴关系方面。从上面的分析我们可以看出，OPHC 项目的开放创新模式遇到的最困难的部分在于缺乏对不同创新团队之间的协调问题。OPHC 项目的期望中假定可以成为生态系统一部分的行动者、机构、城市并没有接纳 OPHC 项目的期望所赋予他们的角色。我们需要进一步的研究，诸如采取怎样的创新管理或展开怎样的共同期望活动可以使开放创新模式在现实中更好地运作。

## 四、结束语

笔者致力于研究科技与社会之间的关系，这种兴趣促使笔者进行这项研究。开展这项研究不仅实现了最初的目标，而且塑造了笔者对科技创新的一些认识，意识到科技创新过程并不是线型的发展，其实际的发展过程比我们想象的要复杂得多。因此，当我们听到媒体声称如果不跟随一种有前景的科技发展趋势就会被排除在未来之外时，我们不应该感到惊慌。正如这项研究所表明的，有前景的科技不一定会立即带来社会变革。相反，科技的实施是一个与许多因素不断共同演化的配置。社会变革是配置不断成熟到足以替代现有体制层次的结果。这也表明，期望在创新过程中发挥着复杂且矛盾的作用。未来没有确定性，我们仍然有能力诠释期望并与其协商。此外，作为一个研究英国智慧城市创新并与中国城市（三角洲城）有特殊联系的中国研究人员，笔者具有对两种文化背景下智慧城市创新进行对比理解的优势，意识到两种创新模式都有其利弊，这也暗示了对失败的不同看法。例如，在海港城（英国）采用的网络驱动的智慧城市模式似乎没有实现太多成果，但确实使城市中的广泛行动者能够讨论和协商自己的利益。可能什么重要的事情都没有发生，资源也被浪费了，但这种方式可能会阻止那些在未来会产生更多问题的盲区。在三角洲城中实施的技术解决方案可能会很快地得到实施，有时会"完全"实现承诺，但该模式的缺点是可能为更广泛的市民讨论提供有限的空间，如果实话过程中出现了任何问题，将带来极大的风险。

除了自我反思，也有必要回顾一下这项研究在知识和实践方面的总体贡献。这项研究创造性地运用民族志研究策略，并从转型研究和期望社会学中整

## 第八章
### 结论

合了一套适合的概念工具，以理解 OPHC 项目的智慧城市创新。这项研究不仅填补了我们对智慧城市创新过程和市民参与方面的认识空白，而且展示了期望在创新过程中发挥着的复杂且矛盾的作用。丰富的经验数据和详细的分析有助于我们理解智慧城市现象，并为读者提供解释空间。此外，这项研究为智慧城市的创新者提供了许多实用型的指导，例如协调的问题、期望的力量以及市民参与的问题。本研究详细阐述了这项研究的实施过程，可以成为希望使用民族志方法进行研究的人的"指南"。这项研究不仅说明了选取样本和创意分析的过程，还提供了一个例子，展示了研究者在研究过程中做出选择和处理困境的方式，如伦理和研究之间的关系、科学和艺术之间的平衡。此外，这项研究为未来的经验和理论研究打开了大门，如期望在转型研究中的作用、生态位在空间上的发展、炒作模式、期望的文化维度、开放创新模式和实验城市等。

# 附　录

## 附录1　田野工作清单

■可编程测试平台　　■数据球幕　　■市民感知　　■OPHC项目的历史

■期望的表演性　　■海港城与三角洲城智慧城市项目

| 序号 | 田野工作名称 | 数据收集方法 | 时间 | 主题 |
|---|---|---|---|---|
| 1 | 会见OPHC项目的首席技术设计官（苏珊） | 非正式访谈 | 2015年5月8日 | 可编程测试平台 |
| 2 | 数据球幕工作坊一 | 参与（式）观察 | 2015年5月22日 | 数据球幕 |
| 3 | 城市研究会议 | 参与（式）观察 | 2015年6月4日 | |
| 4 | 海港城技术创新展览 | 参与（式）观察 | 2015年6月9日 | |
| 5 | 第一次网络研讨会 | 参与（式）观察 | 2015年7月2日 | （中国—欧盟）海港城与三角洲城智慧城市项目 |
| 6 | 海港城物联网大会 | 参与（式）观察 | 2015年7月6日 | 期望的表演性 |
| 7 | SDN工作坊 | 参与（式）观察 | 2015年7月7日 | 可编程测试平台 |
| 8 | 海港城与三角洲城会议 | 参与（式）观察 | 2015年7月10日 | （中国—欧盟）海港城与三角洲城智慧城市项目 |

# 附 录

(续表)

| 序号 | 田野工作名称 | 数据收集方法 | 时间 | 主题 |
|---|---|---|---|---|
| 9 | 对NEXT实验室的工程师（平克）的访谈 | 非正式访谈 | 2015年7月14日 | 可编程测试平台 |
| 10 | 我的社会聚会 | 参与（式）观察 | 2015年7月23日 | |
| 11 | 数据球幕工作坊二 | 参与（式）观察 非正式访谈 | 2015年7月29日 | 数据球幕 |
| 12 | 参观NEXT实验室，对NEXT实验室的一名工程师和OPHC工程团队的负责人（大卫）进行访谈 | 参与（式）观察 非正式访谈 | 2015年8月5日 | 可编程测试平台 |
| 13 | 第二次网络研讨会 | 参与（式）观察 | 2015年8月7日 | （中国—欧盟）海港城与三角洲城智慧城市项目 |
| 14 | 对NEXT实验室的一名工程师进行访谈 | 正式访谈 | 2015年8月23日 | 可编程测试平台 |
| 15 | 第三次网络研讨会 | 参与（式）观察 | 2015年9月24日 | （中国—欧盟）海港城与三角洲城智慧城市项目 |
| 16 | 中方代表团访问（访问数据球幕和远程医疗房屋） | 参与（式）观察 | 2015年10月21日 | （中国—欧盟）海港城与三角洲城智慧城市项目 |
| 17 | 三角洲城代表团访问海港城 | 参与（式）观察 | 2015年10月22日 | 海港城与三角洲城智慧城市项目 |
| 18 | 城市领导力峰会 | 参与（式）观察 | 2015年10月23日 | |
| 19 | 未来城市节第一日 | 参与（式）观察 | 2015年11月16日 | |
| 20 | 未来城市节第二日 | 参与（式）观察 | 2015年11月17日 | |
| 21 | 未来城市节第三日 | 参与（式）观察 | 2015年11月18日 | |
| 22 | 数据球幕发布会 | 参与（式）观察 非正式访谈 | 2015年11月18日 | 数据球幕 |

# 智慧城市的创新
## 发生在英国的故事

(续表)

| 序号 | 田野工作名称 | 数据收集方法 | 时间 | 主题 |
|---|---|---|---|---|
| 23 | 未来城市节第四日 | 参与(式)观察 | 2015年11月19日 | |
| 24 | 未来城市节第五日 | 参与(式)观察 | 2015年11月20日 | |
| 25 | 海港城API | 参与(式)观察 | 2016年1月23日 | |
| 26 | 市民感知社交之夜 | 参与(式)观察 | 2016年1月27日 | 市民感知 |
| 27 | 海港城代表团出访前准备会议一 | 参与(式)观察 | 2016年2月18日 | (中国—欧盟)海港城与三角洲城智慧城市项目 |
| 28 | 千兆网海港城发布会 | 参与(式)观察 | 2016年2月18日 | |
| 29 | 海港城代表团出访前准备会议二 | 参与(式)观察 | 2016年2月19日 | (中国—欧盟)海港城与三角洲城智慧城市项目 |
| 30 | 数据和健康医疗 | 参与(式)观察 | 2016年2月22日 | |
| 31 | 对数据球幕团队成员的访谈 | 正式访谈 | 2016年2月23日 | 数据球幕 |
| 32 | 市民感知工作坊一 | 参与(式)观察 | 2016年3月5日 | 市民感知 |
| 33 | 海港城代表团飞往三角洲城 | 参与(式)观察 | 2016年3月16日 | (中国—欧盟)海港城与三角洲城智慧城市项目 |
| 34 | 海港城代表团访问三角洲城第一日 | 参与(式)观察 非正式访谈 | 2016年3月17日 | (中国—欧盟)海港城与三角洲城智慧城市项目 |
| 35 | 海港城代表团访问三角洲城第二日 | 参与(式)观察 非正式访谈 | 2016年3月18日 | (中国—欧盟)海港城与三角洲城智慧城市项目 |
| 36 | 海港城代表团访问三角洲城第三日 | 参与(式)观察 非正式访谈 | 2016年3月19日 | (中国—欧盟)海港城与三角洲城智慧城市项目 |

# 附　录

(续表)

| 序号 | 田野工作名称 | 数据收集方法 | 时间 | 主题 |
|---|---|---|---|---|
| 37 | 海港城代表团访问三角洲城第四日 | 参与（式）观察 非正式访谈 | 2016年3月20日 | （中国—欧盟）海港城与三角洲城智慧城市项目 |
| 38 | 海港城代表团访问三角洲城第五日 | 参与（式）观察 非正式访谈 | 2016年3月21日 | （中国—欧盟）海港城与三角洲城智慧城市项目 |
| 39 | 海港城代表团访问后的总结会 | 参与（式）观察 | 2016年4月8日 | （中国—欧盟）海港城与三角洲城智慧城市项目 |
| 40 | 虚拟现实论坛 | 参与（式）观察 | 2016年4月12日 | |
| 41 | 市民感知工作坊二 | 参与（式）观察 非正式访谈 | 2016年4月16日 | 市民感知 |
| 42 | 中国创客代表团访问海港城 | 参与（式）观察 | 2016年4月19日 | |
| 43 | 对OPHC项目的董事会成员进行访谈（布朗） | 正式访谈 | 2016年5月10日 | 期望的表演性 |
| 44 | 五月数字周——数据球幕再发布 | 参与（式）观察 | 2016年5月13日 | 数据球幕 |
| 45 | 对游戏开发者的访谈 | 非正式访谈 | 2016年5月13日 | 数据球幕 |
| 46 | 对一名海港城政府公务员的访谈 | 正式访谈 | 2016年5月19日 | OPHC项目的历史 |
| 47 | 开放数据挑战 | 参与（式）观察 | 2016年5月21日 | |
| 48 | OPHC项目的技术见面会 | 参与（式）观察 | 2016年5月26日 | 可编程测试平台 |
| 49 | 对一名计算机科学家（文森特）的访谈 | 正式访谈 | 2016年6月6日 | 数据球幕 |
| 50 | 对DOCK的首席执行官（布莱恩）的访谈 | 正式访谈 | 2016年6月15日 | OPHC项目的历史 |
| 51 | 对海港城政府的公务员（理查德）的访谈 | 正式访谈 | 2016年6月17日 | OPHC项目的历史 |

# 智慧城市的创新
## 发生在英国的故事

(续表)

| 序号 | 田野工作名称 | 数据收集方法 | 时间 | 主题 |
|---|---|---|---|---|
| 52 | 对赛尔达公司员工的访谈 | 非正式访谈 | 2016年6月27日 | 可编程测试平台 |
| 53 | 对稻草屋的联合主管（卡米拉）进行访谈 | 正式访谈 | 2016年6月29日 | 市民感知 |
| 54 | 对OPHC项目的总经理（克里斯）的访谈 | 正式访谈 | 2016年6月30日 | OPHC项目的历史 |
|  |  |  |  | 期望的表演性 |
| 55 | 对四叶软件工程师的访谈 | 非正式访谈 | 2016年6月30日 | 数据球幕 |
| 56 | 对稻草屋的联合主管进行访谈 | 正式访谈 | 2016年6月30日 | 市民感知 |
| 57 | 市民感知数据工作坊 | 参与（式）观察 | 2016年7月9日 | 市民感知 |
| 58 | 对市民感知团队成员的访谈 | 非正式访谈 | 2016年7月9日 | 市民感知 |
| 59 | 对海港城社会活动家（迈克尔）的访谈 | 非正式访谈 | 2016年7月9日 | 市民感知 |
| 60 | 对蟾蜍外形的传感装置设计者（约翰）的访谈 | 非正式访谈 | 2016年7月9日 | 市民感知 |
| 61 | 对OPHC项目的首席技术设计官（苏珊）的访谈 | 正式访谈 | 2016年7月21日 | 可编程测试平台 |
|  |  |  |  | OPHC项目的历史 |
| 62 | 对OPHC项目商业团队成员的访谈 | 正式访谈 | 2016年7月25日 | 可编程测试平台 |
| 63 | 对NEXT实验室的一名工程师的访谈 | 正式访谈 | 2016年8月4日 | 可编程测试平台 |
| 64 | 对NEXT实验室的一名工程师的访谈 | 正式访谈 | 2016年8月8日 | 可编程测试平台 |
| 65 | 对蟾蜍外形的传感装置设计者（约翰）的访谈 | 非正式访谈 | 2016年8月10日 | 数据球幕 |
| 66 | 对BOX的主管的访谈 | 正式访谈 | 2016年8月15日 | OPHC项目的历史 |

# 附 录

（续表）

| 序号 | 田野工作名称 | 数据收集方法 | 时间 | 主题 |
|---|---|---|---|---|
| 67 | 对 OPHC 项目商业团队成员的访谈 | 正式访谈 | 2016 年 8 月 23 日 | 可编程测试平台 |
| 68 | 对一名 NEXT 实验室的工程师的访谈 | 正式访谈 | 2016 年 9 月 16 日 | 可编程测试平台 |
| 69 | 在 DOCK 举办的蟾蜍外形的传感装置宣传会 | 参与（式）观察 | 2016 年 9 月 2 日 | 市民感知 |
| 70 | 稻草屋在数据球幕中举办活动 | 参与（式）观察 | 2016 年 9 月 7 日 | 数据球幕 |
| 71 | 对 OPHC 项目的经理（卢克）的访谈 | 正式访谈 | 2016 年 9 月 11 日 | OPHC 项目的历史 |
| 72 | LoRa WAN 技术见面会 | 参与（式）观察 | 2016 年 9 月 12 日 | 市民感知 |
| 73 | 对蟾蜍外形的传感装置设计者（约翰）的访谈 | 正式访谈 | 2016 年 9 月 13 日 | 市民感知 |
| 74 | OPHC 项目工作坊 | 参与（式）观察 | 2016 年 9 月 14 日 | 可编程测试平台 |
| 75 | 对 OPHC 工程团队的负责人（大卫）的访谈 | 正式访谈 | 2016 年 9 月 14 日 | 可编程测试平台 |
| 76 | 对 OPHC 工程团队的负责人（大卫）的访谈 | 正式访谈 | 2016 年 9 月 16 日 | 可编程测试平台 |
| 77 | 数据球幕中的大脑研究展示 | 参与（式）观察 | 2016 年 9 月 29 | 数据球幕 |
| 78 | 对独立开发者的访谈 | 正式访谈 | 2016 年 10 月 3 日 | 数据球幕 市民感知 |
| 79 | 对数据球幕成员的访谈 | 正式访谈 | 2016 年 10 月 5 日 | 数据球幕 |
| 80 | 海港城开放数据挑战赛 | 参与（式）观察 | 2016 年 10 月 8 日 | |
| 81 | 对四叶软件的工程师的访谈 | 正式访谈 | 2016 年 10 月 8 日 | 数据球幕 |
| 82 | LoRa WAN 技术见面会 | 参与（式）观察 | 2016 年 10 月 17 日 | 市民感知 |
| 83 | 对数据球幕团队成员的访谈 | 正式访谈 | 2016 年 10 月 20 日 | 数据球幕 |

# 智慧城市的创新
发生在英国的故事

## 附录2 颜色编码系统

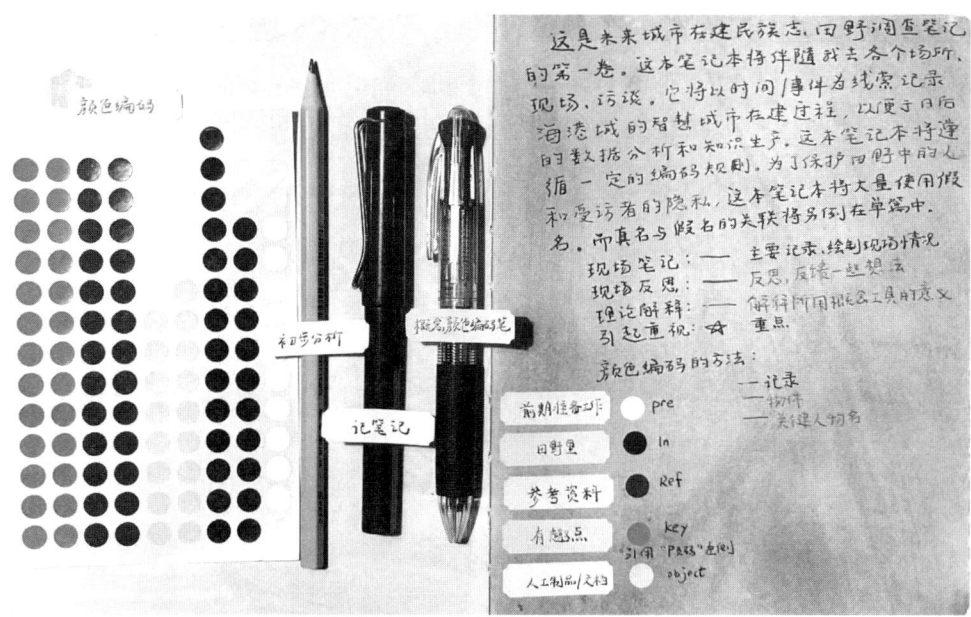

笔者采取了一种颜色编码系统来记录田野笔记。上面的照片是田野笔记本的第一页,以及田野工作中使用的不同颜色的笔和贴纸。右上角的中文描述了该笔记本的目的。笔者对不同颜色的笔和贴纸赋予了不同的含义。例如,用黑色钢笔在田野工作中记笔记,用铅笔记录笔者的初步想法/分析。笔者还使用不同颜色的贴纸来突显不同的阶段和田野点中调查的内容。比如白色的贴纸代表前期准备工作。在这个部分,笔者经常记录事件的时间和地点。如果事件有提供日程安排,笔者会进行一些初步分析,并在本子上记录下希望从该事件中获得什么。黑色的贴纸表示田野里记录的空间。蓝色的贴纸用于突出显示在现场中人们提到的参考资料,这部分资料是笔者需要在田野工作后查阅的。红色的贴纸强调需要进一步分析的有趣点。黄色的贴纸提醒笔者从现场收集到的人工制品/文档。值得注意的是,这种颜色编码系统在研究的初始阶段非常有用。它帮助笔者养成了良好的数据收集习惯,并让笔者更加清楚自己可以从田野中收集到哪种数据。但是,笔者必须承认,在田野中记笔记比上述设想的要混乱

得多。特别是在研究的后期,当笔者越来越清楚自己想在田野里找到什么的时候,便很少再使用这种颜色编码系统,田野笔记也变得越来越凌乱。

## 附录3 田野笔记里的场景图

(1) NEXT 实验室的场景图

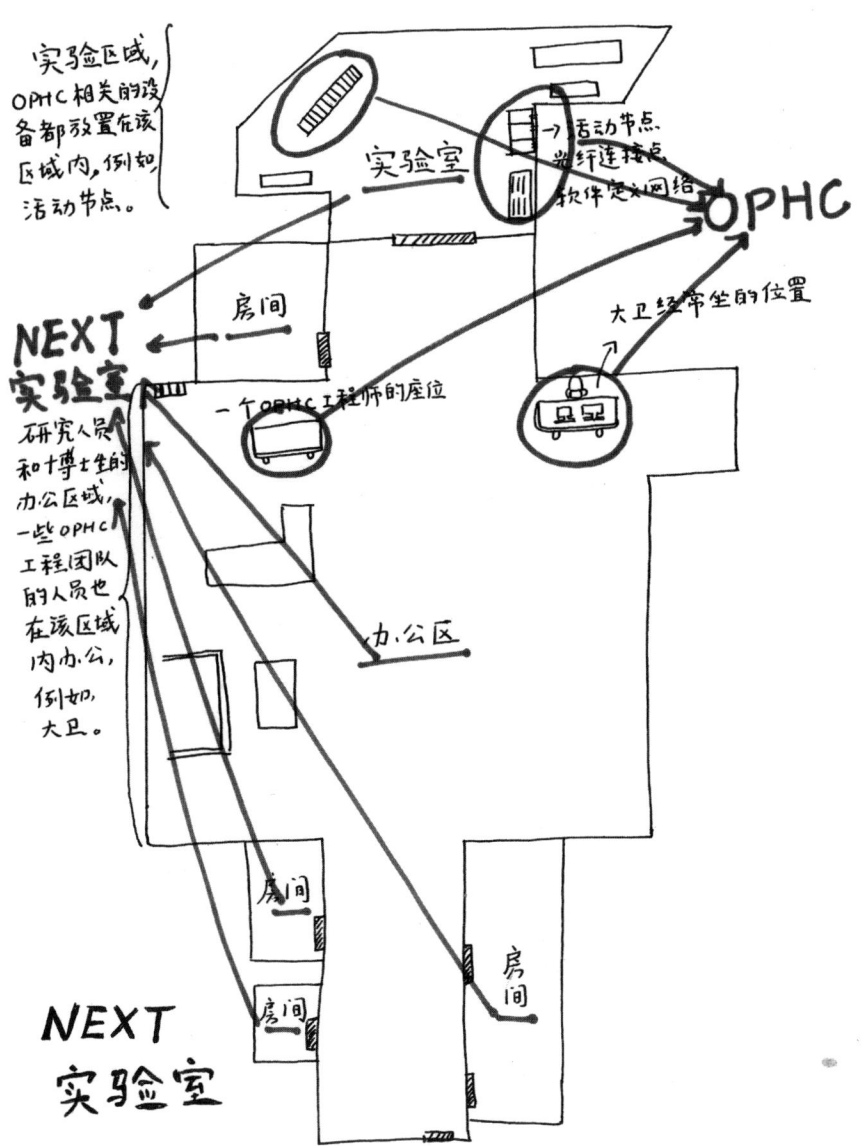

# 智慧城市的创新
发生在英国的故事

(2) 市民感知（左）和网络研讨会（右）的场景

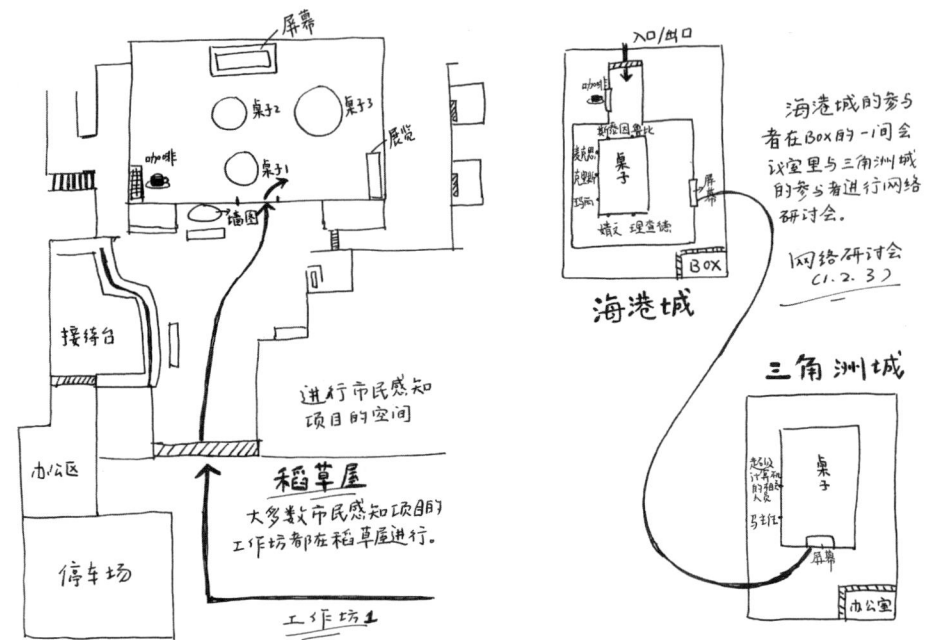

# 附录4 访谈提纲

## 对OPHC项目董事会成员的访谈

时间：12:00（上午）
地点：受访者的办公室

**目的：**

数据目的：希望了解OPHC项目的历史；OPHC项目早期的社会网络形成；OPHC项目扩散的效果。

方法目的：采取滚雪球法寻找下一个访谈对象。

**访谈流程：** 向受访者介绍研究的目的，并给予受访者足够的时间阅读研究信息表和签署同意书。

# 附 录

对受访者协商数据使用……

访谈开始

**半结构化访谈问题：**
- OPHC 项目的期望是什么？
- OPHC 项目的期望是怎么产生的？
- 谁塑造了 OPHC 项目的期望？
- 在 OPHC 项目发展的不同阶段有哪些关键行动者？
- 与其他智慧城市项目相比，OPHC 项目最具创新的部分是什么？
- OPHC 项目的不同部分怎么聚集在一起？
- 在创造集体期望时遇到了什么困难？
- OPHC 项目中有哪些意见不合和困难？怎样应对这些意见不合和困难？
- OPHC 项目的社会网络是如何形成的？为什么一些机构/组织加入 OPHC 项目，一些机构/组织不加入 OPHC 项目？
- 在 OPHC 项目的历史中有哪些关键时刻？为什么这些时刻重要？
- 未来更好地了解 OPHC 项目的发展过程以及吸纳合作伙伴的情况，我应该和谁谈谈？
- 有无一些和 OPHC 项目历史有关的文档可以提供给我参考？
- 是否有其他关于 OPHC 项目我应该知道却没有问到的内容？

# 附录5　研究日记的示例

时间：2015 年 8 月 15 日

地点：NEXT 实验室

**引导人/联系人**：伊恩

今天下午我和伊恩约好了，他同意带我参观一遍 NEXT 实验室。大约在下午 3 点，我买了两杯冰拿铁去实验室找他。这是我第一次来到 NEXT 实验室，

# 智慧城市的创新
## 发生在英国的故事

我感到有点紧张。实验室位于建筑物的一楼。幸运的是，我在通往实验室的走廊里遇见了一个朋友，他为我打开了两道需要刷卡才能进入的门。实验室里有一个非常大的办公区域。看起来有许多不同类型的研究小组。我认识的人很少。伊恩的办公桌在办公室的最后面，这个桌位可以俯瞰整个办公区域。他注意到我到了，打招呼后，我坐下来向他介绍了研究的目的。我告诉他几个月前我已经联系过苏珊，但直到最近我才将所有的研究伦理程序走完，才能前来收集数据。为了让他了解我的研究，我为他准备了研究信息表和同意书。然后，我向他说明了我希望从今天的参观中了解的内容。例如，我想了解 OPHC 项目的基础设施；NEXT 实验室中有多少人参与了 OPHC 项目；未来的计划；如果我想在 NEXT 实验室里开展田野工作，我需要如何协商准入，等等。

然后，伊恩带我参观了实验区域。实验区域位于办公区域的最末端，实验区域与办公区域之间有一扇上锁的门。当我进入实验区域时，我感觉非常的冷，因为那里的设备需要低温的环境。在实验区域的右侧，有两个尚未完全安装的大型服务器。伊恩开始带我参观实验区域的不同板块，我猜他已经形成了一套自己的介绍顺序，并已经向许多慕名而来的访客介绍过。他介绍说，基础设施有七层，而 OPHC 项目只涉及其中三层。我获得允许拍了一些照片。

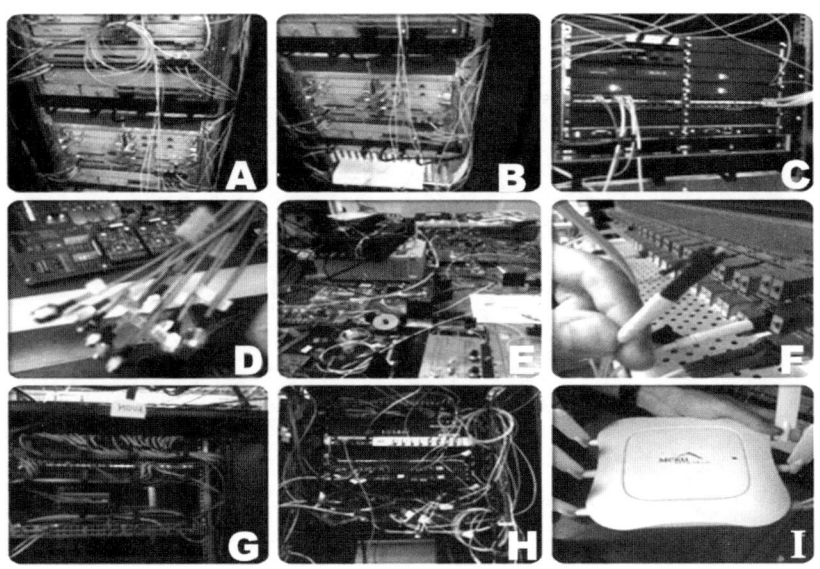

**参观 NEXT 实验室所拍摄的图片**

# 附 录

就可编程性,他向我介绍了 FPGA。它看起来有点像树莓派或 Arduino 开发板(图片 D 和图片 E 是 FPGA 及其位置)。这是我第一次看到真正的光纤(图片 F)。它如此薄。难以置信!就像白发一样细。它将 NEXT 实验室与 OPHC 的其他三个活动节点相连。我常常在 OPHC 项目的新闻中读到它,但是我并不知道它的工作原理。这根光纤连接到世界的另一端,英国的部分叫作 JANET。连接到世界的那一个叫作 GEANT。我仍然清晰地记得上次苏珊告诉我这个知识点。光纤不仅连接到世界的另一端,还连接到了海港城和 NEXT 实验室楼上的一台超级计算机(图片 G,连接到超级计算机的光纤)。我不禁思考,他们是如何铺设这根光纤的,伊恩告诉我他们不需要做管道。有专门的管道人员来做这个,他们只需要知道两端在哪里。

今天我学到了一个新概念,叫作活动节点。DOCK、海港城科学馆和 BOX 分别安置了一个 OPHC 的活动节点。然后,伊恩向我介绍了无线和传感器层。关于无线,他主要强调了四种技术,4G、LET-A、Wi-Fi、802.11AC 以及蓝行者公司的 Wig Gig。4G 我们都知道是第四代移动通信技术,802.11 AC,他给我展示了路由器(图片 I)。蓝行者的路由器不仅允许用户访问,还可以与另一个 Wig Gig 通信。之所以选择蓝行者的产品。根据伊恩的说法,实验室以前与蓝行者公司有一些合作。所以双方在之前就互相了解。

参观完实验区域之后,我问伊恩实验室里有多少人参与了 OPHC 项目;他说只有四个:他自己、大卫、一个市场人员和一个 HP 的顾问联系人。我告诉他我将研究创新进程。然后他将我介绍给了大卫。大卫刚加入 OPHC 项目一周,他正在努力为 OPHC 项目制定一个截止日期。我与他简短地聊了一下,了解了项目接下来的日程安排;他将在下周尝试弄清楚,我向他表示感谢,并在随后给他发送了一封电子邮件。

我向伊恩告别,并确保他签署了同意书。他把我送到了实验室外。我离开了实验室,对 OPHC 项目的技术有了更清晰的了解,但也感到非常的疲惫。

**智慧城市的创新**
发生在英国的故事

# 附录6　用绘图辅助分析的示例

## (1) 用绘图理解数据球幕的产生历史

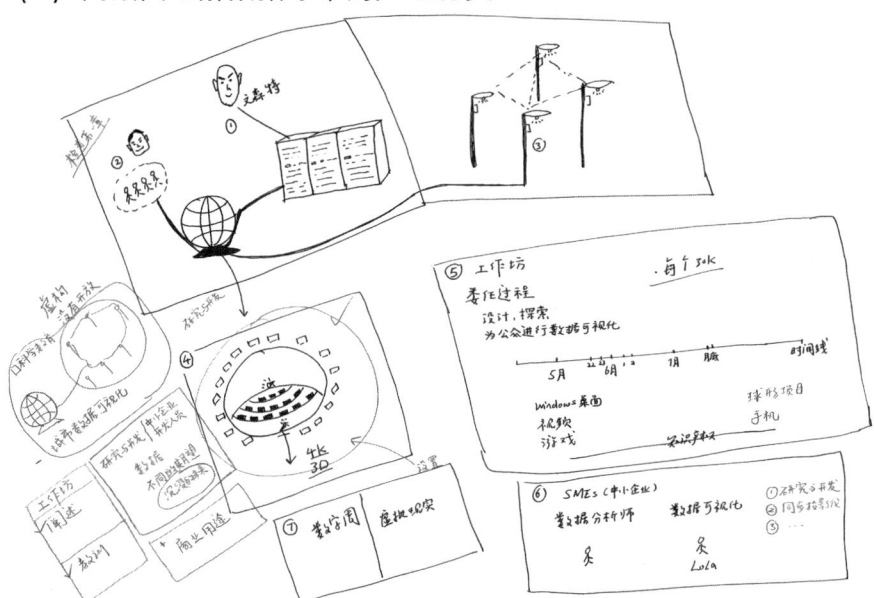

## (2) 用绘图理解 OPHC 项目的产生历史

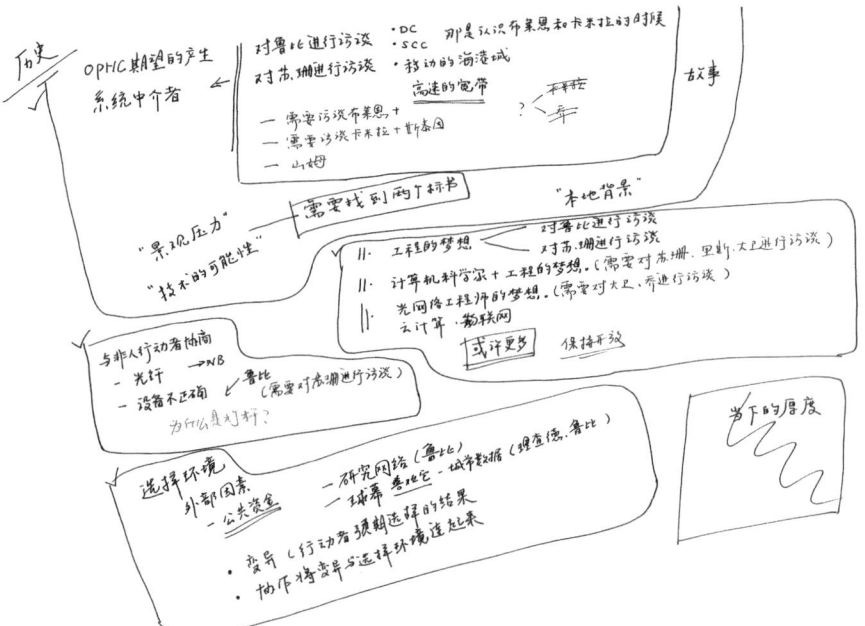

# 附　录

## 附录7　研究信息表和同意书

## 信息表

我的名字叫尹婧文,是布里斯托大学的在读博士生。我的博士项目《一个正在建设中的智慧城市民族志研究》,将通过对开放可编程海港城(OPHC)的研究来探讨社会创新。我对OPHC项目创新的过程很感兴趣,也关心期望在创新过程中的作用,以及市民在创新过程中的机会有哪些。

本研究的成果将有助于更好地理解高科技创新者在重塑未来城市中的作用,以及期望在社会技术创新过程中的角色。它还将帮助我们更好地理解市民如何能参与到高科技城市创新中。

为了达成研究目标,本研究将采用民族志研究策略,并采用参与(式)观察和访谈作为主要的数据收集方法。该项目遵循英国教育研究协会(British Educational Research Association,"BERA")的伦理准则和英国的数据保护法。本研究已经通过布里斯托大学教育研究生院的伦理审查。

**决定参与这项研究意味着:**
- 研究者将在观察过程中记录田野笔记和拍摄照片。为了研究目的进行访谈的音频录制。
- 您有权随时撤回您对该项目的贡献,且无须说明原因。
- 所有数据将被保密处理,并存储在由个人密码保护的设备上。田野笔记和任何打印品将存放在上锁的文件柜中。
- 由于只有一个开放可编程海港城,研究者无法保证参与者完全匿名。您应该知道在我的写作中您有可能会被辨认出来。但是,我仍然会对您的真实姓

# 智慧城市的创新
## 发生在英国的故事

名进行匿名化处理。

• 这项研究将写成研究论文,并在学术会议上展示和在学术期刊上发表。如果您愿意,可以要求获得研究的电子副本。

如果您对研究内容和研究者有任何投诉,我们提供了投诉渠道。(原文件在此处提供了投诉渠道的具体信息,例如联系人、电子邮件或电话号码等。因为隐私的原因这里隐去了这些信息)。

为了保证研究的透明性,您将被要求填写一份同意书。在进行任何观察和访谈之前,需要签署这份表格。您和我都将保留一份已签署的文件的副本。

祝好。

尹婧文

博士研究生

布里斯托大学

## 同意书
### 一个正在建设中的智慧城市民族志研究

**如果您同意请打钩**

1. 我确认我已阅读并理解了信息表中关于这项研究的说明,并且有机会提出问题。

2. 我理解我的参与是自愿的,并且我可以随时自由退出,无须说明原因。

3. 我理解研究者在她的参与(式)观察期间将会做田野笔记和拍照。

4. 我理解研究者将会为研究目的对所有的访谈进行音频录制。

# 附　录

5. 我同意参与这项研究。

参与者签名：　　　　研究者签名：

姓名：　　　　　　　姓名：

日期：　　　　　　　日期：

# 附录8　其他经验性数据节选

(1) 不同人与"实验"相关的经验

### 公务员实验新的产品（想法）

在1990年代末，我原本的工作是了解人们和城市对他们的优先事项的看法。我们使用大量的问卷并邮寄给人们以了解他们的看法。人们填写问卷并邮寄给我们。我们非常快地意识到为什么不使用新的技术……那时我们就开始参与了。非常快的，我们参与了使用技术的民主项目……因为我们是先驱，其他的先驱们也找到了我们……很多人来找我们说好吧，你们可以测试我们的新产品和新想法吗？

——海港城政府的高级公务员

### 有关光纤、无线网和可穿戴技术的实验

嗯，我很长时间以来一直参与了高速网络的实验……我说服了网络提供商在20世纪90年代借给我们使用光纤。我们建立了一个实验性网络……实际上，有一个商业组织能够将其商业化……我们做了很多实验，部分围绕早期的网络展开，我们预计到更快速的无线连接的到来……我们也在可穿戴技术等方面做出探索……所以，这些是我们进行实验的领域。将有趣的技术交到人们手

## 智慧城市的创新
### 发生在英国的故事

中,并探索可以做什么……我们都在努力设计各种东西,如何考虑所有这些因素。这就是为什么需要这种实验性的测试平台的理由。

——海港城大学的计算机科学家

## 在真实生活中进行实验

我们参与 OPHC 项目的另一个原因,大概是在 2008 年左右,我们加入了欧洲的生活实验室网络……我们建立起了社区生活实验室。我们不是对人进行测试,而是与人们一起测试事物……对于研发实验来说,与真实人群一起进行社区实验是非常重要的一个阶段。但是这种实验并不仅仅是他们提供技术,然后你试验和交付。我们做过一些这样的项目。这也可以。但在我看来,与人们和研究人员一起设计解决方案更好。所以,当我们第一次参与时,我们在生活实验室中进行的第一个项目是一个早期的智能电表项目……对我来说,它不是一个智能电表项目,因为我们对智能电表本身不感兴趣。我们对与人们合作来了解正在发生的事情感兴趣。我们如何理解它?我们也开始理解数据的价值、市民生成内容等。"

——稻草屋的联合主管

(2) 有关实验性研究测试平台用途的设想

为了建立实验性研究测试平台,涌现出了许多想法。其中一个想法是利用网络建立一个教育项目。有一个想法是将光纤连接到海港城科学馆的球幕和海港城大学的超级计算机。这种连接可以让中学阶段的学生在球幕中访问高性能计算机。

——OPHC 项目的经理卢克的访谈资料,2016 年 9 月 11 日

# 附 录

(3) 艾玛和四叶软件的参与

四叶软件是一家美国的跨国科技公司。该公司设有一个部门,专门负责为社会免费共同设计创意项目。四叶软件的一名工程师艾玛对数据球幕项目感兴趣,并得到了公司的许可来为球幕进行开发。艾玛的建议得到了公司的批准,随后分配了八名工程师为球幕开发一款手势控制应用程序。

——艾玛的非正式访谈资料,2016 年 10 月 8 日

(4) 中介者和系统中介者角色

在 OPHC 的垂直扩散过程中,可以识别出几个中介者角色。这包括与智慧城市相关的标准化组织和研究机构。标准化组织主要指的是一个总部位于美国的 SDN 标准化组织,一个英国的开放数据标准化组织以及一个英国的物联网(IoT) 组织。标准化组织对于将 OPHC 项目的知识聚合到全球智慧城市生态位非常重要,因为在本地生态位水平上的智慧城市知识生产是一种集体公共产品。标准化组织负责维护集体技术知识。它们可以帮助避免搭便车的行为。至于研究机构,它们通常受雇于其他公司,以比较不同地点的智慧城市经验并得出一些一般性结论。在 OPHC 的案例中,朱雀通信聘请了研究机构领航者咨询公司来制作英国智慧城市指数。领航者咨询绘制了英国智慧城市发展情况。OPHC 被包括在报告中,并被视为英国智慧城市的领军者。

三个系统中介者角色将 OPHC 项目中有价值的内容聚合到网络层面,并在不同方面为之间牵线搭桥。第一个系统中介者是行业协会。它们促进知识的传播,明确问题议程,并在当今的智慧城市建设中交流经验。有一个名为数字论坛的行业协会是智慧城市的倡导者。它举办了全球范围的智慧城市会议,吸引了来自世界各地的智慧城市参与者参加并分享他们的经验。在这个过程中,协会选择了有价值的本地实践,并提炼出一些重要案例在全球范围内传播。OPHC 项目是数字论坛选择的案例之一。第二种类型是英国政府机构代表。这包括未来城市雷达、外交和联邦事务办公室。他们帮助个人/国家将有价值的本地经验提炼到国家级别。例如,在数据球幕的故事中,我们可以看到未来城

# 智慧城市的创新
## 发生在英国的故事

市雷达积极参与了一系列数据球幕的工作坊（更多内容见第六章）。未来城市雷达希望从数据球幕创新过程中收集有用的经验，以了解智慧技术的出口可能性。在三角洲的故事中，外交和联邦事务办公室资助了海港城和三角洲城智慧城市项目，外交和联邦事务办公室旨在从该项目中收集有价值的经验教训，并在国家层面上传播这些经验教训。第三种类型是社区组织。稻草屋就是这种类型的一个例子。正如我们在第六章中所看到的，稻草屋领导了市民感知项目。由于稻草屋是国际生活实验室网络的一部分，该组织在网络中分享了其市民感知项目的经验。例如，在2016年秋季，市民感知项目的管理人员前往加拿大举办的生活实验室会议，并与国际观众分享了其市民感知项目的经验。

——田野笔记，2016年10月

## 附录9 部分原始笔记和草图

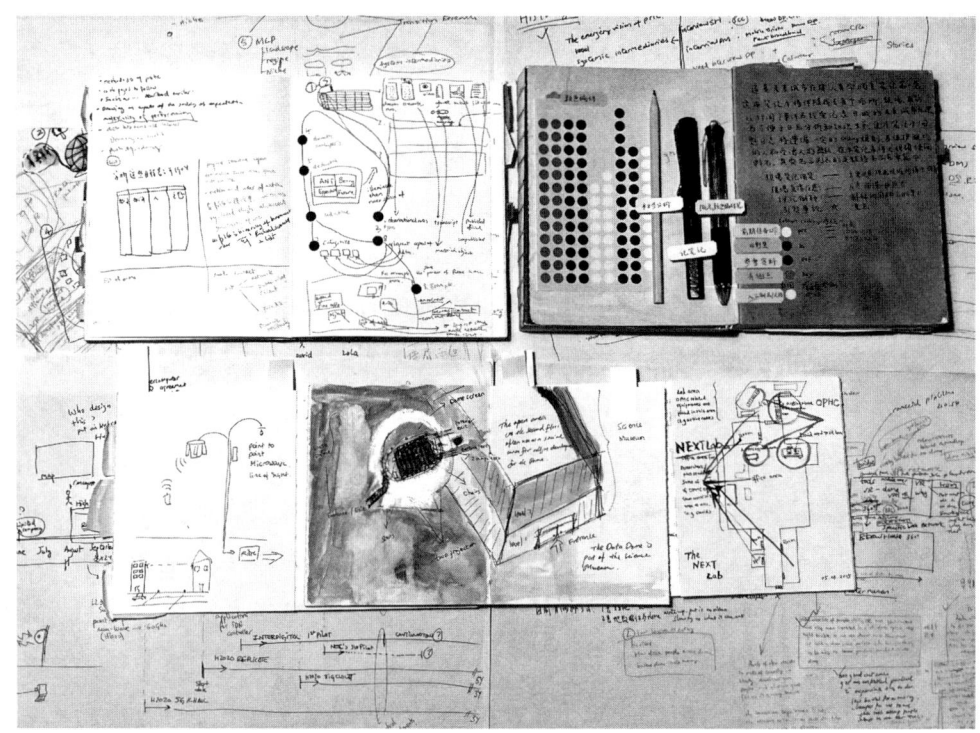

# 参考文献

唐斯斯、张延强、单志广等:《我国新型智慧城市发展现状、形势与政策建议》,载《电子政务》2020年第4期,第70—80页。

尹婧文:《理解智慧城市》,成都:电子科技大学出版社,2023年版。

Adam, B. (2004). *Towards a New Sociology of the Future.* [online] Available at: http://www.cardiff.ac.uk/socsi/futures/newsociologyofthefuture.pdf [Accessed 25 Oct. 2015].

Adam B. and Groves C. (2007). *Future matters.* Leiden: Brill.

Ahmed, Azhar, and Shalbbya Ali. (2001). *Smart Cities in India: Practices, Policies, Current Status and Gaps.* Proceedings of the 2nd International Conference on ICT for Digital, Smart, and Sustainable Development, ICIDSSD 2020, 27 – 28 February 2020, Jamia Hamdard, New Delhi, India.

Akrich, M. (1992). The De-scription of Technical Objects. In: W. E. Bijker and J. Law, ed., *Shaping Technology/Building Society. Studies in Sociotechnical Change*, 1st ed. MIT Press, pp. 205 – 224.

Anthopoulos, Leonidas, and Panos Fitsilis. (2009). *From online to ubiquitous cities: The technical transformation of virtual communities.* Next Generation Society. Technological and Legal Issues: Third International Conference, e-Democracy, Athens, Greece, September 23 – 25.

Atkinson, Paul. (2006). *Everyday Arias: an Operatic Ethnography.* Lanham: Alta Mira Press.

# 智慧城市的创新
发生在英国的故事

Barry, Andrew. (2001). *Political Machines: Governing a Technological Society*. London: Athlone Press.

Batty, Michael. (1997). "The Computable City", *International Planning Studies*, Vol. 2, No. 2, pp. 155 – 173.

Bennett, Dag, Diana Pérez-Bustamante, and Maria-Luisa Medrano. (2017). "Challenges for Smart Cities in the UK", In Peris-Ortiz M., Bennett D., Pérez-Bustamante Yábar, D. (eds) *Sustainable Smart Cities. Innovation, Technology, and Knowledge Management*. Springer, pp. 1 – 14.

Berg, Bruce Lawrence. (2001). *Qualitative Research Methods for the Social Sciences*. Boston: Allyn and Bacon.

Berkhout, F. (2006). Normative expectations in systems innovation. *Technology Analysis & Strategic Management*, 18 (3–4), pp. 299 – 311.

Borup, Mads, Nik Brown, Kornelia Konrad and Harro Van Lente. (2006). "The Sociology of Expectations in Science and Technology". *Technology analysis & strategic management*, Vol. 18, No. 3–4, August, pp. 285 – 298.

Boschma, R. (2005). Proximity and Innovation: A Critical Assessment. *Regional Studies*, 39 (1), pp. 61 – 74.

Braun V. and Clarke V. (2006). Using thematic analysis in psychology. *Qualitative Research in Psychology*, 3 (2), pp. 77 – 101.

Brewer, John. (2000). *Ethnography*. Buckingham: Open University Press.

Brown N. (2003). *Hope Against Hype-Accountability in Biopasts, Presents and Futures*. [online] Available at: http://www.sciencetechnologystudies.org/system/files/Nik%20Brown.pdf [Accessed 4 Nov. 2015].

Brown N. and Michael M. (2003). A Sociology of Expectations: Retrospecting Prospects and Prospecting Retrospects. *Technology Analysis & Strategic Management*, 15 (1), pp. 3 – 18.

Taylor Buck, Nick, and Aidan While. (2017). "Competitive Urbanism and the Limits to Smart City Innovation: The UK Future Cities Initiative", *Urban studies*, Vol. 54, No. 2, pp. 501 – 519.

# 参考文献

Budde B. (2015). *Hopes, Hypes and Disappointments: On the role of expectations for sustainability transitions: A case study on hydrogen and fuel cell technology for transport*. Ph. D. Utrecht University Repository.

Budde B., Alkemade F. and Weber K. (2012). Expectations as a key to understanding actor strategies in the field of fuel cell and hydrogen vehicles. *Technological Forecasting and Social Change*, 79 (6), pp. 1072 – 1083.

Bulkeley H. and Castán Broto V. (2012). Government by experiment? Global cities and the governing of climate change. *Transactions of the Institute of British Geographers*, 38 (3), pp. 361 – 375.

Callon, Michel. (1986). The Sociology of an Actor-Network: The Case of the Electric Vehicle. In Michel Callon, John Law, and Arie Rip (ed.). *Mapping the Dynamics of Science and Technology*, 1st ed. London: Palgrave Macmillan, pp. 19 – 34.

Callon M. (1987). Society in the making: the study of technology as a tool for sociological analysis. In: *The social construction of technological systems: New directions in the sociology and history of technology*, 1st ed. The MIT Press.

Campbell, Elizabeth, and Luke Eric Lassiter. (2014). *Doing ethnography today: Theories, methods, exercises*. Chichester: John Wiley & Sons.

Caprotti, Federico, Robert Cowley, Andrew Flynn, Simon Joss, and Li Yu. (2016). *Smart-Eco Cities in the UK: Trends and City*. Exeter: University of Exeter.

Caragliu A., Del Bo C. and Nijkamp P. (2011). Smart Cities in Europe. *Journal of Urban Technology*, 18 (2), pp. 65 – 82.

Carvalho L. (2014). Smart cities from scratch? A socio-technical perspective. *Cambridge Journal of Regions, Economy and Society*, 8 (1), pp. 43 – 60.

Castells, Manuel. (1989). *The Informational City: Information Technology, Economic Restructuring, and the Urban-Regional Process*. Oxford: Basil Blackwell.

Castells, Manuel. (1996). *The Rise of the Network Society: The Information Age*. Cambridge: Blackwell Publishing Ltd.

CHOO C W. IT2000, (1997). Singapore's vision of an intelligent island [M] // Intelligent environments. North-Holland, pp. 49 – 65.

# 智慧城市的创新
## 发生在英国的故事

Clark, Jennifer. (2020). *Uneven Innovation: The Work of Smart Cities*. New York: Columbia University Press, p. 2.

Clennell, Paul. *Business Matters: Creating the Right Environment for Smart City Initiatives*, 2018. [Online]. Available athttps://www.insidermedia.com/blogs/north-west/business-matters-creating-the-right-environment-for-smart-city-initiatives [Accessed 11 September 2023].

Clifford, James. (1988). *The Predicament of Culture*. Cambridge, Mass.: Harvard University Press.

Coenen L., Benneworth P., and Truffer, B. (2012). Toward a spatial perspective on sustainability transitions. *Research Policy*, 41 (6), pp. 968 – 979.

Coenen L., Raven R., and Verbong, G. (2010). Local niche experimentation in energy transitions: A theoretical and empirical exploration of proximity advantages and disadvantages. *Technology in Society*, 32 (4), pp. 295 – 302.

Coffey, Amanda, and Paul Atkinson. (1996). *Making Sense of Qualitative Data: Complementary Research Strategies*. London: Sage Publications.

Collins R. (1975). *Conflict Sociology*. New York: Academic Press.

Corbusier Le. (1929). *The City of Tomorrow and its Planning*. New York: Dover Architecture.

Cowley, Robert, Simon Joss, and Youri Dayot. (2018). "The Smart City and its Publics: Insights from Across Six UK Cities", *Urban Research & Practice*, Vol. 11, No. 1, pp. 53 – 77.

Crang, Mike. and Ian Cook. (2007). *Doing Ethnographies*. Los Angeles, CA: SAGE, 2007.

Crang M. and Graham S. (2007). Sentient cities: ambient intelligence and the politics of urban space. *Information, Communication & Society*, 10 (6), pp. 789 – 817.

Crang, Mike, and Stephen Graham. (2007). "Sentient cities ambient intelligence and the politics of urban space", *Information, Communication & Society*, Vol. 10, No. 6, December, pp. 789 – 817.

## 参考文献

Creswell, John W. (1994). *Qualitative Inquiry and Research Design*. CA: Sage Publications.

Creswell, John W. (2013). *Qualitative Inquiry & Research Design: Choosing among Five Approaches* (3rd ed.). Los Angeles: Sage.

Creswell, John W. and J. David Creswell. (2017). *Research design: Qualitative, quantitative, and mixed methods approaches*. Los Angeles: Sage.

Crivello, Silvia. (2015). "Urban Policy Mobilities: The Case of Turin as a Smart City", *European Planning Studies*, Vol. 23, No. 5, pp. 909 – 921.

Crompton, Dennis. (2012). *A Guide to Archigram* 1961 – 1974. New York: Princeton Architectural Press.

Crotty, Michael J. (1998). The *Foundations of Social Research: Meaning and Perspective in the Research Process*. London: Sage, p. 6.

Darnhofer I. (2015). Socio-technical transitions in farming: key concepts. *Transition pathways towards sustainability in agriculture: case studies from Europe*, pp. 17 – 31.

Daffara, Phillip. "Alternative city futures", *Futures*, Vol. 7, No. 43, pp. 639 – 641.

Datta, Ayona. (2015). "New urban utopias of postcolonial India: 'Entrepreneurial urbanization' in Dholera smart city, Gujarat", *Dialogues in human geography*, Vol. 5, No. 1, pp. 3 – 22.

Davies, Charlotte Aull. (2008). *Reflexive Ethnography: A Guide to Researching Selves and Others*. 2nd ed. London: Routledge.

De Jong, Martin, Simon Joss, Daan Schraven, Changjie Zhan and Margot Weijnen. (2015). "Sustainable-Smart-Resilient-Low Carbon-Eco-Knowledge Cities; Making Sense of a Multitude of Concepts Promoting Sustainable Urbanization", *Journal of Cleaner production*, Vol. 109, pp. 25 – 38.

Delgado N. and Cruz L. (2014). Multi-event ethnography: doing research in pluralistic settings. *Journal of Organizational Ethnography*, 3 (1), pp. 43 – 58.

Aguilar Delgado, Natalia, and Luciano Barin Cruz. (2014). "Multi-event Ethnography: Doing Research in Pluralistic Settings." *Journal of Organizational Ethnography*, Vol. 3, No. 1, pp. 43 – 58.

Deuten J. (2003). *Cosmopolitanising technologies. A study of four emerging technological regimes*. Ph. D. University of Twente.

Deuten J. and Rip A. (2000). The narrative shaping of a product creation process. In: *N. Brown and B. Rappert*, ed., *Contested Futures: A Sociology of Prospective Techno-Science*. Aldershot: Ashgate, p. 65.

Durani, Vineeta. *City Government and IBM Close Partnership to Make Rio de Janeiro a Smarter City*, (2017). [Online]. Available at: https://www.prnewswire.com/news-releases/city-government-and-ibm-close-partnership-to-make-rio-de-janeiro-a-smarter-city-112515789.html [Accessed 25 August. 2023].

Dutton W. H., Blumler J. G. and Kraemer K. L. (eds.). (1987). *Wired Cities: Shaping the Future of Communications*. Boston: G. K. Hall.

Emerson, Robert M., Rachel I. Fretz and Linda L. Shaw. (1995) *Writing Ethnographic Fieldnotes*. Chicago: The University of Chicago Press.

Elzen, Boelie, Frank W. Geels, and Kenneth Green (eds.). (2004). *System innovation and the transition to sustainability: theory, evidence and policy*. Edward Elgar Publishing.

Evans J. and Karvonen, A. (2013). "Give Me a Laboratory and I Will Lower Your Carbon Footprint!" Urban Laboratories and the Governance of Low-Carbon Futures. *International Journal of Urban and Regional Research*, 38 (2), pp. 413 – 430.

Evans J., Karvonen A., and Raven R. (2016). *The Experimental City*. The Experimental City: Routledge.

Ezzy, Douglas. (2002). *Qualitative Analysis*. London: Routledge.

Falconer, Gordon, Shane Mitchell. *Smart City Framework*, (2012). [Online]. Available at https://www.cisco.com/c/dam/en_us/about/ac79/docs/ps/motm/Smart-City-Framework.pdf [21 August 2023].

Fainstein, Susan S. *Urban Planning*, (2014). [online]. Available at http://

# 参考文献

www.britannica.com/topic/urban-planning#toc10803 [Accessed 10 May 2023].

Fetterman D. M. (1998). *Ethnography: Step by Step.* 2nd ed. London: Sage Publications.

Forrester Jay W. (1969). *Urban Dynamics.* Waltham, MA: Pegasus Communications, Inc.

Gabrys, Jennifer. (2016). "Programming Environments: Environmentality and Citizen Sensing in the Smart City", *Environment and planning D: Society and space*, Vol. 32, No. 1, pp. 30–48.

Gaffney, Christopher and Cerianne Robertson. (2018). "Smarter than smart: Rio de Janeiro's flawed emergence as a smart city", *Journal of Urban Technology*, Vol. 25, No. 3, pp. 47–64.

Geels F. (2002). Technological transitions as evolutionary reconfiguration processes: a multi-level perspective and a case-study. *Research Policy*, 31 (8–9), pp. 1257–1274.

Geels F. (2005a). Processes and patterns in transitions and system innovations: Refining the co-evolutionary multi-level perspective. *Technological Forecasting and Social Change*, 72 (6), pp. 681–696.

Geels, F. (2005b). The dynamics of transitions in socio-technical systems: A multi-level analysis of the transition pathway from horse-drawn carriages to automobiles (1860–1930). *Technology Analysis & Strategic Management*, 17 (4), pp. 445–476.

Geels, Frank W. (2011). "The multi-level perspective on sustainability transitions: Responses to seven criticisms", *Environmental innovation and societal transitions*. 1 (1), pp. 24–40.

Geels F. and Deuten J. (2006). Local and global dynamics in technological development: a socio-cognitive perspective on knowledge flows and lessons from reinforced concrete. *Science and Public Policy*, 33 (4), pp. 265–275.

Geels F. and Raven R. (2006). Non-linearity and Expectations in Niche-Development Trajectories: Ups and Downs in Dutch Biogas Development (1973–2003).

# 智慧城市的创新
发生在英国的故事

*Technology Analysis & Strategic Management*, 18（3 – 4）, pp. 375 – 392.

Geels F. and Schot J. （2007）. Typology of sociotechnical transition pathways. *Research Policy*, 36（3）, pp. 399 – 417.

Geels F. and Schot J. （2010）. The dynamics of transitions: a socio-technical perspective. In: J. Grin, J. Rotmans, and J. Schot（ed.）, *Transitions to sustainable development: new directions in the study of long term transformative change*. Routledge, pp. 11 – 104.

Geels F. and Smit W. （2000）. Failed technology futures: pitfalls and lessons from a historical survey. *Futures*, 32（9 – 10）, pp. 867 – 885.

Geels F. and Verhees B. （2011）. Cultural legitimacy and framing struggles in innovation journeys: A cultural-performative perspective and a case study of Dutch nuclear energy（1945 – 1986）. *Technological Forecasting and Social Change*, 78（6）, pp. 910 – 930.

Clifford Geertz. （1973）. Thick Description: Toward an Interpretive Theory of Culture. In Clifford Geertz（ed.）. *The Interpretation of Cultures: Selected Essays*. New York: Basic Books, pp. 3 – 30.

Gibson, James J. （1979）. *The ecological approach to visual perception*. Boston: Houghton Mifflin.

Giffinger, Rudolf and Haindlmaier Gudrun. （2010）. "Smart Cities Ranking: an Effective Instrument for the Positioning of the Cities?", *ACE: architecture, city and environment*, Vol. 4, No. 12, pp. 5 – 25.

Gold, Raymond L. （1958）. "Roles in Sociological Field Observations", *Social Forces*, Vol. 36, No. 3, pp. 217 – 223.

Graham, Stephen and Simon Marvin. （1999）. "Planning Cybercities? Integrating Telecommunications into Urban Planning", *The Town Planning Review*, Vol. 70, No. 1, pp. 89 – 114.

Graham, Steve and Simon Marvin. （2002）. *Splintering urbanism: networked infrastructures, technological mobilities and the urban condition*. London: Routledge.

Greenfield, Adam. （2013）. *Against the smart city*. Do projects.

# 参考文献

Grin, J. (2010). Understanding Transitions from a Governance Perspective. In: J. Grin, J. Rotmans, and J. Schot, (ed.), *Transitions to sustainable development*, 1st ed. Routledge.

Grin J., Rotmans J. and Schot J. (2010). *Transitions to sustainable development: New Directions in the Study of Long Term Transformative Change*. 1st ed. Routledge.

Gross M. and Hoffmann-Riem H. (2005). Ecological restoration as a real-world experiment: designing robust implementation strategies in an urban environment. *Public Understanding of Science*, 14 (3), pp. 269 – 284.

Gross M. and Krohn W. (2005). Society as experiment: sociological foundations for a self-experimental society. *History of the Human Sciences*, 18 (2), pp. 63 – 86.

Halegoua, Germaine. (2020). *Smart Cities*. Cambridge, Massachusetts: MIT press, p. 6.

Halpern, Orit, Jesse Le Cavalier Nerea Calvillo, and Wolfgang Pietsch. (2013). "Test-bed urbanism", *Public Culture*, Vol. 25, No. 2, pp. 272 – 306.

Hammersley, Martyn. (1992). *What's Wrong with Ethnography?* London: Routledge.

Hammersley, Martyn. (2006). "Ethnography: Problems and Prospects", *Ethnography and Education*, Vol. 1, No. 1, pp. 3 – 14.

Hammersley, Martyn, and Paul Atkinson. (2007). *Ethnography*. Hoboken: Taylor & Francis.

Hannerz, Ulf. (2003). "Being there…and there…and there! Reflections on multi-site ethnography", *Ethnography*, Vol. 4, No. 2, pp. 201 – 216.

Harrison, Colin, and Ian Abbott Donnelly. "A theory of smart cities." *Proceedings of the 55th Annual Meeting of the ISSS – 2011*, Hull, UK. 2011.

Harvey D. (1989). From Managerialism to Entrepreneurialism: The Transformation in Urban Governance in Late Capitalism. *Geografiska Annaler. Series B, Human Geography*, 71 (1), p. 3.

# 智慧城市的创新
## 发生在英国的故事

Harvey, David. "From Managerialism to Entrepreneurialism: the Transformation in Urban Governance in Late Capitalism", *Geografiska Annaler*: series B, human geography, Vol. 71, No. 1, pp. 3 – 17.

Harvey, David. *Rebel Cities: From the Right to the City to the Urban Revolution*. Verso books.

Hemment D. and Townsend A. (2013). *Smart Citizens*. [online] Available at: http://futureeverything.org/wp-content/uploads/2014/03/smartcitizens.pdf [Accessed 11 Oct. 2017].

Hemment, Drew and Anthony Townsend (eds.). (2013). *Smart Citizens*. Manchester: Future Everything.

Hennink, Monique, Inge Hutter and Ajay Bailey. (2011). Qualitative Research Methods. London: SAGE Publications.

Hess, David J. (2001). "Ethnography and the Development of Science and Technology Studies". In Paul Atkinson, Amanda Coffey, Sara Delamont, John Lofland, and Lyn Lofland (ed.). *Handbook of Ethnography*, Ca.: SAGE Publications, pp. 234 – 245.

Hill, Dan. (2013). "On the smart city: Or, a 'manifesto' for smart citizens instead". *City of Sound*, February 2.

Hodson M. and Marvin S. (2009). Cities mediating technological transitions: understanding visions, intermediation and consequences. *Technology Analysis & Strategic Management*, 21 (4), pp. 515 – 534.

HOE S L. (2016). "Defining a smart nation: The case of Singapore". *Journal of information, Communication and Ethics in Society*, 14 (4), pp. 323 – 333.

Hollands, Robert G. (2008). "Will the Real Smart City Please Stand Up?", *City*, Vol. 12, No. 3, pp. 303 – 320.

Hollands, Robert G. (2015). "Critical Interventions into the Corporate Smart City", *Cambridge journal of regions, economy and society*, Vol. 8, No. 1, March, pp. 61 – 77.

Hoogma R. (2000). *Exploiting technological niches*. Enschede: Twente University Press.

Hoogma R., Kemp R. and Schot J. (2002). *Experimenting for Sustainable Transport*. London: Spon.

Hughes T. (1983). *Networks of power*. Baltimore/London: The Johns Hopkins University Press.

Ishida T. and Isbister K. (eds.) (2000). *Technologies, Experiences, and Future Perspectives*. Berlin/Tokyo: Springer.

Jacobs, Jane. (1961). *The Death and Life of Great American Cities*. New York: Random House.

Jameson, Fredric. (2003). "Future city", *New left review*, Vol. 21, p. 65.

Karvonen A. and van Heur B. (2013). Urban Laboratories: Experiments in Reworking Cities. *International Journal of Urban and Regional Research*, 38 (2), pp. 379 – 392.

Kehoe, Michael, et al. (2011). "Smarter Cities Series: a Foundation for Understanding IBM Smarter Cities", *IBM Journal of Research and Development*, Vol. 54, No. 4, pp. 350 – 365.

Kemp R., Schot J. and Hoogma R. (1998). Regime shifts to sustainability through processes of niche formation: The approach of strategic niche management. *Technology Analysis & Strategic Management*, 10 (2), pp. 175 – 198.

Kingdon J. (1984). *Agendas, alternatives, and public policies*. Boston: Little, Brown.

Kitchin, Rob. (2014). "The real-time city? Big data and smart urbanism", *GeoJournal*, Vol. 79, pp. 1 – 14.

Kitchin, Rob. (2015). "Making Sense of Smart Cities: Addressing Present Shortcomings", *Cambridge Journal of Regions, Economy and Society*, Vol. 8, No. 2, pp. 131 – 136.

Komninos, Nicos. (2013). *Intelligent Cities: Innovation, Knowledge Systems and Digital Spaces*. London: Routledge.

Konomi, Shin'ichi, and George Roussos. (eds.) (2017). *Enriching Urban*

# 智慧城市的创新
发生在英国的故事

*Spaces with Ambient Computing, the Internet of Things, and Smart City Design*. Hershey: Engineering Science Reference.

Konrad K. (2006). The social dynamics of expectations: The interaction of collective and actor-specific expectations on electronic commerce and interactive television. *Technology Analysis & Strategic Management*, 18 (3–4), pp. 429–444.

Kourtit, Karima, and Peter Nijkamp. (2012). "Smart cities in the innovation age", *Innovation: The European Journal of Social Science Research*, Vol. 25, No. 2, pp. 93–95.

De Lange, Michiel, and Martijn De Waal. (2017). "Owning the city: New media and citizen engagement in urban design". In Kimberly Etingoff (eds.). *Urban land use*. New York: Apple Academic Press, pp. 109–130.

Lassiter, Luke Eric. (2005). *The Chicago Guide to Collaborative Ethnography*. Chicago: University of Chicago Press.

Latour B. (1980). Is it Possible to Reconstruct the Research Process? Sociology of a Brain Peptide. *The Social Process of Scientific Investigation*, pp. 53–73.

Latour, Bruno. (1986). "Visualization and Cognition: Drawing things Together". In Henrika Kuklick (eds.). *Knowledge and Society Studies in the Sociology of Culture Past and Present.* Jai Press, Vol. 6, pp. 1–40.

Latour B. (1992). Where are the missing masses, sociology of a few mundane artefacts. In: W. E. Bijker and J. Law, (ed.). *Shaping Technology/Building Society. Studies in Sociotechnical Change*, 1st ed. MIT Press, pp. 225–259.

Latour, B. (2000). *Pandora's hope*. Cambridge/Mass. [U. A.]: Harvard University Press.

Latour, Bruno and Steve Woolgar. (1986). *Laboratory Life*. N. J.: Princeton University Press.

Law J. (1987). Technology and heterogeneous engineering the case of Portuguese expansion. In: W. Bijker, T. Hughes, and T. Pinch, (ed.). *The social construction of technological systems: New directions in the sociology and history of technology*, 1st ed.

## 参考文献

Law J. and Callon M. (1992). The life and death of an aircraft: a network analysis of technical change. In: W. Bijker and J. Law, (ed.). *Shaping Technology/Building Society: Studies in Sociotechnical Change/*Cambridge, Mass: MIT Press, pp. 21 – 52.

Lawhon M. and Murphy J. (2011). Socio-technical regimes and sustainability transitions. *Progress in Human Geography*, 36 (3), pp. 354 – 378.

Lefebvre, Henri. (1991). *The Production of Space.* Oxford/OX/UK: Blackwell.

Lindsay, Greg. *Building a Smarter Favela: IBM Signs Up Rio*, 2010. [Online]. Available at https://www.fastcompany.com/1712443/building-smarter-favela-ibm-signs-rio [Accessed 23 August. 2023].

Loorbach D. (2007). *Transition management.* Rotterdam: Erasmus Universiteit.

Loorbach D. (2010). Transition Management for Sustainable Development: A Prescriptive, Complexity-Based Governance Framework. *Governance*, 23 (1), pp. 161 – 183.

Loorbach D. and Rotmans J. (2010). The practice of transition management: Examples and lessons from four distinct cases. *Futures*, 42 (3), pp. 237 – 246.

Mahizhnan, Arun. (1999). "Smart cities: the Singapore case", *Cities*, Vol. 16, No. 1, pp. 13 – 18.

Malinowski, Bronislaw. (2002). *Argonauts of the Western Pacific: An Account of Native Enterprise and Adventure in the Archipelagoes of Melanesian New Guinea.* London: Routledge, pp. 8 – 9.

March, Hug and Ramon Ribera-Fumaz. (2016). "Smart contradictions: The politics of making Barcelona a Self-sufficient city", *European urban and regional studies*, Vol. 23, No. 4, pp. 816 – 830.

George, Marcus. (1986). Contemporary Problems of Ethnography in the Modern World System. In Clifford, James, and George Marcus (eds.). *Writing Culture.* Berkeley: University of California Press, p. 165 – 93.

# 智慧城市的创新
## 发生在英国的故事

Markard J., Raven R. and Truffer B. (2012). Sustainability transitions: An emerging field of research and its prospects. *Research Policy*, 41 (6), pp. 955 – 967.

Martiskainen M. (2016). The Role of Community Leadership in the Development of Grassroots Innovations. *SSRN Electronic Journal*.

McLean A., Bulkeley H. and Crang M. (2016). Negotiating the urban smart grid: Socio-technical experimentation in the city of Austin. *Urban Studies*, 53 (15), pp. 3246 – 3263.

Mertens, Donna M. (2010). *Research and evaluation in education and psychology: Integrating diversity with quantitative, qualitative, and mixed methods*. London: Sage.

Mertens, Donna M. (2015). *Research and Evaluation in Education and Psychology: Integrating Diversity With Quantitative, Qualitative, and Mixed Methods*. CA: SAGE Publications.

Michael M. (2000). In: N. Brown, B. Rappert, and A. Webster, (ed.). *Contested Futures: A sociology of prospective techno-science*, 1st ed. Ashgate.

Mitchell, William J. (1996). *City of Bits: Space, Place, and the Infobahn*. Cambridge/Mass: MIT press.

Moir, Emily, Tim Moonen, and Greg Clark. *Future Cities: Origins, Meanings and Uses*, (2014). [Online]. Available at https://www.gov.uk/government/uploads/system/uploads/attachment_data/file/337549/14 – 820-what-are-future-cities.pdf [Accessed 6 May. 2023].

Mokyr J. (1990). *The lever of riches*. New York: Oxford University Press.

Nam, Taewoo, and Theresa A. Pardo. (2011). "Conceptualizing Smart City with Dimensions of Technology, People, and Institutions". Proceedings of the 12th annual international digital government research conference: digital government innovation in challenging times.

Nespor, Jan. (2013). *Tangled up in school: Politics, space, bodies, and signs in the educational process*. New York: Routledge.

Ojasalo J. and Kauppinen H. (2016). Collaborative innovation with external ac-

## 参考文献

tors: an empirical study on open innovation platforms in smart cities. *Technology Innovation Management Review*, 6 (12), pp. 49 – 60.

Ojasalo J. and Tähtinen L. (2016). Integrating open innovation platforms in public sector decision making: Empirical results from smart city research. *Technology Innovation Management Review*, 6 (12), pp. 38 – 48.

O'Reilly, Karen. (2005). *Ethnographic Methods.* London: Routledge.

Osborne, Thomas and Nikolas Rose. (1999). "Governing Cities: Notes on the Spatialisation of Virtue", *Environment and planning D: society and space*, Vol. 17, No. 2, pp. 737 – 760.

Parker-Jenkins, Marie. (2018). "Problematising Ethnography and Case Study: Reflections on Using Ethnographic Techniques and Researcher Positioning", *Ethnography and Education*, Vol. 13, No. 1, pp. 18 – 33.

Paskaleva K. (2011). The smart city: A nexus for open innovation? *Intelligent Buildings International*, 3 (3), pp. 153 – 171.

Paskaleva, Krassimira Antonova. (2011). "The Smart City: A Nexus for Open Innovation?", *Intelligent Buildings International*, Vol. 3, No. 3, pp. 153 – 171.

Peck, Jamie and Adam Tickell. (2002). "Neoliberalizing Space", *Antipode*, Vol. 34, No 3, pp. 380 – 404.

Pink, Sarah. (2009). *Doing sensory ethnography.* Los Angeles: Sage.

Punch, Keith F. (2009). *Introduction to Research Methods in Education.* Los Angeles: SAGE.

Rabinow, Paul. (1996). *Making PCR.* Chicago: University of Chicago Press.

Raven R. (2005). *Strategic niche management for biomass: a comparative study on the experimental introduction of bioenergy technologies in the Netherlands and Denmark.* 1st ed. Technische Universiteit Eindhoven.

Raven R. and Geels F. (2010). Socio-cognitive evolution in niche development: Comparative analysis of biogas development in Denmark and the Netherlands (1973 – 2004). *Technovation*, 30 (2), pp. 87 – 99.

Raven R., Schot J. and Berkhout F. (2012). Space and scale in socio-technical transitions. *Environmental Innovation and Societal Transitions*, 4, pp. 63 – 78.

Rip A. and Kemp R. (1989). Technological change. *Human choice and climate change*, II (Resources and technology), pp. 327 – 399.

Ritchie, Hannah and Max Roser. *Urbanization*, 2018. [Online]. Available at https://ourworldindata.org/urbanization # what-share-of-people-will-live-in-urban-areas-in-the-future [Accessed 23 May. 2023].

Rosenberg, Nathan. (1976). "On technological expectations". *The economic journal* 86. 343, pp. 523 – 535.

Rouse J. (1987). *Knowledge and power: toward a political philosophy of science*. NY: Cornell University Press.

Ruef A. and Markard J. (2010). What happens after a hype? How changing expectations affected innovation activities in the case of stationary fuel cells. *Technology Analysis & Strategic Management*, 22 (3), pp. 317 – 338.

Saint A. (2014). The rise and rise of the smart city [urban Britain]. *Engineering & Technology*, 9 (9), pp. 72 – 6.

Saint, Amanda. (2014). "The rise and rise of the smart city [Smart Cities Urban Britain]", *Engineering & Technology*, Vol. 9, No. 9, October, pp. 72 – 76.

Sassen, Saski. (1994). *Cities in a World Economy*. Thousand Oaks, Calif.: Pine Forge Press.

Saunders, Tom and Peter Baeck. (2015). *Rethinking smart cities from the ground up*. London: Nesta.

Schaffers H., Komninos N., Pallot M., Trousse B., Nilsson M. and Oliveira A. (2011). Smart Cities and the Future Internet: Towards Cooperation Frameworks for Open Innovation. *The Future Internet*, pp. 431 – 446.

Schaffers, Hans, Sällström A., Pallot M., Hernández-Muñoz J., Santoro R. and Trousse B. (2011). Integrating Living Labs with Future Internet Experimental Platforms for Co-creating Services within Smart Cities. *Concurrent enterprising (ICE)*, 2011 17*th international conference IEEE*, pp. 1 – 11.

Schot, Johan W. (1992). "Constructive Technology Assessment and Technology Dynamics: The Case of Clean Technologies", *Science, Technology and Human Values*, *Vol.* 17, No. 1, pp. 36 – 56.

Schot, Johan. (1998). "The usefulness of evolutionary models for explaining innovation. The case of the Netherlands in the nineteenth century", *History and Technology, an International Journal*, Vol. 14, No. 3, pp. 173 – 200.

Schot, Johan and Frank W. Geels. (2007). "Niches in evolutionary theories of technical change: A critical survey of the literature", Journal of Evolutionary Economics. Vol. 17, pp. 605 – 622.

Schot, Johan, and Frank W. Geels. (2008). "Strategic niche management and sustainable innovation journeys: theory, findings, research agenda, and policy", *Technology analysis & strategic management*, Vol. 20, No. 5, pp. 537 – 554.

Schot, Johan, Remco Hoogma and Boelie Elzen. (1994). "Strategies for shifting technological systems: the case of the automobile system", *Futures*, 26 (10), pp. 1060 – 1076.

Schumann, Laura and Wolfgang G. Stock. (2015). "Acceptance and se of Ubiquitous Cities' Information Services", *Information Services & Use*, Vol. 35, No. 3, pp. 191 – 206.

Sengers, Frans, and Rob Raven. (2015). "Toward a Spatial Perspective on niche Development: The case of Bus Rapid Transit", *Environmental Innovation and Societal Transitions*, Vol. 17, pp. 166 – 182.

Serres, Michel. (1995). *Angels, a Modern Myth*. Paris: Flammarion.

Seyfang, Gill, Sabine Hielscher, Tom Hargreaves, Mari Martiskainen, Adrian Smith. (2014). "A grassroots sustainable energy niche? Reflections on community energy in the UK", Environmental Innovation and Societal Transitions, Vol. 13, pp. 21 – 44.

Shelton, Taylor, Matthew Zook, and Alan Wiig. (2015). "The 'actually existing smart city'", *Cambridge journal of regions, economy and society*, Vol. 8, No. 1, pp. 13 – 25.

Shwayri, Sofia T. (2013). "A Model Korean Ubiquitous Eco-City? The Politics of Making Songdo", *Journal of Urban Technology*, Vol. 20, No. 1, January. pp. 39 – 55.

Sim, Nicola. (2018). *"Like oil and water"? Partnerships between visual art institutions and youth organisations.* Nottingham: University of Nottingham.

Smart Cities World. *More than Half of Britons Don't Understand What a Smart City entails*, (2021). [Online]. Available at https://www.smartcities world net/news/news/more-than-half-of-britons-dont-understand-what-a-smart city-entails-6625 [Accessed 8 Aug. 2022].

Smith, Adrian, Andy Stirling and Frans Berkhout. (2005). "The Governance of Sustainable Socio-technical Transitions", *Research policy*. Vol. 34, No. 10, pp. 1491 – 1510.

Söderström, Ola, Till Paasche and Francisco Klauser. (2014). "Smart cities as corporate storytelling", *City*, Vol. 18, No. 3, June, pp. 307 – 320.

Strickland, Eliza. (2011). "Cisco Bets on South Korean Smart City", *IEEE Spectrum*, Vol. 48, No. 8, pp. 11 – 12.

Thite, Mohan. (2011). "Smart Cities: Implications of Urban Planning for Human Resource Development", *Human Resource Development International*. Vol. 14, No, 5, pp. 623 – 631.

Thomas, Vanessa, et al. (2016). "Where's Wally? In search of citizen perspectives on the smart city", *Sustainability*, Vol. 8, No. 3, February, p. 207.

Thompson, Grahame. (1991). *Markets, Hierarchies and Networks: the coordination of social life*. Calif.: Sage.

Thompson, Paul. (1988). *The Voice of the Past: Oral History*. Oxford: Oxford University Press.

Townsend, Anthony M. (2013). *Smart cities: Big data, Civic hackers, and the Quest for a New Utopia*. New York: WW Norton & Company.

Twomey, Paul and A. I. Gaziulusoy. (2014). *Review of System Innovation and Transitions Theories: Concepts and frameworks for understanding and enabling transitions to a low carbon built environment*. Visions and Pathways Project.

# 参考文献

Valdez, Alan-Miguel, et al. (2018). "Prototyping sustainable mobility practices: user-generated data in the smart city", *Technology Analysis & Strategic Management*, Vol. 30, No. 2, pp. 144–157.

Van Lente, Harro. *Promising Technology. The dynamics of expectations in technological developments.* Twente: University of Twente, Enschede.

Van Lente, Harro. (2012). "Navigating Foresight in a Sea of Expectations: Lessons from the Sociology of Expectations", *Technology analysis & strategic management*, Vol. 24, No. 8, pp. 769–782.

Van Lente, Harro and Sjoerd Bakker. (2010). "Competing Expectations: the Case of Hydrogen Storage Technologies", *Technology Analysis & Strategic Management*, Vol. 22, No. 6, pp. 693–709.

Van Lente, Harro and Arie Rip. (1998). "Expectations in Technological Developments: an Example of Prospective Structures to be Filled in by Agency". In Cornelis Disco and Barend van der Meulen (eds.). *Getting New Technologies Together. Studies in Making Sociotechnical Order*, 1st ed. Walter de Gruyter, Berlin, pp. 203–230.

Van Lente H., Marko Hekkert, Ruud Smits. and Bas van Waveren. (2003). "Roles of systemic intermediaries in transition processes", *International journal of Innovation management*, Vol. 7, No. 3, pp. 247–279.

Van Lente, Harro, Charlotte Spitters and Alexander Peine. (2013). "Comparing technological hype cycles: Towards a theory", *Technological Forecasting and Social Change*, Vol. 80, No. 8, pp. 1615–1628.

Van Mierlo, Barbara Christine. (2002). *Kiem van Maatschappelijke Verandering: Verspreiding van Zonnecelsystemen in de Woningbouw met behulp van Pilot Projecten.* Amsterdam. University of Amsterdam.

Vanolo, Alberto. (2014a). "Smartmentality: The Smart City as Disciplinary Strategy", *Urban studies*, Vol. 51, No. 5, April, pp. 883–898.

Vanolo, Alberto. *Whose smart city?* (2014b). [online]. Available at: https://www.opendemocracy.net/opensecurity/alberto-vanolo/whose-smart-city [Accessed 31 August 2017].

Verheul, Hugo and Philip J. Vergragt. (1995). "Social Experiments in the Development of Environmental Technology: a Bottom-up Perspective", *Technology Analysis & Strategic Management*, Vol. 7, No. 3, pp. 315 – 326.

Vestergaard, Lasse Steenbock, João Fernandes and Mirko Alexander Presser. (2016). "Towards smart city democracy", *Geoforum Perspektiv*, Vol. 10, No. 25, January.

Weiser, Mark. (1999). *The Computer for the 21st Century: Scientific American*. September, pp. 94 – 105.